Noor van Haaften · In Freiheit leben

W0072091

Noor van Haaften

In Freiheit leben

Wie wir persönlichen Ballast erkennen und loswerden können

SCM R.Brockhaus

Die niederländische Originalausgabe erschien unter dem Titel *Geroepen om vrij te zijn* bei Uitgeverij Novapres, Apeldoorn, Niederlande.

© 2004 Noor van Haaften

Deutsch von Martina Merckel-Braun

RB*taschenbuch Bd. 743*

2. Taschenbuchauflage 2010
4. Gesamtauflage

© 2004 der deutschen Ausgabe: SCM R.Brockhaus
im SCM-Verlag GmbH & Co. KG, Witten
Umschlaggestaltung: Ralf Krauß, Herrenberg
Druck: CPI – Ebner & Spiegel, Ulm
ISBN 978-3-417-20743-9
Bestell-Nr. 220.743

Inhalt

Vorwort

Es muss ungefähr 1996 gewesen sein, als ich meinen ersten Vortrag zu dem Thema »Ballast in unserem Leben« hielt. Inzwischen sind wir einige Jahre und Vorträge weiter. Ich habe nicht nur in meinem Heimatland, den Niederlanden, darüber gesprochen, sondern auch in anderen Ländern Europas und in Übersee. Überall fühlten sich die Zuhörer von diesem Thema stark angesprochen, und immer wieder wurden in den nachfolgenden Gesprächen neue Fragen gestellt, Erfahrungen ausgetauscht und Kommentare abgegeben. Die Reaktionen und die Offenheit, die mir entgegengebracht wurden, haben mich dazu ermutigt, mich noch intensiver mit dem Thema Ballast – und dem Thema Freiheit! – auseinander zu setzen. Denn darum geht es im Grunde: dass Christen die Freiheit, die Gott ihnen in Christus geschenkt hat, für sich in Anspruch nehmen und darin leben. Paulus sagt in Galater 5,13: »Ihr seid zur Freiheit berufen.« Und kurz davor, in Vers 1, sagt er: »Für die Freiheit hat Christus uns frei gemacht.«

Während ich dieses Buch schrieb, habe ich mehr als einmal an das alte Schwarzweißfoto gedacht, das meine Mutter auf ihrem Schreibtisch stehen hatte. Als Kind verstand ich nicht recht, warum sie solchen Wert auf dieses Bild legte, das eine Möwe zeigte, die auf einem Pfahl am Strand saß. Es war ein Anblick, den ich schon Tausende von Malen gesehen hatte, weil wir nah am Meer wohnten und uns oft in den Dünen und am Strand aufhielten. Eines Tages jedoch erzählte meine Mutter, dass dieses Foto ihr so viel bedeutete, weil diese Möwe für sie ein Symbol der Freiheit war. Wenn man genau hinschaute, sah man, dass sie nicht einfach nur auf dem Pfahl saß; ihre Haltung und ihr Blick ließen erkennen, dass sie im Begriff war, ihre Flügel auszubreiten und wegzufliegen. In ein paar Sekunden würde sie sich vom Wind hoch in den Himmel hinauftragen lassen und sich kurz darauf wieder hinabstürzen, um einen Fisch zu fangen oder ein Weilchen auf den Wellen zu schaukeln.

Inzwischen begreife ich die Vorliebe meiner Mutter für das Bild von der Möwe auf dem Pfahl. Dass Freiheit für sie einen großen Wert darstellte, wird jeder, der sie gekannt hat, bestätigen. Sie hatte es nicht leicht im Leben – einerseits aufgrund ihrer eigenen Kindheit in einem strengen Elternhaus, aber auch, weil sie schon in jungen Jahren allein dafür verantwortlich war, ihre fünf Kinder aufzuziehen. Ohne Zweifel hat sie sich oft danach gesehnt, von all der Verantwortung und Mühe befreit zu sein, die einer allein erziehenden Mutter auferlegt sind. Dadurch wurde ihr die Möwe, die im Begriff war, der Freiheit entgegenzufliegen, zu einem wichtigen Symbol. Ich bin sehr dankbar, dass meine Mutter später in ihrem Leben Jesus begegnete und dadurch wahre Freiheit kennen lernte. Heute kennt sie diese Freiheit in ihrer ganzen Fülle, weil sie inzwischen bei ihm in der Herrlichkeit ist. Für uns gilt das Letzte noch nicht. Solange wir auf dieser unvollkommenen Erde leben, erkennen wir nur stückweise (1. Korinther 13,12). Aber wir wissen von dem, was wir noch nicht sehen, und warten sehnsüchtig auf den Moment, in dem das Sterbliche auf ewig »verschlungen wird vom Leben« (2. Korinther 5,4). Bis es so weit ist, stehen wir vor der Herausforderung, dem allmächtigen Gott mehr Raum zu geben in unserem Leben, wodurch unsere – durch Christus gewirkte – Freiheit mehr und mehr in uns Gestalt gewinnt. Je fester wir in Jesus gewurzelt und gegründet werden, desto mehr werden wir zu der Freiheit hinwachsen, die er uns erworben hat. Er selbst ist der Schlüssel, wie er uns mit seinen eigenen Worten sagt: »Wenn nun der Sohn euch frei machen wird, so werdet ihr wirklich frei sein« (Johannes 8,36).

Wenn Paulus in Galater 5,1 schreibt, dass Jesus uns »zur Freiheit« frei gemacht hat, dann unterstreicht das, was Gott in und durch Christus mit uns vorhat. Es ist sein Wille, dass die Befreiung und Erneuerung, die wir bei unserer Wiedergeburt durch Gottes Geist erfahren haben, in unserem Leben fortwirken. Sie sollen nicht nur einen kleinen Bereich unseres Daseins prägen, sondern nach und nach unser ganzes Leben umgestalten. Wir unsererseits haben die Aufgabe, dem Vater, dem Sohn und dem Heiligen Geist in unserem Leben Raum zu geben. Das bedeutet: Wir müssen alles, was Gottes Wirken in uns hinderlich ist, konsequent und radikal aus dem Weg räumen (siehe Hebräer 12,1).

In diesem Buch wollen wir uns damit beschäftigen, welche Dinge unsere Freiheit in Christus boykottieren. Und welches Gepäck (oder welchen Ballast) wir mit uns herumschleppen, so dass wir nicht nur schlecht vorankommen, sondern auch daran gehindert werden, wirklich in das Leben einzutreten, das Gott für uns geplant hat. Wir wollen uns ehrlich damit auseinander setzen, welche »Joche« uns auferlegt worden sind oder auferlegt werden – sei es durch die Umstände, durch andere Menschen oder durch uns selbst. Wir wollen herausfinden, wie wir diese Dinge identifizieren und was wir dagegen tun können.

Sie werden in den folgenden Kapiteln einigen Themen begegnen, die bereits in früheren Büchern von mir angesprochen worden sind, dort im Zusammenhang mit der Lebensgeschichte einer bestimmten biblischen Person, nun in Form eines eigenen Themas und Kapitels. Sie werden auch einigen biblischen Personen begegnen, von denen Sie nicht nur in meinen Büchern, sondern zweifellos auch in Büchern anderer Autoren öfter gelesen haben. Das ist kein Wunder, es ist sogar unvermeidlich, denn die Lebensgeschichten dieser Menschen sind nach wie vor äußerst faszinierend und darüber hinaus überaus lehrreich. Letztlich geht es darum, wie Gott an ihnen, in ihnen und durch sie gewirkt hat, und darum werden wir nie aufhören, über sie nachzudenken, zu sprechen und zu schreiben. Es gibt immer neue Perspektiven, unter denen wir die biblischen Geschichten untersuchen können.

Neben biblischen Persönlichkeiten beschäftige ich mich in meinem Buch auch mit Menschen aus der Gegenwart. Es sind Menschen aus verschiedenen Ländern, denen ich bei Konferenzen oder anderen Gelegenheiten begegnet bin. Wo immer dies möglich war, habe ich sie um die Erlaubnis gebeten, ihre persönliche(n) Erfahrung(en) für dieses Buch verwenden zu dürfen. In allen Fällen habe ich aus Gründen des Persönlichkeitsschutzes die Geschichten etwas abgeändert; manchmal habe ich auch einen Teil einer Geschichte mit einem Teil einer anderen Geschichte verbunden. Dies bedeutet, dass die betreffenden Personen sich in den Beispielen nicht mehr erkennen können. Falls Sie, aus welchem Grund auch immer, glauben, sich selbst oder eine andere Person in diesem Buch zu erkennen, entspricht dies nicht den Tatsachen.

In Freiheit leben ist kein Buch, das man in einem Zug durchlesen sollte. Es ist so aufgebaut, dass jedes Kapitel ein spezielles Thema behandelt und in sich abgeschlossen ist. Dieses Thema und die Person aus der Bibel, die dazu als Vorbild dient, werden jeweils auf der Titelseite des Kapitels genannt. Dort wird außerdem auf einen zentralen Bibelvers verwiesen, und es wird der Weg zur Freiheit aufgezeigt beziehungsweise das, was wir tun können, um den jeweiligen Ballast abzuwerfen. Auf der Rückseite jeder Titelseite sind dann eine Anzahl Bibeltexte aufgeführt, die mit dem betreffenden Thema im Zusammenhang stehen und die es wert sind, dass man sich eingehender mit ihnen beschäftigt. Dieser Aufbau gibt dem Leser die Freiheit, ein Thema beziehungsweise Kapitel auszuwählen, mit dem er sich befassen möchte, sei es allein oder in Gemeinschaft mit anderen. Daher eignet sich dieses Buch auch gut zur Gruppenarbeit in einem Gesprächs- oder Bibelkreis.

Während ich dieses Buch schrieb, erfuhr eine meiner Freundinnen, dass sie schwer krank war und nach menschlichem Ermessen nicht mehr lange leben würde. In den Gesprächen, die wir in den darauf folgenden Wochen führten, sprachen wir oft über Glauben und Vertrauen, und sie fragte mich wiederholt danach, wie ich mit dem Schreiben meines Buches vorankäme. »Weise die Menschen darauf hin, dass sie sich viel mehr auf Jesus ausrichten sollen« war eines der Dinge, die sie mir mehr als einmal ans Herz legte. Ich wünsche mir von ganzem Herzen, dass dieses Buch meine Leser dazu anspornt, sich mehr nach Jesus auszustrecken und nach dem Leben, das er für uns geplant hat. Ich möchte allen danken, die mich beim Schreiben unterstützt haben – durch Gebet, Anteilnahme, Ratschläge und Korrekturen –, und widme dieses Buch Aartje Janssen, die am 8. Oktober 2003 heimgegangen ist zu ihrem himmlischen Vater.

Soest, im November 2003

Einleitung

Befreiung und Freiheit sind Themen, die sich durch die ganze Bibel ziehen. Es geht dabei um Gottes Absicht mit uns Menschen: Wir sind dazu berufen, frei zu sein und zu den Menschen zu werden, die Gott vor Augen hatte, als er uns schuf. Menschen, die in Gemeinschaft mit ihm leben. Menschen, die nicht eingeengt und ängstlich sind, nicht gefangen, sondern frei! *So* wurden die ersten Menschen geschaffen. Aber es dauerte nicht lange, bis sie die von Gott geschenkte Freiheit verspielten. Indem sie ihren eigenen Weg gingen, luden sie nicht nur große Schuld auf sich, sie verloren auch ihre Freiheit und Unbefangenheit. Angst und Scham trieben sie dazu, sich vor Gott zu verstecken. Aber Gott ließ es nicht dabei bewenden; er forderte sie dazu auf, zum Vorschein zu kommen: »Und Gott, der Herr, rief den Menschen und sprach zu ihm: Wo bist du?« (1. Mose 3,9).

Viele Generationen später sehen wir Gottes Volk in Ägypten. Es ist geknechtet, wird unterdrückt und ausgebeutet. Auch da ruft Gott. Und – er befreit. Beachten Sie, mit welch kraftvollen Worten er es in 3. Mose 26,13 erinnert: »Ich bin der Herr, euer Gott, der ich euch aus dem Land Ägypten herausgeführt habe, damit ihr nicht ihre Knechte sein solltet. Und ich habe die Stangen eures Joches zerbrochen und euch aufrecht gehen lassen.«

Als Jesus, wiederum viele Generationen später, zu Beginn seines irdischen Dienstes in einer Synagoge spricht, steht wieder die Botschaft von Befreiung und Freiheit im Mittelpunkt: »Der Geist des Herrn ist auf mir, weil er mich gesalbt hat, Armen gute Botschaft zu verkündigen; er hat mich gesandt, Gefangenen Freiheit auszurufen und Blinden, dass sie wieder sehen, Zerschlagene in Freiheit hinzusenden, auszurufen ein angenehmes Jahr des Herrn« (Lukas 4,18f). Später, in einem Streitgespräch mit den Juden, sagt er: »Wenn nun der Sohn euch frei machen wird, so werdet ihr wirklich frei sein« (Johannes 8,36). Und von Paulus stammt der Ausspruch: »Für die Freiheit hat Christus uns frei gemacht. Steht nun fest und lasst euch nicht wieder durch ein Joch der Sklaverei belasten« (Galater 5,1).

Werfen Sie Ihren Ballast ab!

Das Leben hat viel Ähnlichkeit mit einem Marathonlauf, für den man bekanntlich einen (sehr) langen Atem braucht. Das Wort »Wettlauf« in Hebräer 12,1 heißt im griechischen Text *agon*; hiervon ist das deutsche Wort »Agonie« abgeleitet. Das lässt tief blicken! Wir bekommen bei unserer Bekehrung kein Erste-Klasse-Ticket für einen Luxus-Sonderzug. Es ist nicht so, dass wir das Leben von einem komfortablen Sessel aus an uns vorbeiziehen sehen, mit einem Brötchen in der einen und einer Flasche Cola in der anderen Hand. Im Gegenteil, unsere Lebensreise erfordert Einsatz und Durchhaltevermögen und kostet uns oft Schweiß und Tränen. Manchmal gehen wir eine angenehme Wegstrecke, dann wieder stolpern wir über allerlei Hindernisse, gelegentlich auch über unsere eigenen Füße. Es gibt Zeiten, in denen wir gut vorankommen und voller Zuversicht sind, dann wieder sind wir nahe daran, den Mut zu verlieren, und fragen uns, ob wir die Ziellinie jemals erreichen werden. Dies ist der Kontext, in dem der Schreiber des Hebräerbriefes betont, dass die Teilnehmer am Wettlauf des Lebens »jede Bürde und die uns so leicht umstrickende Sünde ablegen« sollen. Das griechische Wort für Bürde (*ogkon*) bezeichnet etwas, das zu viel wiegt und eine Last oder auch ein Hindernis darstellt. Damals bezeichnete *ogkon* zu viel Fleisch oder Fett, das durch das richtige Training abgebaut werden musste. Das Wort ablegen (*apothemenoi*) lässt an etwas denken, das man ausziehen kann, wie etwa ein Kleidungsstück, das bei einem Wettlauf hinderlich wäre. Das ist vollkommen logisch, denn wer (übermäßig) belastet ist, geht das Risiko ein zu erlahmen: Er »ermattet in seiner Seele« (Vers 3) und bekommt »erschlaffte Hände« und »gelähmte Knie« (Vers 12).

Ich habe mehrere Jahre meines Lebens in Österreich verbracht, und dort bin ich zu einer passionierten Skilangläuferin geworden. Langlauf ist eine Sportart, die einem viel abverlangt und bei der alle Muskeln beansprucht werden. Man lässt sich nicht durch eine Gondel oder einen Schlepplift auf einen Berg hinaufbringen und saust dann mithilfe der Schwerkraft wieder hinunter. Beim Langlaufen muss man alles selbst machen. Beim Steigen, beim Abfahren und auf ebenen Strecken trägt man sein eigenes Gewicht und sein Gepäck. Jeder Langläufer weiß: je weniger Gepäck, desto besser. Mit einem leichten Rucksack kommt man auch leichter voran, man ist besser im Gleichgewicht und hält länger durch. Man hat weniger Mühe bei den seltsamen Kapriolen, die man manchmal schlagen muss, man ist wendiger. Aber obwohl ich das alles weiß, ist mein Rucksack doch meist zu schwer. Ich nehme zu viel mit, und/oder es kommt unterwegs noch das eine oder andere hinzu. So erinnere ich mich an eine Langlauftour, bei der ich die Steinskulptur eines Vogels mitschleppte. Wir waren in einem verlassenen Gebiet unterwegs und landeten bei einer Berghütte, in der zu unserer Überraschung jemand wohnte. Dieser Mann mit seinem wettergegerbten und tief gebräunten Gesicht lebte ein sehr zurückgezogenes Leben; seine einzige Gesellschaft waren eine Ziege und ein paar Hühner. In das Dorf im Tal kam er höchstens zweimal im Jahr. Seine Tage verbrachte er in der freien Natur. Und er machte Skulpturen. Ich verliebte mich in einen schönen Vogel, den er aus Stein gehauen hatte, und er war auch bereit, ihn mir zu verkaufen. Mit einiger Mühe gelang es mir, diesen Steinbrocken in meinen Rucksack zu stopfen. Später verirrten wir uns leider, so dass unsere Tour um einige Stunden verlängert und durch einen Schneesturm erschwert wurde, und da verwünschte ich meine neue Anschaffung, die mir so viel zusätzliches Gewicht bescherte.

Was für eine Skitour von einigen Stunden gilt, gilt noch mehr für unsere Lebensreise. Dass in Hebräer 12,1 beim Ablegen von Ballast als Erstes die *Sünde* genannt wird, ist nicht verwunderlich. Wenn ich noch einmal den Vergleich zum Langlaufen ziehe, dann würde Sünde hier dem *eigenen Übergewicht* entsprechen. Es sind mein *Eigen*-sinn, mein *Eigen*-dünkel, meine *Eigen*-mächtigkeit, kurz: mein *eigenes Ich*, die mich in Schwierigkeiten bringen. In diesem Licht betrachtet, ist es auch bemerkenswert, dass das oben erwähnte griechische Wort *ogkon* (Gewicht oder Last) auch im übertragenen Sinn für Stolz gebraucht wird.

Wenn ich mit meinen Langlaufskiern unterwegs bin, dann meine ich immer mal wieder, dass es viel reizvoller wäre, meine eigene Spur zu ziehen, als der Spur zu folgen, die ein Führer für mich abgesteckt hat. Die Tatsache, dass dieser Führer die Gegend kennt wie seine Westentasche, weil er dort aufgewachsen ist, tue ich achtlos ab. Ich sehe einen dunklen Wald vor mir und beschließe, dass ich dort nicht hindurchfahren will, sondern lieber den sonnigen Abhang nehme. Ich biege nonchalant von der markierten Loipe ab und nehme meinen eigenen Weg, um … früher oder später zu erkennen, dass ich mich entweder hoffnungslos verirrt habe oder auf einem Terrain gelandet bin, wo ich auf meinen schmalen Brettern die größten Schwierigkeiten habe. Es ist mehr als einmal vorgekommen, dass ich umkehren musste, weil mir ein reißender Fluss den Weg versperrt hat, oder weil ich vor einem Abhang stand, der mit meinen Langlaufskiern unmöglich zu bewältigen war. In meinem Eigensinn habe ich geflissentlich Hinweisschilder ignoriert, auf denen stand, dass eine bestimmte Loipe nur für sehr geübte Langläufer geeignet ist, und mich in dummem Übermut auf Strecken begeben, denen ich in keiner Weise gewachsen war. Dabei bin ich mehr als einmal stecken geblieben (einmal musste mich sogar ein Rettungsteam von einer Bergwand holen), und mir blieb nichts anderes übrig, als im buchstäblichen Wortsinn auf meiner eigenen Spur zurückzukehren auf den richtigen, abgesteckten Weg, der durch ein schönes, abwechslungsreiches Gebiet führte: durch Wälder hindurch und an frischen Bächen vorbei und sogar an einer Berghütte entlang, in der ein einladendes Feuer im offenen Kamin brannte und in der es heißen Kaffee und frischen Apfelkuchen gab. Der Führer wusste es doch besser! Und dasselbe gilt auch für die Wege, die Gott mich führt. In der Tat, »er leitet mich in Pfaden der Gerechtigkeit« (Psalm 23,3). Wenn ich mein eigener Führer bin und meine eigene Spur ziehe, gehe ich nicht selten in die Irre.

Der Schreiber des Hebräerbriefes spricht davon, dass wir »jede Bürde und die uns so leicht umstrickende Sünde ablegen« sollen. Dadurch, dass er es so allgemein formuliert, stellt er sicher, dass nichts vergessen oder außer Acht gelassen wird, denn die Beispiele dafür, was alles »Bürde« beziehungsweise »Ballast« sein kann, sind zahllos. Aber wie finden wir heraus, was eigentlich Ballast ist? Nun, anders als beim Urlaubsgepäck, wo es sich um ein Zuviel an Kleidung, Spielsachen, Büchern oder Lebensmitteln handeln kann, geht es hier nicht um ein neutrales Zuviel, sondern um Dinge, die wir loswerden müssen, weil sie nicht gut für uns sind. Es ist *un-*

sichtbares Gepäck, das sich dadurch bemerkbar macht, dass es uns niederdrückt und belastet. Oft weisen uns negative Gefühle darauf hin, dass es in unserem Leben irgendwelchen Ballast gibt. Dass David nach seinem Ehebruch mit Batseba von Unruhe zerrissen wurde und sogar körperliche Beschwerden bekam, hatte mit persönlichen Sünden zu tun, die er nicht bekannt hatte; dadurch schleppte er den Ballast der Schuld mit sich herum. Mirjams Kraft und ihr Dienst für Gott wurden beeinträchtigt, weil sie Unzufriedenheit und Kritik in ihrem Gepäck hatte. Petrus muss nach seinem Verrat an Jesus einen Rucksack voller Selbstvorwürfe auf den Schultern getragen haben, während die Samariterin aus Johannes 4 niedergedrückt wurde von Scham. Der reiche Jüngling schleppte einen Götzen mit sich herum: sein Geld. Dass es eine Bürde – Ballast – für ihn war, sehen wir an seinem Kummer. Noomi trug die Last der Bitterkeit, die aus altem, unverarbeitetem Schmerz resultierte. Marta war gereizt und unter Druck wegen des Stresses, unter dem sie sich befand und den auch wir heutzutage gut kennen; ihr Ballast war der Druck der vielen Verpflichtungen. Rahels Ballast war ihr Kinderwunsch, der zu einem Anspruch geworden war, der sie beherrschte. Ich werde in den folgenden Kapiteln noch auf einige dieser Beispiele zurückkommen.

Der Herr aber …

Manchmal tragen wir ein Joch, das uns von anderen auferlegt wurde. Manchmal haben wir uns selbst ein Joch auferlegt. Manchmal haben sich, schleichend und ohne dass uns dies wirklich bewusst geworden wäre, Dinge in unserem Rucksack angehäuft. Es gibt vieles, was uns belastet, niederdrückt und bremst, vieles, was unserer inneren Freiheit im Weg steht. Es sind lästige Dinge, die wir nicht immer sofort erkennen und mit denen wir oft nicht umgehen können – aber unser Gott wohl! Immer wieder lesen wir in der Bibel: »Der Herr aber …« So ist es: Gott ist darauf aus, uns zu befreien. Aus diesem Grund – um uns vollkommene Freiheit zu schenken – hat er seinen einzigen Sohn gesandt. Dieser Sohn, Jesus Christus, ist der Einzige, der uns wirklich frei machen und uns wahre Freiheit geben kann. Er will uns unser Joch abnehmen, er will uns Flügel schenken und uns »leichtfüßig« machen. Was das bedeutet, entdecken wir, wenn wir *sein* Joch auf uns nehmen, wenn wir uns ihm unterwerfen und ihm nachfolgen. Bei (und in) ihm entdeckt ein Mensch, was Freiheit wirklich bedeutet. Es geschieht dort, zu seinen Füßen, dass wir hineingenommen werden in einen Prozess fortschreitender Befreiung. Wenn wir Jesu Einladung annehmen und zu ihm kommen, werden wir Ruhe finden (Matthäus 11,28). Ein Zuhause für unser rastloses Herz, Heilung für unsere Gebrechlichkeit, unser Niedergedrücktsein. Vergebung für unsere Sünden, Kraft und Mut anstelle von Unsicherheit und Angst. Er wird uns aufrichten und uns Leben schenken – ein frohes, freies Leben, das diese Bezeichnung wirklich verdient.

Wir dürfen nicht vergessen, dass unser Ballast (Dinge wie uneingestandene Schuld, Scham, Enttäuschung und Bitterkeit, Zorn, Selbstvorwürfe und negatives Denken) eine perfekte Plattform darstellt, auf der Gottes Widersacher landen kann. Das tut er mit Begeisterung, denn er ist darauf aus, unseren Glauben zu untergraben und uns zu ruinieren (1. Petrus 5,8). Über die zusammengekrümmte Frau in Lukas 13 sagt Jesus, dass sie vom Satan *gebunden* war. Offenbar hatte er in ihrem Leben Fuß fassen können; sie wurde von ihm gequält und niedergedrückt. Das war schon achtzehn Jahre lang so, aber dann griff Jesus ein. Er befreite sie und richtete sie auf. Dieses Wunder, dieses Eingreifen von oben, brauchen wir heute noch ebenso dringend wie die Menschen damals. Wir können unseren Ballast ablegen am Kreuz, wir können uns von unseren negativen Denkmustern und Verhaltensweisen abwenden in dem Sinne, dass wir mit ihnen brechen (wollen), aber wir können dies nicht mit unserer Willensanstrengung allein fertig bringen, sondern nur mit der Hilfe unseres Herrn.

In den folgenden Kapiteln weise ich immer wieder hin auf den Heiligen Geist als unseren Helfer beim Prozess des Ablegens und Loslassens. Er ist die Kraft in uns, die dafür sorgt, dass wir weiterkönnen und weiterkommen (2. Korinther 4,7). Der Heilige Geist wirkt jedoch nicht allein. Die Bibel lässt keinen Zweifel daran, dass alles steht und fällt mit Gott, dem Allmächtigen. Wir wissen auch, dass Jesus sich nach seinem Tod und seiner Auferstehung nicht von uns zurückgezogen hat; er hat sich zur Rechten Gottes gesetzt, wo er unablässig im Gebet für uns eintritt. In Hebräer 12,2 wird er der Anfänger und Vollender des Glaubens genannt, auf den wir fortwährend unsere Augen gerichtet halten sollen. Jesus hat nicht nur den Weg für uns gebahnt, er selber ist der Weg. Der Heilige Geist ist uns gegeben, damit wir hier auf Erden nicht allein dastehen. Durch ihn ist der *Gott-mit-uns* nach Jesu Tod und Auferstehung zum *Gott-in-uns* geworden. Dieses *Innewohnen* des Heiligen Geistes ist ein wesentlicher Aspekt im Leben eines jeden Menschen, der als Christ und *in Christus* leben will. Der Heilige Geist hilft den Kindern Gottes, als neue Menschen zu leben; er ist aktiv anwesend bei dem persönlichen Erneuerungs- und Veränderungsprozess, der mit der Bekehrung begonnen hat und weitergeht, bis unser Leben auf dieser Erde endet. Er ist die treibende Kraft für die Erneuerung unseres Denkens (Römer 12,2), durch die wir mehr Einsicht in das Wesen und die Gegenwart Gottes wie auch in uns selbst bekommen. Er will uns helfen, besser zu begreifen, was nötig ist – was wir ablegen und was wir ergreifen oder »anziehen« müssen –, damit wir zu erwachsenen Christen werden (Epheser 4,13-15).

Kapitel 1

Herr, gib mir
dieses Wasser ...

Johannes 4,15

Über den Ballast innerer Leere
und Unruhe

Problem:	Innerer Durst und Unruhe
Wieso Ballast:	Menschen, denen innerer Friede und Erfüllung fehlen, finden keine Ruhe
Biblische Person:	Die Samariterin am Brunnen
Der Weg zur Freiheit:	Jesus
Unser Helfer:	Der Heilige Geist – er öffnet uns die Augen für die Wahrheit
Kernvers:	»Wer aber von dem Wasser trinken wird, das ich ihm geben werde, den wird nicht dürsten in Ewigkeit« (Johannes 4,14)

Wie eine Hirschkuh lechzt nach Wasserbächen,
so lechzt meine Seele nach dir, o Gott!
Psalm 42,2

Was bist du so aufgelöst, meine Seele, und was stöhnst du in mir?
Harre auf Gott!
Psalm 42,12

Aber die auf den Herrn hoffen, gewinnen neue Kraft.
Jesaja 40,31

Sie werden nicht hungern und nicht dürsten, und weder Wüstenglut
noch Sonne wird sie treffen. Denn ihr Erbarmer wird sie leiten und wird
sie zu Wasserquellen führen.
Jesaja 49,10

Mich, die Quelle lebendigen Wassers, haben sie verlassen, um sich
Zisternen auszuhauen, rissige Zisternen, die das Wasser nicht halten.
Jeremia 2,13

Du bereitest vor mir einen Tisch.
Psalm 23,5

Wer zu mir kommt, wird nicht hungern, und wer an mich glaubt,
wird nie mehr dürsten.
Johannes 6,35

Kommt her zu mir, alle, die ihr mühselig und beladen seid;
ich will euch erquicken.
Matthäus 11,28 (L)

Ich will dem Durstigen geben von der Quelle des lebendigen Wassers
umsonst.
Offenbarung 21,6 (L)

(…) und der auf dem Thron sitzt, wird über ihnen wohnen. Sie werden nicht mehr hungern, auch werden sie nicht mehr dürsten (…), denn
das Lamm, das in der Mitte des Thrones ist, wird sie hüten und sie leiten
zu den Wasserquellen des Lebens.
Offenbarung 7,15-17

Der Gott der Hoffnung aber erfülle euch mit aller Freude und allem
Frieden im Glauben, damit ihr überreich seiet in der Hoffnung durch die
Kraft des Heiligen Geistes!
Römer 15,13

Der Kirchenvater Augustinus soll einmal gesagt haben, dass jeder Mensch mit einer Leere in seinem Herzen geschaffen sei, die nur Gott selbst füllen könne. Manche bezweifeln, ob dieser Ausspruch wirklich von Augustinus stammt, aber das ist auch gar nicht so wichtig. Worauf es ankommt, ist die Wahrheit, die sich hinter diesen Worten verbirgt. Jeder Mensch kennt diese Erfahrung von einer inneren Sehnsucht nach … ja, nach was? Manche nennen es Glück (und suchen es in zwischenmenschlichen Beziehungen oder materiellem Wohlstand), andere nennen es Lebenserfüllung (und suchen es in Karriere, Erfolg und Status), wieder andere sagen, dass sie auf der Suche sind nach innerem Frieden (und suchen diesen in dem, was wir gegenwärtig Spiritualität nennen).

Schafe, die keinen Hirten haben

Als Jesus vor zweitausend Jahren auf dieser Erde lebte, stellte er fest, dass die Menschen seiner Zeit rastlos und erschöpft waren. Das berührte ihn tief. Matthäus berichtet, dass er »innerlich bewegt« wurde, als er die Volksmengen sah (Matthäus 9,36). Die Menschen erinnerten ihn an Schafe ohne Hirten. Haltlos und wehrlos. Ängstlich, rastlos und erschöpft. Heimatlos. Ausgeliefert an sich selbst und die Welt um sie herum. Jesus empfand Mitgefühl und tiefe Liebe für diese Menschen, die – so beschäftigt (und vielleicht auch wichtig) sie scheinen mochten – doch innerlich verloren waren und auf der Suche nach etwas, das ihrem Leben Sinn verlieh.

Ein Schaf, das keinen Hirten hat, ist allerlei Gefahren ausgesetzt. Es kann sich im Gesträuch verfangen oder ins Wasser fallen und ertrinken, es kann sich verletzen und eine gefährliche Infektion bekommen, es kann sich ein Bein brechen oder stürzen und so auf dem Boden landen, dass es nicht mehr aufstehen kann, was seinen sicheren Tod bedeutet. Es kann von Raubtieren angefallen und zerrissen werden. Kurz, ein Schaf, das keinen Hirten hat, ist dem Tod preisgegeben. In rauen Gegenden wie Wales oder Irland sieht man am Straßenrand manchmal Kadaver von Schafen liegen. Sie wurden von Autos angefahren und ihrem Schicksal überlassen. Die

Schafe haben eine Ohrmarke oder einen Farbklecks auf dem Rücken als Zeichen dafür, zu welcher Herde sie gehören. Aber weil sie frei herumlaufen, ohne ständig beaufsichtigt zu werden, geht doch ab und zu etwas schief. Wenn kein Hirte da ist, der sich um die Schafe kümmert, der sie im Auge behält und beschützt, dann sieht es schlecht für sie aus.

Es bewegt mich, dass Jesus die Menschen seiner Zeit mit Schafen verglich, die keinen Hirten haben. Das sagt nicht nur etwas über den Zustand dieser Menschen aus, sondern auch und vor allem etwas über ihn selbst. In Johannes 10 bezeichnet er sich selbst als den guten Hirten, der sein Leben einsetzt für seine Schafe. Er spricht auch über schlechte Hirten, denen nicht viel an ihrer Herde liegt. Wenn ein Wolf kommt, denken sie nur an ihre eigene Sicherheit, und sie ergreifen die Flucht – »weil er ein Mietling ist und sich um die Schafe nicht kümmert« (Johannes 10,13), stellt Jesus treffend fest und vergleicht diese schlechten Hirten mit Dieben und Räubern, die nur gekommen sind, »um zu stehlen und zu schlachten und zu verderben«. Er selbst dagegen kam aus einem anderen Grund: »Ich bin gekommen, damit sie Leben haben und es in Überfluss haben. Ich bin der gute Hirte« (Johannes 10,10f). Direkt zuvor (in Vers 9) sagt er: »Ich bin die Tür; wenn jemand durch mich hineingeht, so wird er errettet werden und wird ein- und ausgehen und Weide finden.«

Die Samariterin (Johannes 4,1-42)

Mit diesen Worten Jesu im Gedächtnis wenden wir uns Johannes 4 zu, wo wir einer Frau begegnen, die in jeder Hinsicht dem von Jesus skizzierten Bild entspricht: Sie ist rastlos und erschöpft wie ein Schaf, das keinen Hirten hat. Die Frau ist anonym geblieben, ihr Name wird nicht genannt. Vielleicht ist das absichtlich geschehen, um ihre Privatsphäre zu schützen. Jedenfalls beschränkt sich der Evangelist Johannes darauf, sie zu beschreiben als »eine Frau aus Samaria« oder »die samaritische Frau«. Übrigens sagt dies schon sehr viel aus, »denn die Juden verkehren nicht mit den Samaritern«, wie es in Vers 9 heißt.

Um diese Ablehnung zu begreifen, müssen wir einen Blick zurück in die Zeit werfen, in der die zehn Stämme des Nordreiches Israel (zu dem auch die Provinz Samaria gehörte) in die Hände der Assyrer fielen. Während dieser Zeit ließ der König von Assur Tausende von Juden deportieren, darunter auch eine große Anzahl aus der Provinz Samaria.[1] Das Vakuum, das sie hinterließen, wurde gefüllt von Einwanderern aus allerlei Ländern und Völkern, die ihre eigenen Götter und rituellen Bräuche mitbrachten. Wohl akzeptierten (und verehrten) diese Fremden den Gott Israels, dem in ihrer neuen Heimat gedient wurde, aber er erhielt nicht den Platz, der ihm zukommt. Der Gott Israels wurde den eigenen Göttern zur Seite gestellt, die ihrerseits Eingang nach Samaria fanden. Es kam so weit, dass Bilder dieser fremden Götter in den Tempeln Samarias aufgestellt wurden (siehe zum Beispiel 2. Könige 17,24-41), eine Entwicklung, die für die Juden, die nicht (oder nicht mehr) in Samaria wohnten, unannehmbar war. Die Samariter waren in ihren Augen nichts wert, sie waren Abschaum sowohl in religiöser als auch in ethnischer Hinsicht (wahrscheinlich hat es auch Mischehen gegeben).[2] Die Ablehnung war total und nicht mehr rückgängig zu machen, im Gegenteil, die Haltung der Juden verhärtete sich immer mehr. Jahre später kam es noch einmal zu einer Deportation: der babylonischen Verbannung unter König Nebukadnezar. Als die Verbannten aus Juda schließlich in ihr Heimatland zurückkehrten und Anstalten machten, den Tempel in Jerusalem wieder aufzubauen (ca. 539 vor Christus), boten die Einwohner von Samaria ihre Hilfe an. Diese wurde rigoros abgewiesen (Esra 4,1-3). Dieser Vorfall führte zu noch größerer Distanz und Bitterkeit.

---

[1] Es gab in der jüdischen Geschichte vor Jesus zwei große Verbannungen: eine unter den Assyrern (siehe zum Beispiel 2. Könige 17) und eine unter den Babyloniern oder Chaldäern (siehe zum Beispiel 2. Könige 24,12-16). Die Taktik des Feindes war sehr klug gewählt, denn meist beraubte man ein Volk zunächst seiner Leiter (des Adels und der Intelligenz). Dadurch waren die Zurückgebliebenen führerlos und infolgedessen viel empfänglicher für neue Einflüsse.

[2] In der letzten Zeit haben sich Stimmen zu Wort gemeldet, die betonen, dass die Konflikte zwischen Juden und Samaritern vor allem auf religiösen Gründen beruhten, weniger auf ethnischen. Die Samariter sollen sich vor allem an die fünf Bücher Mose gehalten haben, außerdem beteten sie Gott nicht in Jerusalem an, sondern auf dem Berg Garizim.

Gott ergreift die Initiative

Vor diesem geschichtlichen Hintergrund ist es frappierend, dass Jesus auf seiner Reise von Judäa nach Galiläa bewusst einen Zwischenstopp in Samaria einlegte. Wir lesen in Vers 4: »Er musste aber durch Samaria ziehen.« Angesichts der oben erwähnten Situation können wir nur den Schluss ziehen, dass es sich um ein »heiliges Müssen« handelte. Es war Gottes Wille, dass Jesus diesen Weg ging. Sein Aufenthalt in diesem Gebiet, das die Juden wann immer möglich zu umgehen suchten, gehörte zu Gottes Heilsplan: Er sandte seinen Sohn, um das Verlorene zu retten. Die samaritische Frau war solch eine Verlorene. Auch wenn sie von den Juden abgelehnt wurde, Gott war sich nicht zu schade, sich mit ihr zu beschäftigen. Und darum machte sich Jesus auf den Weg nach Samaria, wo er um die Mittagszeit in der Stadt Sychar ankam und einen historischen Ort aufsuchte, den Jakobsbrunnen. Müde von seiner Reise, ließ er sich dort nieder und schickte seine Jünger in die Stadt, um einkaufen zu gehen. Danach … wartete er auf diese eine samaritische Frau.

Hier sehen wir ein wichtiges göttliches Prinzip: Der Herr ergreift die Initiative. Er sucht die Menschen und wartet sehnsüchtig auf sie. Bevor ein Mensch beginnt, Gott zu suchen, hat Gott sich immer bereits auf die Suche nach diesem Menschen gemacht. Wenn ein Mensch ein Verlangen nach Gott verspürt, geschieht das niemals »einfach so«; es ist immer der Beginn einer Antwort auf Gottes Rufen. Es ist seine Liebe, die uns lockt. Denken Sie an Jesaja 65,1f: »Ich ließ mich suchen von denen, die nicht nach mir fragten, ich ließ mich finden von denen, die mich nicht suchten. Zu einem Volk, das meinen Namen nicht anrief, sagte ich: Hier bin ich, hier bin ich! Ich streckte meine Hände aus den ganzen Tag nach einem ungehorsamen Volk, das nach seinen eigenen Gedanken wandelt auf einem Weg, der nicht gut ist« (L), und denken Sie auch an Römer 10,20: »Ich ließ mich finden von denen, die mich nicht suchten, und erschien denen, die nicht nach mir fragten« (L).

Hier am Brunnen in Sychar sehen wir in Jesus den Vater, der Ausschau hält. Einen Vater, den er uns übrigens auch im Gleichnis vom verlorenen Sohn zeigt (Lukas 15). Sobald der Vater in diesem Gleichnis seinen Sohn in der Ferne entdeckt, wird er von Liebe und Erbarmen überwältigt, und er läuft ihm mit ausgestreckten Armen entgegen und fällt ihm um den Hals (Lukas 15,20). Der Junge, der mit einer Verurteilung gerechnet hatte (und diese auch verdiente), wird überrascht von einem überwältigenden Willkommen.

Etwas Ähnliches steht der Samariterin bevor. Als sie beim Brunnen ankommt, wird sie erwartet und willkommen geheißen vom Sohn Gottes, der extra nach Samaria gereist ist, um ihr zu begegnen. Ob sie selbst bewusst auf der Suche ist nach Gott, wissen wir nicht, aber dass *er* auf der Suche nach *ihr* ist, ist sicher, »denn der Sohn des Menschen ist gekommen, zu suchen und zu erretten, was verloren ist« (Lukas 19,10).

Auf der Suche nach lebendigem Wasser

Was wissen wir außer der Tatsache, dass die Samariterin zu einer verachteten Minderheit gehörte, sonst noch über diese Frau? Aus Vers 18 geht hervor, dass sie fünf Ehen hinter sich hatte und nun mit einem Mann zusammenwohnte, mit dem sie nicht verheiratet war. Da stellt sich automatisch die Frage: Wie kann jemand fünfmal verheiratet gewesen sein? Was ist mit und in diesen Ehen passiert? Sind von diesen Männern einige gestorben, ist sie von ihnen verlassen worden oder ist sie selbst weggelaufen? Wurde sie vielleicht weggeschickt, weil sie unfruchtbar war? Letzteres ist möglich, denn es ist nirgends von Kindern die Rede. Auffällig ist, dass wir keine Antwort bekommen auf diese Fragen. Gottes Wort gibt kein einziges Detail preis über das, was letztlich privat ist. Es geht uns auch nichts an. Gott kennt die Fakten, und das ist genug.

Die Samariterin hatte fünfmal eine Hochzeitsfeier mitgemacht. Sie hatte fünfmal die Worte gesprochen: »Ja, ich will mit diesem Mann zusammenleben. Ja, ich will seine Frau sein und in guten und schlechten Zeiten bei ihm bleiben.« Nachdem die erste Ehe zu Ende war, folgte eine zweite. Zum zweiten Mal stand sie voller (neuer) Hoffnung unter dem Baldachin[3]: »Diesmal wird es anders laufen. Mit diesem Mann bin ich für den Rest meines Lebens verbunden. Diesmal …« Fünfmal legte sie ihr Treuegelöbnis ab, und jedes Mal stand sie irgendwann wieder allein da. Warum beim sechsten Mal keine Hochzeitsfeier stattfand, wissen wir nicht. Vielleicht hatte sie den Mut verloren, noch einmal zu heiraten, vielleicht hatte dieser sechste Mann ihr keinen Heiratsantrag gemacht, vielleicht fand er es nicht nötig, zu heiraten, oder vielleicht war es nicht möglich, weil er mit einer anderen Frau verheiratet war (die Worte Jesu: »(…) der, den du jetzt hast, ist nicht dein Mann«, könnten dies vermuten lassen).

Die Tatsache, dass jemand fünfmal heiratet und danach mit jemandem zusammenlebt, ohne zu heiraten, sagt etwas über diese Person aus. Es würde mich nicht wundern, wenn die Samariterin nicht die Kraft oder den Mut aufgebracht hat, allein zu sein. Es sieht sehr danach aus, dass sie ihren Halt und ihr Glück in Beziehungen gesucht hat. Wenn eine Beziehung endete, machte sie sich auf die Suche nach einer neuen. Auch das Bedürfnis nach Sex kann eine Rolle gespielt haben. Die Geschichte erinnert mich an eine junge Frau, die in ihren frühen Teenagerjahren ihre erste sexuelle Begegnung hatte und seitdem mit so vielen Männern geschlafen hat, dass sie den Überblick verloren hat, wie viele es genau waren. Es gab dazwischen ein paar Beziehungen, die etwas länger gedauert haben, aber keine dieser Beziehungen hatte Bestand. Sie sagte mir: »Ich schaffe es einfach nicht, allein zu sein. Es geht mir gar nicht mal so sehr um Sex, sondern schlicht um die Tatsache, dass jemand bei mir ist und mich festhält.«

Wir kehren zurück zum Brunnen in Sychar. Es ist um die Mittagszeit, was eigentlich ein schlecht gewählter Zeitpunkt für eine Begegnung ist. Die Sonne steht hoch und es ist drückend heiß. Kein Mensch kommt auf die Idee, gerade jetzt auf die Straße zu gehen; man bleibt in seinem Haus, wo es kühl ist, oder man sitzt im Innen-

[3] Das Stehen unter einem Baldachin ist ein traditioneller Brauch bei der jüdischen Eheschließung. Braut und Bräutigam legen unter diesem »Dach«, das aus Stoff oder Blumen gemacht ist, ihr Ehegelöbnis ab. Das Stehen unter dem Baldachin drückt symbolisch aus, dass die Gemeinde sie als eine Familie anerkennt; das Paar wird von nun an unter einem Dach leben.

hof im Schatten einer Pergola aus Weinranken. Jesus hat jedoch diesen Moment des Tages ganz bewusst gewählt. Er weiß, dass die Frau um diese Zeit zum Brunnen gehen wird, weil die Chance, dann anderen Menschen zu begegnen, gleich null ist. Für ihn ist das eine hervorragende Gelegenheit, sie allein zu sprechen. Sie jedoch wird bei dieser unerwarteten Begegnung zunächst einmal einen Schrecken bekommen. Die Samariterin ist aufgrund ihres Lebensstils zu einer Ausgestoßenen geworden. Die Leute werden über sie geredet haben, vielleicht haben sie mit dem Finger auf sie gezeigt. Ich könnte mir vorstellen, dass es Frauen gab, die sogar Angst vor ihr hatten: Diese mannstolle Person würde möglicherweise nicht davor zurückschrecken, auch ihren Mann zu umgarnen, und daher war Vorsicht (und Abstand) geboten. Wie tragisch ist es doch, wenn ein Mensch aufgrund seines Verhaltens verurteilt wird, ohne dass man sich die Mühe macht, den Hintergrund zu untersuchen. Und wie wunderbar ist es, dass Gott, der uns durch und durch kennt, sich nicht von unserem Verhalten abschrecken lässt, sondern sich auf die Suche nach uns macht und uns entgegenkommt! Er sehnt sich danach, persönlich und ungestört mit der Samariterin zu sprechen. Er hat sogar seine eigenen Jünger einkaufen geschickt, um sicherzugehen, dass bei dem Gespräch keine »Zaungäste« dabei sind. Wie behutsam geht der Herr mit uns um!

Seile der Liebe

Als die samaritische Frau sich dem Brunnen nähert, sieht sie dort einen fremden Rabbi sitzen. Warum sie wohl nicht auf dem Absatz kehrtgemacht hat? Ich vermute, dass sie nicht mehr zurückkonnte, weil Gottes Liebe sie zog. Es war nicht das Urteil Gottes, das in der Person eines jüdischen Rabbi auf sie wartete, es war die Gnade Gottes in der Person seines Sohnes. Gott zieht uns mit Seilen der Liebe in der Absicht, uns zu befreien (Hosea 11,4).

Als Jesus die Frau anspricht, geht es um etwas sehr Alltägliches. Er bittet sie um etwas Wasser (Vers 7). Dass er als Mann diese spontane Frage an eine Frau richtet, die nicht seine eigene Frau ist, ist innerhalb ihrer Kultur (und angesichts der angespannten Beziehung zwischen Juden und Samaritern) nicht nur ungewöhnlich, sondern geradezu unerhört. Es überrascht die Samariterin, aber gleichzeitig muss sie erkennen, dass nichts Unverschämtes oder Herablassendes in der Haltung dieses Fremden ist. Im Gegenteil – vielleicht erlebt sie zum ersten Mal in ihrem Leben, dass ihr ein Mann freundlich begegnet und dass sie als Samariterin von einem Juden akzeptiert wird. Dieser Rabbi sieht nicht auf sie herab; er behandelt sie respektvoll. Es ist auch überraschend, dass Jesus sie um einen Gefallen bittet und sich dadurch gewissermaßen von ihr abhängig macht. Er braucht sie nicht, und doch bittet er sie darum, etwas für ihn zu tun. Er lädt sie faktisch dazu ein, Anteil zu bekommen an seiner Welt.

Ist in der Reaktion der Samariterin ein Hauch von Zynismus zu verspüren? Sie verbirgt ihre Überraschung nicht: »Wie bittest du, der du ein Jude bist, von mir zu trinken, die ich eine samaritische Frau bin?« (Vers 9). Was will dieser Mann eigentlich? Sie hat das Vertrauen zu den Menschen verloren; nun, da ihr jemand so normal und sogar freundlich begegnet, kann sie das nicht recht einordnen.

In dem Gespräch, das nun folgt, geht Jesus sehr behutsam mit dieser verletzten Frau um. Er spricht sie auf ein Thema an, das ihr vertraut ist: Wasser. Während sie weiterreden, wird jedoch deutlich, dass sie von völlig verschiedenen Dingen sprechen, auch wenn sie dieselben Worte gebrauchen. In ihrer Welt und Wirklichkeit geht es um das Alltägliche; ihr Leben spielt sich zu Hause ab und dreht sich um die täglichen Pflichten und Beschäftigungen: Sie sorgt für Essen und Trinken und sie wäscht die Wäsche, und sie kümmert sich um ihren Partner, ohne den sie nicht leben kann. Es ist der tägliche Teufelskreis von Einkaufen, Wasserholen, Waschen, Kochen. Es sind … Scham, Angst und Einsamkeit. Und Durst. Seine Welt ist eine ganz andere. In seiner Welt und Wirklichkeit geht es um Frieden, Freude und Hoffnung. Um Liebe, die die Angst vertreibt. Um Durst, der gestillt wird, nicht kurzfristig, sondern für immer. Um Gnade, die sündige Menschen annimmt und ihnen ein neues Leben anbietet. Um Überfluss.

Eigentlich ist Jesus nur auf eines aus: Er will, dass die Frau sich ihres inneren Durstes bewusst wird. Erst dann wird er ihr sagen, dass er allein diesen Durst stillen kann. Er wird sich ihr nicht aufdrängen, aber er will sie einladen, über ihr Leben nachzudenken und dann über ihn.

In ihrem Gespräch über Wasser sieht die Samariterin anfänglich nur ihren Krug, der immer wieder gefüllt werden muss, und den Weg, den sie immer wieder zurücklegen muss, um frisches Wasser zu holen, das nur für heute reicht und nicht für morgen. Ihre Erfahrung mit Durst ist, dass dieser zwar gelöscht werden kann, aber immer wieder zurückkommt. Auch das ist ein Teufelskreis. Jesus jedoch spricht von einer Quelle, die nie vertrocknet, und über ein Wunderwasser, das den tiefsten inneren Durst eines Menschen stillt und ihm wahres Leben schenkt (Vers 13f).

Es ist nicht verwunderlich, dass die Begegnung mit Jesus bei der Frau Neugier und Sehnsucht weckt. Als Jesus ihr erzählt, dass es eine andere Art von Wasser gibt als die, die sie kennt, sagt sie sofort: »Herr, gib mir dieses Wasser, damit mich nicht dürstet und ich nicht hierher komme, um zu schöpfen.« Wie ein Blitz durchzuckt sie der Gedanke: »Dieser Mann hat die Lösung für meine Probleme, die tägliche Schlepperei mit diesem Krug. Jetzt darf er keine Zeit verlieren, er muss mir sofort geben, was ich brauche.« Diese Reaktion ist nachvollziehbar, sicher in unserer Gesellschaft, die durch das Streben nach unmittelbarer Bedürfnisbefriedigung gekennzeichnet ist: »Herr, wenn du mir helfen kannst, dann tu es sofort! Nimm mir jetzt meinen Kummer weg, verändere jetzt meine Situation!«

Die Bitte ist verständlich und normal, aber sie kann nicht ohne weiteres erfüllt werden. Der Geber ist nämlich nicht von seiner Gabe zu trennen. Das muss nicht nur die Samariterin entdecken, sondern auch wir. Das Wunderwasser, nach dem sie verlangt, ist nur in enger Verbindung mit Jesus erhältlich: Er selbst ist dieses lebendige Wasser. Er will ihr neues Leben schenken und sie von innen heraus erneuern. Er selbst ist die Antwort auf ihren inneren Durst. Aber bevor er ihr geben kann, wonach sie sich sehnt, muss noch etwas aus dem Weg geräumt werden.

Die vielen Ehen der Samariterin und ihr jetziges Zusammenleben mit einem Mann sind ein heikler Punkt. Aber Jesus muss diese Dinge ansprechen, weil sie von entscheidender Bedeutung sind und etwas, wenn nicht alles, sagen über die innere Unruhe und Not dieser Frau. Jahrelang hat sie ihr Heil gesucht in falschen Sicherheiten. Sie hat es bei Menschen gesucht statt bei Gott. Sie hat die Begrenztheit und Zerbrechlichkeit menschlicher Beziehungen erfahren, denn die Ehen, auf die sie baute, hielten nicht stand. Aber erfahren ist nicht dasselbe wie erkennen …

Die Wahrheit macht uns frei

In Vers 16 nimmt das Gespräch eine entscheidende Wendung. Völlig unerwartet bittet Jesus die Samariterin, ihren Mann zu holen. Mit dieser Bitte legt er den Finger auf den wunden Punkt in ihrem Leben beziehungsweise auf das, was einem neuen Leben im Weg steht. Es ist ihre Sünde, ihr Zusammenleben mit einem Mann, der nicht ihr Mann ist. Um neues Leben empfangen zu können und befreit zu werden von ihrem rastlosen Suchen nach Glück und Frieden und ihrer Abhängigkeit von anderen Menschen, muss sie sich vor Gott beugen und seinen Sohn als ihren Herrn und Heiland (an)erkennen. Sie muss zugeben, dass ihre eigenen Wege krumm sind und ihr keinen Frieden gebracht haben. Sie muss zugeben, dass sie selbst nicht die Kraft hat, sich aus ihrer Situation zu befreien.

Es ist nicht so einfach, die Wahrheit über uns selbst zu entdecken und ihr ins Auge zu sehen. Es ist auch nicht einfach, zuzugeben, dass wir es selbst nicht schaffen. Unseren Mitmenschen gegenüber zeigen wir uns von unserer besten Seite in der Hoffnung, so unsere Schwächen und dunklen Punkte vor ihnen verbergen zu können. Wir haben schreckliche Angst davor, demaskiert und anschließend abgelehnt zu werden. Dennoch bleibt es wahr, dass die Wahrheit frei macht (Johannes 8,32). Ebenso wahr ist, dass es keinen geschützteren Ort gibt, wo wir der Wahrheit ins Auge sehen können, als zu Jesu Füßen. Er lädt uns ein, uns nicht länger zu verstecken, sondern zum Vorschein zu kommen und ihm unsere Geheimnisse preiszugeben. Wenn das geschieht, wird er uns reinigen von allem Falschen und uns sein Heil schauen lassen.

In Vers 17 geschieht es: Die Frau, die sich ängstlich vor ihren Mitmenschen verborgen hat, lässt ihre Masken fallen und spricht in vier Worten die Wahrheit über sich selbst aus: »Ich habe keinen Mann.« Sie hat es nicht länger nötig, sich selbst zu beschützen und zu verstecken, sie braucht keine Ausrede zu ersinnen, mit der sie erklären könnte, warum sie ihren Mann nicht holen kann. Auge in Auge mit Jesus ist das Licht in ihr Leben gekommen, und sie kann die Wahrheit über sich selbst erkennen und auch ehrlich aussprechen. Was sie sagt, ist ein Bekenntnis. Es ist der Wendepunkt in ihrem Leben, der erste Schritt auf dem Weg in die Freiheit.

Die Samariterin sagt nicht mehr als vier Worte, aber die sagen alles: »Ich habe keinen Mann.« Aus der Reaktion Jesu wird deutlich, dass diese Tatsache ihm nicht neu ist. Er ist völlig im Bilde über ihr Leben. Er bestätigt, was sie sagt, und ergänzt es. Er enthüllt die ganze Wahrheit über sie und tut dies, ohne sie zu kritisieren. Die Frau ihrerseits erkennt, dass er mehr weiß, als ihr vielleicht lieb ist. Oder … war! Denn es macht ihr eigentlich nichts mehr aus. Die Tatsache, dass er sie durchschaut und kennt, ist einerseits vielleicht noch etwas bedrohlich, andererseits aber auch wunderbar befreiend. Ein wenig verwirrt oder vielleicht auch verlegen, versucht sie dem Gespräch eine andere Richtung zu geben. Es geht plötzlich sehr tief und ist ziemlich direkt. Aber Jesus lässt sich nicht ablenken. Als die Samariterin ihn fragt, was seine Meinung ist zu dem immer noch aktuellen Streitpunkt zwischen Juden und Samaritern, an welchem Ort man Gott anbeten soll, geht er nicht auf ihre Frage ein. Er sagt ihr nur, dass »die wahren Anbeter den Vater in Geist und Wahrheit anbeten werden« (Vers 23). Es geht nicht so sehr um den Ort oder das Gebäude, in dem man zusammenkommt (oder die Kirche oder Denomination, zu der man gehört), sondern um die richtige Herzenshaltung. Wir müssen aufpassen, dass wir uns nicht durch theologische Diskussionen ablenken lassen von dem, worum es wirklich geht. Gott sucht Anbeter!

Im Laufe des Gespräches wird der Frau allmählich klar, dass der Mann, mit dem sie redet, kein gewöhnlicher Rabbi ist. Vorsichtig bringt sie zur Sprache, dass die Leute einen Messias erwarten (Vers 25). Die Frage, die sich dahinter verbirgt, ist deutlich: Sollte Jesus dieser Messias sein? Seine Antwort lässt keinen Raum für Zweifel: »Ich bin es, der mit dir redet« (Vers 26). Erst hat die Frau die Wahrheit über sich selbst enthüllt, nun enthüllt Jesus die Wahrheit über sich selbst. Er ist mehr als ein Rabbi, mehr als ein religiöser Führer, mehr als ein Prophet, er ist der eingeborene Sohn Gottes. Die Quelle des Lebens, das Brot des Lebens, das lebendige Wort. Er ist der einzige Weg zu Gott. Er ist die Wahrheit und das Leben. Er ist der Heiland, »welcher will, dass alle Menschen errettet werden und zur Erkenntnis der Wahrheit kommen« (1. Timotheus 2,4). Er verkörpert das, wonach die Samariterin dürstet.

Richtig betrachtet, sitzt hier am Brunnen in Sychar ein neuer Bräutigam, der gekommen ist, um diese einsame Frau unter seinen Baldachin (sein Dach) einzuladen. Nicht für eine kurze Zeit, sondern für die Ewigkeit. Die Beziehung, die der Sohn Gottes ihr anbietet, ist nicht unsicher und nicht Zeit und Umständen unterworfen. Seine Treue steht fest, er wird die Beziehung seinerseits nicht abbrechen. Die Frage ist, ob sie ein bedingungsloses »Ja« hat für den Antrag ihres himmlischen Bräutigams. Wenn ja, dann ist damit ein unverbrüchlicher, ewiger Bund geschlossen worden (siehe auch Jesaja 55,3). Dann ist sie nach Hause gekommen.[4]

Am Brunnen werden die Augen der Samariterin geöffnet. Sie weiß: Dieser Mann ist der Messias, auf den sie und die ganze Welt warten. Plötzlich hat sie es eilig, sie lässt ihren Krug stehen und läuft zurück in ihr Dorf, um die gute Nachricht zu verkünden und die Leute aufzufordern, mit ihr zu kommen und für sich selbst zu entdecken, was ihr während der letzten Stunde klar geworden ist. Das lebendige Wasser ist offenbar nicht nur in ihrem Herzen gelandet, es hat schon angefangen zu sprudeln und überzuströmen. Die Samariterin ist ein anderer Mensch geworden. Sie hat ihre Scham überwunden, was ziemlich auffällig ist, denn es ist erst ein paar Stunden her (oder noch weniger), dass sie an den Häusern in ihrem Dorf entlanggeschlichen ist in der Hoffnung, dass sie niemand

---

[4] Als Rut, eine Moabiterin, nach Bethlehem zog und in Boas ihren »Löser« fand, fand sie ein Dach über dem Kopf und Essen und Trinken, um ihren Hunger zu stillen und ihren Durst zu löschen. In Rut 2,8f sagt Boas zu Rut: »Geh nicht zum Auflesen auf ein anderes Feld, geh auch nicht von hier fort (…) Richte deine Augen auf das Feld, wo man schneidet (…) Und hast du Durst, dann geh zu den Gefäßen und trink von dem, was die Knechte schöpfen.« Mit anderen Worten: »Bleib bei mir, denn ich werde dich mit allem versorgen, was du brauchst.« Dasselbe verspricht der Herr allen, die sich bei ihm bergen. Er ist der große (Er-)Löser, der sich mit ewiger Gnade über seine Kinder erbarmt (vgl. Jesaja 54,5-8).

sieht. Sie hat die Scham wirklich überwunden, denn jeder darf es hören: »Er (Jesus) hat mir alles gesagt, was ich getan habe.« Sie hat nicht nur ihre Scham, sondern auch ihre Menschenfurcht überwunden. Sie ist frei! Ihr Enthusiasmus ist so ansteckend, dass die Menschen ihr folgen. Als sie Jesus sehen und hören, kommen viele zu dem Glauben und der Erkenntnis, »dass dieser wahrhaftig der Heiland der Welt ist« (Verse 28-30 und 39-42).

Sie lässt ihren Krug stehen

Die Samariterin hatte, als sie beim Brunnen von Sychar ankam, einen Wasserkrug bei sich. In Vers 28 kehrt sie ohne ihren Krug in ihr Dorf zurück. Das hat eine tiefe Symbolik. Die Frau hat in Jesus die Quelle des Lebens entdeckt. Sie hat es nicht länger nötig, selbst Wasser zu schöpfen in dem Versuch, ihren inneren Durst zu stillen. Sie hat in Jesus gefunden, wonach sie jahrelang in ihren Beziehungen zu Männern gesucht hat: Geborgenheit, Bestätigung, Freude, Halt. Ein Dach über dem Kopf. Bis dahin hat sie ihr Wasser aus einem falschen Brunnen geschöpft und hat versucht, ihr eigenes Glück zu bewerkstelligen. Immer wieder hat sie die schmerzliche Entdeckung gemacht, dass selbst organisiertes Glück brüchig ist und nicht lange hält. Es hat ihr nicht den Frieden und die Befriedigung geschenkt, die sie sich ersehnte. Immer wieder ist sie enttäuscht worden, und ihr Durst ist mit aller Macht zurückgekehrt.

Bevor die Samariterin Jesus kennen lernte, suchte sie ihren Halt vor allem bei Männern. Danach wurde es anders. Im Prinzip jedenfalls. Die Gewohnheit, sich selbst auf die Suche nach »Durstlöschern« zu machen, ist bei Menschen sehr hartnäckig. Die Versuchung ist groß, unser Heil doch wieder von anderen Quellen als von Gott zu erwarten. Wir suchen Liebe und Geborgenheit bei Menschen, Bestätigung und Status durch unsere Position in der Gesellschaft oder in der Kirche, wir klammern uns an unsere Gesundheit oder an unser Aussehen, weil diese Dinge uns ein gutes Gefühl geben und unser Selbstvertrauen stärken. Wir suchen Sicherheit für die Zukunft durch ein gut gepolstertes Bankkonto oder ein beachtliches Aktienpaket, wir machen exotische und abenteuerliche Reisen, um den damit verbundenen Kick zu genießen. Immer wieder stellt sich heraus, dass diese Dinge uns nicht das Glück und den Halt verschaffen, den wir uns davon erwarten. Ehen können durch den Tod eines Partners oder durch Scheidung enden, berufliche Karrieren können im Zuge von Arbeitsplatzeinsparungen bei Betrieben unterbrochen oder beendet werden. In Kirchen und Gemeinden kann es zu Problemen kommen, die uns gewaltig erschüttern. Eine gute Gesundheit ist nicht selbstverständlich, ein ansehnliches Bankkonto oder Aktienpaket hält nicht in jedem Fall wirtschaftlichen Krisen stand, die Grenze der exotischen und abenteuerlichen Herausforderungen ist irgendwann erreicht. »Es ist eine Ironie des Lebens und tragische Realität«, schreibt der Autor Phillip Keller, »dass auch Christen ihren Durst mit allerlei Surrogaten zu löschen trachten; sie sind rastlos auf der Suche nach anderen Tümpeln und vergessen dabei meist die einzige wahre Quelle« (siehe auch Jeremia 2,13).[5]

Manchmal müssen wir einen Tiefpunkt erreichen, um zu entdecken, dass wir jemanden brauchen, der sicherer, höher und größer ist als unsere eigenen Sicherheiten. Der Tiefpunkt wird zu einem Höhepunkt, wenn wir in Jesus die Quelle unseres Lebens entdecken und … den Mut haben, unseren eigenen Krug stehen zu lassen. Wenn wir dies tun, bringen wir damit zum Ausdruck, dass wir die Regie über unser Leben nicht mehr selbst in Händen halten wollen, sondern diese dem großen Regisseur überlassen. Dass wir nicht mehr selbst nach Brunnen suchen, aus denen wir unseren Durst löschen können, sondern dass wir unser Heil in Gott suchen.

In Psalm 139 betet David etwas, das Mut erfordert. Er sagt: »Erforsche mich, Gott, und erkenne mein Herz. Prüfe mich und erkenne meine Gedanken! Und sieh, ob ein Weg der Mühsal bei mir ist, und leite mich auf dem ewigen Weg« (Vers 23f). Warum erfordert ein solches Gebet Mut? Weil Gott uns und unsere Bitten ernst nimmt. Wer Davids Gebet zu seinem eigenen macht, kann sicher sein, dass Gott darauf antwortet. Vielleicht zeigt Gott uns dann, dass wir destruktiven Denk- oder Verhaltensmustern folgen, dass

[5] Phillip Keller: *Psalm 23 aus der Sicht eines Schafhirten*, © der deutschen Ausgabe: Gerth Medien, Asslar 1976, 1989, 2000.

wir in ungesunder Weise von anderen Menschen abhängig sind, dass wir zu sehr auf materielle Dinge bauen oder dass wir unserer gesellschaftlichen Stellung oder unserem Erfolg zu viel Bedeutung beimessen. Vielleicht hat unsere Karriere uns immer mehr vereinnahmt, und Jesus ist dadurch zur Nebensache geworden. Wir haben uns nicht von ihm losgesagt, aber anderes ist uns wichtiger geworden als er und dadurch haben wir ihn von seinem Thron gestoßen. Schleichend und beinah unmerklich haben wir ihn in unserem Leben als König abgesetzt. Seine Autorität ist beschränkt, er darf nur noch in Notsituationen einspringen, in denen wir selber keinen Ausweg wissen. Wenn es so um uns steht, wird unsere Seele durstig werden. Wir können diesen Durst, der sich oft erkennen lässt an innerer Unruhe oder Unzufriedenheit, ignorieren oder dadurch kompensieren, dass wir uns in äußerliche Aktivitäten stürzen. Es kostet Mut, uns selbst in die Augen zu schauen und unseren Durst (und die Begrenztheit unserer eigenen Quellen) zu erkennen. Und … unsere eigenen Krüge stehen zu lassen und unser Heil allein bei Jesus zu suchen, »indem wir hinschauen[6] auf Jesus, den Anfänger und Vollender des Glaubens« (Hebräer 12,2).

Ein verändertes Leben

Wie wird es der samaritischen Frau nach diesem Tag, an dem sie Jesus begegnet ist, ergangen sein? Nun, als Erstes folgten zwei Tage, an denen Jesus die Menschen lehrte, die sich um ihn versammelten. Sehr wahrscheinlich war die Samariterin an diesen beiden Tagen auch dabei. Vielleicht hat sie versucht, sich irgendwie einzubringen und mitzuhelfen, vielleicht hat sie in ihrer Begeisterung sogar einen kleinen Verkaufsstand mit Lebensmitteln aufgebaut oder etwas anderes organisiert, damit die Menschen nicht zum Essen nach Hause zu gehen brauchten und nichts von Jesu Lehren verpassten.

Was wir nicht wissen, ist, was bei ihr zu Hause passiert ist. Nach ihrer Begegnung mit Jesus gab es eigentlich keine andere Möglich-

---

[6] Wörtlich: »wegschauend (von allem anderen) auf Jesus hin«.

keit, als dass die Samariterin ihrem Freund sagte, dass sie nicht länger unverheiratet mit ihm zusammenleben konnte. Jesus hatte es ihr sehr deutlich gesagt: »(…) der, den du jetzt hast, ist nicht dein Mann« (Johannes 4,18), und sie hatte es auch selbst gesagt: »Ich habe keinen Mann« (Johannes 4,17). Wenn ihr nicht bereits während des Gespräches am Brunnen klar geworden wäre, dass sich ihr Leben von Grund auf verändern musste, dann wäre es ihr zweifellos während der beiden darauf folgenden Tage bewusst geworden. Sie musste die Sünde ablegen, die ihrem Leben mit Jesus im Weg stand (Hebräer 12,1). Menschlich gesprochen, war das für sie mit einem gewissen Risiko verbunden. Wenn sie zu Hause sagte, dass sie nicht länger unverheiratet mit ihrem Freund zusammenleben wollte, gab es verschiedene Möglichkeiten: Ihr Partner konnte ihr vorschlagen zu heiraten (aber er war vielleicht schon verheiratet), er konnte sich aus dem Staub machen oder er konnte sie hinauswerfen. Gott zu gehorchen kann bedeuten, dass wir rein menschlich betrachtet einen Verlust erleiden. Es kann bedeuten, dass uns Menschen oder Dinge, auf die wir uns gestützt haben, genommen werden. Dass wir loslassen müssen und mit Schwierigkeiten und Gegenwind zu kämpfen haben. Aber … wir werden keinen Durst haben, denn Gott ist treu! Wer Gott mit ungeteiltem Herzen gehorcht, kann sich auf seine Treue verlassen und sicher sein, dass er seine Verheißungen erfüllt. Verheißungen, in denen er uns all das zusagt, was wir für ein glückliches, erfülltes und überfließendes Leben brauchen.

Auch wenn wir nicht wissen, wie es der Samariterin persönlich ergangen ist – fest steht, dass sie einen wichtigen Anteil hatte am Wachstum des Reiches Gottes in ihrem Umfeld. Als Philippus ein paar Jahre nach dem in Johannes 4 geschilderten Ereignis die Stadt Samaria besuchte, um dort zu evangelisieren, traf er Menschen an, die bereit waren, das Evangelium anzunehmen (Apostelgeschichte 8,4-25). In dieser Gegend war vorbereitende Arbeit geleistet worden, es war Saat ausgestreut worden. Die Christenverfolgung in den ersten Tagen nach Jesu Tod und Auferstehung wird dazu beigetragen haben, denn hierdurch kam eine Anzahl Christen aus der Jerusalemer Gemeinde nach Samaria und das Evangelium »landete« dort. Wir dürfen jedoch nicht unterschätzen, was die Bekehrung dieser einen samaritischen Frau bewirkt hat. Zwei Tage danach gab es bereits viele neue Christen in ihrer Stadt. Was dort geschah, war spektakulär und hat sich mit Sicherheit herumgesprochen. Hatte Jesus nicht gesagt: »Hebt eure Augen auf und schaut die Felder an! Denn sie sind schon weiß zur Ernte« (Johannes 4,35; vgl. Matthäus 9,36-38)?

Als Philippus in der Stadt Samaria das Evangelium predigte, geschahen dort ebenfalls wunderbare Dinge. Es wurden unreine Geister ausgetrieben und ein weithin bekannter Zauberer kam zum Glauben. Eines Tages erreichte die Apostel in Jerusalem die Nachricht, »dass Samaria das Wort Gottes angenommen habe« (Apostelgeschichte 8,14). Sofort darauf reisten Petrus und Johannes nach Samaria, um dafür zu beten, dass der Heilige Geist auf die neuen Christen ausgegossen würde.

Kommt!

Das Willkommen, das die samaritische Frau am Brunnen von Sychar erlebte, steht nicht für sich allein. In Jesaja 55,1-3 lesen wir: »Auf, ihr Durstigen, alle, kommt zum Wasser! Und die ihr kein Geld habt, kommt, kauft und esst! Ja, kommt, kauft ohne Geld und ohne Kaufpreis Wein und Milch! Warum wiegt ihr Geld ab für das, was kein Brot ist, und euren Verdienst für das, was nicht sättigt? Hört doch auf mich, und esst das Gute, und eure Seele labe sich am Fetten! Neigt euer Ohr und kommt zu mir! Hört, und eure Seele wird leben! Und ich will einen ewigen Bund mit euch schließen, getreu den unverbrüchlichen Gnadenerweisen an David.«

In diesen drei Versen steht viermal »Kommt!«. Dieses vierfache »Kommt!« ist, wie der britische Theologe Derek Kidner in seinem Kommentar zu diesen Versen meint, »so weit wie die menschliche Not und so schmal wie ein einzelner Mensch«.[7] Es ist »weit«, denn es spricht *alle* Durstigen an, und es ist »schmal« oder individuell, denn es meint die Menschen ganz persönlich: »Warum wiegt *ihr*

---

[7] Aus Kidners Beitrag im *New Bible Commentary 21st Century Edition,* IVP, UK 1994.

Geld ab …?« Die Verse deuten darauf hin, dass wir Menschen sehr viel übrig haben für Dinge, die nicht sättigen, während bei Gott Überfluss ist an guten Dingen, die die Seele des Menschen nicht nur sättigen, sondern auch Leben schenken. Das eine führt früher oder später zu Enttäuschung und Frustration, das andere öffnet die Tür zu einem überfließenden Leben und tiefem Frieden (Johannes 10,10; Philipper 4,7). Das eine kostet uns nicht selten ein Vermögen oder gar unser Leben, das andere kostet nichts. Von entscheidender Bedeutung in diesen ersten Versen in Jesaja 55 sind die Worte: »Hört, und eure Seele wird leben!« (Vers 3). Eine durstige Seele vertrocknet und stirbt – es sei denn, sie findet das lebendige Wasser.

Es ist ganz wichtig, dass wir begreifen, dass die Einladung »Kommt!« weit gefasst und großzügig ist, aber nicht endlos gültig. Wenn wir ein Stück weiter blicken, nach Jesaja 55,6, lesen wir: »Sucht den Herrn, während er sich finden lässt! Ruft ihn an, während er nahe ist.« Diese Worte bringen einerseits zum Ausdruck, dass Gott nahe ist und sich von den Menschen finden lassen will, und andererseits, dass die Zeit, in der es möglich ist, ihn zu finden, nicht endlos ist, sondern eines Tages abgeschlossen sein wird. Letzteres macht die Aufforderung »Kommt!« noch eindringlicher.

Ebenso wichtig ist es, dass wir begreifen, dass das himmlische »Kommt!« unser Leben lang mit uns gehen wird. Wer die Einladung Jesu angenommen und ihm sein Leben anvertraut hat, der ist auf den richtigen Weg gekommen. Nun muss er auf diesem Weg auch bleiben und vorwärts gehen (siehe Philipper 3,16). Wer durch seine Bekehrung und Wiedergeburt neues und ewiges Leben empfangen hat, muss lernen, sich wirklich auf dieses Leben einzulassen und es auszuleben! Dr. Bruce Thompson drückt es so aus: »Sich zu bekehren bedeutet, die Verantwortung für sein eigenes Leben zu übernehmen. Man trifft die wohlüberlegte Entscheidung, sich von einem selbstzerstörerischen Verhalten abzuwenden und sich stattdessen einem guten, gesunden, gottesfürchtigen Verhalten zuzuwenden.«[8] Die eine große Entscheidung für Gott beinhaltet, dass wir uns auch danach in großen und kleinen Dingen für ihn entscheiden.

---

[8] Dr. Bruce and Barbara Thompson: *Walls of my Heart*, © Crown Ministries International, USA 1989.

Der Gott der Bibel ist ein naher Gott. Er hat sich die Mühe gemacht, die samaritische Frau persönlich aufzusuchen. Sie brauchte nicht weit zu gehen, um ihn zu suchen, er befand sich in ihrer eigenen Stadt an dem Brunnen, bei dem sie täglich Wasser holen kam. Dort wartete er und hielt nach ihr Ausschau. Dort klopfte er an ihre Herzenstür und bat um Einlass (siehe Offenbarung 3,20).

Weil Gott sich nicht verändert hat, dürfen wir davon ausgehen, dass er uns auch heute nahe ist. Wir brauchen nicht weit zu gehen, um ihn zu suchen. Wir brauchen nur eines zu tun – wir müssen unser Herz für ihn öffnen und im Glauben und voller Vertrauen sagen: »Komm herein, Herr!« Was Jesus zu der Samariterin sagte, gilt bis zum heutigen Tag: Gott sucht Anbeter. Gott sucht Menschen, die seinem Sohn Jesus in ihrem Herzen Raum geben und ihn zum Herrn ihres Lebens machen. Wer das tut, wird staunen über das, was Gott für ihn bereithält. Er will uns in Jesus »alles schenken« (Römer 8,32), und Paulus sagt: »Denn so viele Verheißungen Gottes es gibt, in ihm ist das Ja, deshalb auch durch ihn das Amen«, und: »Der uns aber (…) festigt in Christus (…), ist Gott, der uns auch versiegelt und das Unterpfand des Geistes in unsere Herzen gegeben hat« (2. Korinther 1,21-22).

Schließlich …

Der alte Apfelbaum im Garten hinter meinem Haus ist im Laufe der Jahre immer kräftiger geworden. Sein Geheimnis? Er hat seine Wurzeln tief in die Erde geschlagen. Selbst in Zeiten der Trockenheit weiß er seine Nahrung zu finden und festzuhalten. Er ist nicht abhängig von den Eimern voll Wasser, die ich ab und zu um seinen Stamm herum ausgieße. Das Wasser ist sicher angenehm für ihn, aber es erhält ihn nicht am Leben. Die Eimer mit Wasser, die ich in diesem Leben finde – schöne Freundschaften und Erfahrungen, die Wertschätzung anderer Menschen oder den Segen, der auf meiner Arbeit ruht –, bereiten mir Freude und stärken mich, aber es soll nicht so sein, dass mein Leben von diesen Dingen abhängt. In Jeremia 17,5.7.8 steht: »Verflucht ist der Mann, der auf Menschen vertraut und Fleisch zu seinem Arm macht und dessen Herz vom

Herrn weicht. Gesegnet ist der Mann, der auf den Herrn vertraut und dessen Vertrauen der Herr ist! Er wird sein wie ein Baum, der am Wasser gepflanzt ist und am Bach seine Wurzeln ausstreckt und sich nicht fürchtet, wenn die Hitze kommt. Sein Laub ist grün, im Jahr der Dürre ist er unbekümmert, und er hört nicht auf, Frucht zu tragen.«

In Johannes 4 spricht Jesus über sich selbst, als er der samaritischen Frau von dem lebendigen Wasser erzählt, das in den Menschen »eine Quelle Wassers werden (wird), das ins ewige Leben quillt« (Vers 14). In Offenbarung 21,6 sagt er: »Ich will dem Dürstenden aus der Quelle des Wassers des Lebens geben umsonst«, und in Johannes 6,35: »Ich bin das Brot des Lebens: Wer zu mir kommt, wird nicht hungern, und wer an mich glaubt, wird nie mehr dürsten.« Immer wieder ist da die Botschaft: Wer Jesus findet, findet das Leben. Er ist eine Lebensquelle, die niemals vertrocknet und aus der Gottes Kinder zu allen Zeiten und fortwährend schöpfen dürfen. Wir finden in ihm Leben und Kraft, Barmherzigkeit, Gnade und Hilfe (siehe u.a. Hebräer 4,16). Unser Gott sorgt für das, was wir brauchen. Er tut dies im Überfluss, weil das zu seinem Charakter passt. Paulus sagt: »Mein Gott aber wird alles, wessen ihr bedürft, erfüllen nach seinem Reichtum in Herrlichkeit in Christus Jesus« (Philipper 4,19). Achten Sie auf die Worte »alles«, »nach seinem Reichtum«, »in Herrlichkeit«! Und denken Sie an sein größtes Geschenk, seinen Geist, der immer bei uns sein wird (Lukas 11,13 und Johannes 14,16).

Übrigens wird eine gesunde Seele immer nach »mehr von Jesus« dürsten. In dieser Hinsicht ist es nicht gesund, keinen Durst mehr zu haben! Wir dürsten nach der Gerechtigkeit, die von Gott ist (Matthäus 5,6), wir dürsten nach der Wiederkunft seines Sohnes, nach neuen Himmeln und einer neuen Erde, in denen Gerechtigkeit wohnt (2. Petrus 3,13), und danach, für immer bei ihm zu sein. Der Durst nach diesen Dingen ist groß und wird erst dann wirklich gestillt werden, wenn wir »ihm gleich sein werden, denn wir werden ihn sehen, wie er ist« (1. Johannes 3,2). Es kann eigentlich nur noch schöner und großartiger werden …

Kapitel 2

Als ich schwieg,
zerfielen meine Gebeine ...

Psalm 32,3

Über den Ballast
nicht bekannter Schuld

Problem:	Böses, das nicht bereinigt ist, Schuld, die nicht beglichen ist, hässliche Geheimnisse, die wir mit uns herumtragen
Wieso Ballast:	Weil Schuld uns von Gott trennt und uns unseren inneren Frieden raubt
Biblische Person:	David
Der Weg zur Freiheit:	Die Schuld bekennen und mit ihr brechen
Unser Helfer:	Der Heilige Geist – er überführt uns von Sünde
Kernvers:	»In den Augen des Herrn aber war die Sache böse, die David getan hatte« (2. Samuel 11,27)

Jesus Christus (...) hat sich selbst für uns gegeben,
damit er uns loskaufte von aller Gesetzlosigkeit und sich selbst
ein Eigentumsvolk reinigte, das eifrig sei in guten Werken.
Titus 2,13f

Wenn wir unsere Sünden bekennen, ist er treu und gerecht,
dass er uns die Sünden vergibt und uns reinigt von jeder Ungerechtigkeit.
1. Johannes 1,9

Oder verachtest du den Reichtum seiner Gütigkeit und Geduld
und Langmut und weißt nicht, dass die Güte Gottes dich zur Buße leitet?
Römer 2,4

Glücklich der, dem Übertretung vergeben,
dem Sünde zugedeckt ist!
Psalm 32,1

Entsündige mich mit Ysop, und ich werde rein sein;
wasche mich, und ich werde weißer sein als Schnee.
Psalm 51,9

Viele aber von denen, die gläubig geworden waren,
kamen und bekannten und gestanden ihre Taten.
Apostelgeschichte 19,18

Auch ich verurteile dich nicht. Geh hin und sündige von jetzt an
nicht mehr.
Johannes 8,11

Gegen dich, gegen dich allein habe ich gesündigt und getan,
was böse ist in deinen Augen.
Psalm 51,6

Deshalb lasst nun auch uns (...) jede Bürde und die uns so leicht
umstrickende Sünde ablegen und mit Ausdauer laufen den vor uns
liegenden Wettlauf.
Hebräer 12,1

Im Jahr 1963 erbeutete eine Bande in Großbritannien beim Überfall auf einen Postzug den Rekordbetrag von 2,6 Millionen Britischen Pfund. Der Überfall, der als The Great Train Robbery in die Geschichte einging, hat die Phantasie der Menschen immer sehr angesprochen und ist sogar mehrmals verfilmt worden. Einige Mitglieder der Bande sind nie gefasst worden, andere hingegen, wie Ronnie Biggs, wurden erwischt und zu langen Haftstrafen verurteilt. Biggs bekam dreißig Jahre; es gelang ihm jedoch, nach fünfzehn Monaten aus dem Gefängnis zu fliehen. Fünf Jahre lang tauchte er mal hier, mal dort auf. Er wurde unter anderem in Frankreich, Australien und Panama gesichtet und landete schließlich in Brasilien. Dort unterzog er sich einer Gesichtsoperation, heiratete eine Brasilianerin und bekam ein Kind mit ihr. Seine Ehe und Vaterschaft gaben ihm die Garantie, dass er nie mehr an sein Heimatland ausgeliefert werden konnte.

Es heißt, dass Biggs sich, nachdem er sich in Brasilien in Sicherheit gebracht hatte, mit seiner Vergangenheit als Zugräuber brüstete. Er nannte sich den »letzten der Gentlemanschurken«, ein Ausdruck, der darauf schließen lässt, dass er sein Verbrechen für nicht sehr schwerwiegend hielt. Der Überfall war in der Tat nicht »blutig« gewesen – es hatte keine Todesopfer gegeben. Aber ob der Täter dadurch ein weniger schlimmer Schurke oder sogar ein »Gentlemanschurke« war?

Biggs' prahlerische Geschichten sind nur die eine Seite der Medaille. Die andere war, dass der Zugräuber in Brasilien *in der Verbannung* lebte. Auch wenn Biggs der Verfolgung und Strafe entkommen war, war er nicht frei. Die Folge seiner Gesetzesübertretung war, dass er *schuldig* war. Biggs mag sich ein neues Leben in Brasilien aufgebaut haben, aber die Tatsache, dass es noch eine Anklage gegen ihn gab, bedeutete, dass seine Freiheit nur eine vermeintliche Freiheit war. Das machte den Zugräuber mit seiner Millionenbeute zu einem armen Menschen. Weil er die Rechnung mit seiner Vergangenheit nicht beglichen hatte, sondern vor den Folgen seiner Tat geflohen war, blieb er für den Rest seines Lebens ein Gefangener seiner Vergangenheit. Daran konnten seine neue Identität und sein neues Gesicht nichts ändern.

Es ging um die Welt, als Ronnie Biggs nach dreißig Jahren Verbannung Kontakt zu den britischen Behörden suchte. Er schrieb eine E-Mail an Scotland Yard, in der er um einen britischen Pass bat und anbot, sich auf dem Flugplatz von London der britischen Justiz zu stellen. Biggs war krank und geschwächt, er konnte aufgrund einiger Schlaganfälle nicht mehr sprechen und hatte nur noch einen Wunsch: Er wollte als freier Mann in seinem Heimatland leben. »Ich möchte so gern mal wieder in einer Kneipe sitzen, ohne ständig über die Schulter gucken zu müssen, ob mir auch niemand auf den Fersen ist«, erklärte er.

Biggs war zu diesem Zeitpunkt 71, und er machte sein Angebot in der stillen Hoffnung, dass seine Straftat wenn nicht vergessen, so doch verjährt sein würde. Aber er hatte sich verrechnet: Im Mai 2001 wurde er gleich nach seiner Ankunft in England verhaftet. Seine Akte war vielleicht veraltet, aber nicht geschlossen. Sie konnte auch nicht geschlossen werden, solange seine Schuld nicht beglichen war.

Fliehen oder bekennen

Es kommt äußerst selten vor, dass ein Mensch dazu imstande ist, seine schlechten Taten von sich abzuschütteln, ohne noch jemals darunter zu leiden. Das Böse ist wie Öl, es klebt an uns fest. Ein Wasservogel, der nach einer Ölkatastrophe aus dem Meer gefischt wird, ist ein armseliges Häufchen Elend. Von dem einst stolzen Vogel ist nicht mehr viel übrig, seine verklebten Flügel hindern ihn am Fliegen, und eingepackt in eine Schicht schwarzen Öls, ist er zum Tode verurteilt. Genau diese Wirkung hat das Böse in unserem Leben. Es hängt sich an uns, nimmt uns unsere Freiheit und Vitalität und macht uns flügellahm. Wenn es nicht in einem gründlichen Reinigungsbad gelöst wird, bleibt es an uns kleben und hält uns gefangen. Wenn wir nicht davon befreit werden, wird es uns weiterhin belasten. Das erfuhr nicht allein Biggs, das haben auch viele alte Kriegsverbrecher erfahren. In den vergangenen Jahren wurden einige niederländische Kriegsverbrecher aufgespürt und mit ihrer Vergangenheit konfrontiert. Ihre Angst und Aggressivität im Moment des Erkannt- und Konfrontiertwerdens sprechen Bände. Sie lebten in Freiheit in einem anderen Land, aber es war nur eine vermeintliche Freiheit, denn sie waren niemals wirklich frei von ihren früheren Taten.

Viele Menschen schleppen belastende Dinge aus der Vergangenheit mit sich herum. Sie haben etwas angestellt, das das Tageslicht nicht vertragen kann, aber statt es in Ordnung zu bringen, haben sie, ebenso wie Biggs oder jene alten Kriegsverbrecher, ihrer Vergangenheit dadurch zu entkommen versucht, dass sie die Sache entweder bagatellisiert oder verdrängt haben. Nicht selten sind sie umgezogen, um an einem anderen Ort »ein neues Leben anzufangen«. Das ist ein Verhaltensmuster, das in den besten Familien vorkommt, also auch unter Gotteskindern. Es kann sehr verlockend für uns sein, unsere Sünden unter den Teppich zu kehren, aber es funktioniert nicht wirklich. Im Gegenteil, dadurch vermehrt sich der Ballast, den wir mit uns herumtragen: Wir schleppen nicht nur Geheimnisse mit uns herum, sondern auch die Angst, dass diese ans Licht kommen. Es kann passieren, dass man unvermittelt auf einem Empfang Menschen begegnet, die sich daran erinnern, was damals stattgefunden hat. Es kann passieren, dass man sich plötzlich verspricht und dadurch verrät. Es ist seltsam, aber je mehr man sich bemüht zu vergessen, desto stärker wird oft die Erinnerung. Früher oder später werden wir mit uns selbst konfrontiert und stellen fest, dass wir unsere Freiheit preisgegeben haben.

Es fällt nicht schwer, biblische Beispiele von Menschen zu finden, die vor ihren Sünden davongelaufen sind, statt ihnen ins Auge zu sehen … und die dadurch enorme Probleme bekommen haben. Als Adam und Eva Gott im Garten kommen hörten, nachdem sie von der verbotenen Frucht vom Baum der Erkenntnis des Guten und Bösen gegessen hatten, war ihre erste Reaktion: »Wir müssen uns verstecken!« Als der Herr sie rief (1. Mose 3,9) und mit ihrem Ungehorsam konfrontierte, brachten sie es nicht fertig, ehrlich zu sein und die Verantwortung für ihre Tat zu übernehmen: Adam beschuldigte Eva und Eva beschuldigte die Schlange. Die Spannung, die in der Luft lag, war förmlich mit Händen zu greifen. Wer weiß, wie ängstlich und nervös sie waren in den Stunden, nachdem sie gesündigt hatten, wer weiß, was für Ausreden und Ausflüchte sie sich überlegt hatten … Ihre Sünde lag wie eine bleischwere Last auf ihren Schultern. Ballast im wahrsten Sinne des Wortes! Als Kain seinen Bruder Abel ermordet hatte und der Herr ihn fragte, wo Abel sei, lautete seine Antwort: »Ich weiß nicht« (1. Mose 4,8f). Als Jakob seinen Bruder betrogen hatte, brachte er es nicht in Ordnung, sondern er ergriff – übrigens auf den Rat seiner Mutter hin – wie ein Hase die Flucht (1. Mose 27,43). Als Jakobs Söhne sich ihres Bruders Josef entledigt hatten, kehrten sie mit einer Lüge nach Hause zurück und erhielten diese Lüge jahrelang aufrecht (1. Mose 37,31-33). Als Mose einen Ägypter ermordet hatte, floh er nach Midian (2. Mose 2,15). All dies sind Männer Gottes, die sich dafür entschieden, ihre Sünden nicht ans Licht zu bringen, sondern vor ihnen zu fliehen.

Sünde wird in der Bibel mit Sauerteig verglichen. Es ist nur eine ganz kleine Menge davon nötig, um einen ganzen Teig zu durchsäuern. Es ist nur eine böse Tat erforderlich, um einen Menschen völlig zu verunreinigen (vgl. 1. Korinther 5,6-8). Mit anderen Worten: Wenn wir nicht von unserer Sünde befreit werden, dann wird sie sich durch unser Leben ziehen, so wie die Gicht sich durch einen Körper zieht. Ein Athlet verliert seine Vitalität und Geschmeidigkeit, wenn sein Bewegungsapparat von Gicht befallen ist. Wenn die Gicht sich ausbreitet, kommt es zu einer ernsthaften Übersäuerung, und irgendwann wird er bewegungsunfähig. Dasselbe geschieht bei einem Christen, der seine Sünden nicht ans Kreuz bringt. Er geht gebückt unter einer schweren Last, unter der er früher oder später zusammenbricht.

König David wusste ein Lied davon zu singen. Ich habe in meinem ersten Buch *Wenn du dich nur noch machtlos fühlst*[9] einige Kapitel seinem Leben gewidmet, aber ich kann nicht umhin, in diesem Kapitel zurückzukommen auf seinen Ehebruch mit der Frau eines seiner treuesten Untertanen, Uria (die Geschichte wird geschildert in 2. Samuel 11). Damals habe ich vor allem über Davids schwache Haltung geschrieben, als die Versuchung in Gestalt einer schönen Frau in sein Leben trat, und darüber, welche weit reichenden Folgen es für sein ganzes Leben hatte, dass er dieser Versu-

---

[9] Noor van Haaften: *Wenn du dich nur noch machtlos fühlst*, © der deutschen Ausgabe: Hänssler Verlag, Neuhausen 1998.

chung nachgab. In diesem Kapitel will ich auf die Folgen seiner Entscheidung eingehen, seine Sünde zu vertuschen, statt damit zu Gott zu gehen und sie zu bekennen. Als Erstes führte diese Entscheidung dazu, dass David vom Regen in die Traufe kam: Aus einem Ehebrecher wurde ein Mörder. Als sich nämlich herausstellte, dass Batseba schwanger war, kam es so weit, dass David nur noch eine Möglichkeit sah, das Problem endgültig zu lösen: Er ließ ihren Ehemann Uria aus dem Weg räumen und heiratete sie. Wahrscheinlich hoffte David, dass dies das Ende der Geschichte wäre, aber das Gegenteil war der Fall. Er dachte, er hätte einen Schlussstrich unter das Geschehen gezogen, aber er hatte es nur zugedeckt, nicht bereinigt. Das Ergebnis war, dass seine Tat ihn weiterhin verfolgte. Durch die Sünde des Ehebruchs hatte er sich von Gott entfernt, und dadurch, dass er sie nicht bekannte, lud er sich selbst ein bleischweres Joch von Schuld auf. Die Außenwelt hat davon vielleicht nicht viel gesehen oder gespürt, aber es kostete den König die größte Mühe, sich auf den Beinen zu halten. Während das Leben weiterzugehen schien wie immer, konnte David kaum noch normal funktionieren. Erst als er sich von seinen Mitmenschen zurückzog, fielen die Masken. In der Abgeschiedenheit seines Arbeitszimmers vertraute David seine Not dem Papier an. In der Abgeschiedenheit seines Schlafzimmers muss er nachts stundenlang rastlos hin und her gelaufen sein, gequält von seiner Sünde. Wenn es morgens hell wurde, nahm er mit dem Mut der Verzweiflung seine Aufgaben wieder in Angriff. Er versuchte fortwährend, die Vergangenheit von sich abzuschütteln und »einfach« weiterzumachen, aber es gelang ihm nicht. David hatte die Situation zwar glatt gebügelt, aber es blieben Falten in seinem Herzen und Flecken auf seiner Seele. Es war eine elende Erfahrung. In Psalm 32,4 sagt David selbst: »(…) verwandelt wurde mein Saft in Sommergluten.«

Sünden, die nicht bekannt worden sind, können gehörig »herumspuken«. Einmal hat man weniger Probleme damit, dann plötzlich wieder mehr. Für David galt vor allem Letzteres. Der König war völlig aus dem Gleichgewicht. Zu keinem Zeitpunkt war er frei von seiner Sünde. Er saß sozusagen auf einer Jauchegrube, in der es gärte und brodelte, und er hatte sein Leben immer weniger im Griff. Aber obwohl er beinah daran zerbrach, blieb er sitzen! So lange, bis Gott ihm einen Mitmenschen schickte, der ihm auf unmissverständliche (aber sehr liebevolle) Weise klarmachte, dass das, was er getan hatte, in Gottes Augen böse war und dass es keine andere Lösung gab, als dass David seine Sünden vor Gott bekannte. In diesem Augenblick wurde deutlich, dass David ein Mann nach dem Herzen Gottes war, denn er gehorchte sofort. Er verwünschte Nathan nicht, er schickte ihn nicht weg, sondern er wurde still und ging in sich. Das Gespräch mit diesem weisen Ratgeber führte dazu, dass bei David ein Schalter umgelegt wurde. Er erkannte und bekannte seine Sünden. Was daraus resultierte, erzählt er in Psalm 32: Gottes Vergebung führte zu Befreiung und tiefer Freude (Verse 3-5.7). Es war ein Unterschied wie Tag und Nacht: Vor seinem Schuldbekenntnis war David ein zutiefst angeschlagener Mann, der in der Finsternis lebte; danach war Gottes Licht in seinem Leben wieder aufgegangen. Eine riesige Last war von seinen Schultern gefallen, und er konnte wieder frei atmen.

Wie ist es möglich, dass David, der doch ein Mann Gottes war, seine Sünden nicht bekannte? Wie kann es sein, dass er nicht »Klarschiff« machte, sondern mit einem Ballast herumlief, der immer schwerer wurde? Er war doch ein Mann Gottes? Und warum … tun wir dasselbe? Dafür gibt es verschiedene Gründe:

a) Wir nehmen unsere Sünden nicht so ernst
In einem toleranten Klima, in dem das Falsche als weniger schlimm oder gar als »normal« gilt, ist es nicht leicht, Gottes Maßstäben treu zu bleiben und Sünde als Sünde zu sehen (und darum auch zu lassen). Und sie, wenn sie begangen wurde, auch als solche zu bekennen. Beinah unbemerkt machen wir uns Verhaltensweisen zu Eigen, die in unserer Kultur als völlig normal gelten, in Gottes Augen jedoch keinesfalls in Ordnung sind. Wir machen uns manchmal gar keine Gedanken mehr darüber, dass etwas in Gottes Augen nicht gut sein könnte, oder wir beschwichtigen diesen störenden Gedanken mit einem »Das machen doch alle« und »Dagegen kann man gar nichts machen« oder gar mit einem »Gott liebt mich, darum wird er schon darüber hinwegsehen«. Wir haben manchmal etwas von dem Zugräuber Biggs, der sein Verbrechen bagatellisierte. Bei dem Überfall auf den Zug kamen keine Menschen um, also worüber regen wir

uns auf? Ja, wir sind viel zu schnell gefahren, aber wir haben niemanden in Gefahr gebracht. Wir haben Papier und Druckerpatronen mit nach Hause genommen, aber dadurch hat unser Chef wirklich kein Brötchen weniger zu essen. Wir haben eine Beziehung mit jemandem, der verheiratet ist, aber diese Ehe ist schon lange nichts mehr. Es ist gar nicht so einfach, dagegen anzugehen, dass das, was die Mehrheit tut, zum Maßstab für unser eigenes Leben wird. Es ist ein verführerischer Gedanke, dass Gott das alles nicht so schlimm findet. Aber das tut er sehr wohl! David erfuhr auf eine sehr schmerzliche Weise, dass das, was er getan hatte, in den Augen des Herrn böse war (2. Samuel 11,27).

b) Wir denken, dass wir selbst damit zurechtkommen
Das ist es, was David versuchte. Als die Schwangerschaft seiner Geliebten ihn auf schwieriges Terrain brachte, ging er eigentlich davon aus, dass er die Sache schon in Ordnung bringen konnte. In der Praxis war das jedoch alles andere als einfach. Als er dachte, nun endlich alle Probleme gelöst zu haben, stellte sich heraus, dass das Gegenteil der Fall war. Es brach eine äußerst unangenehme Zeit für ihn an. David litt schrecklich unter dem, was er getan hatte. Er hatte keine ruhige Minute mehr und konnte auch nicht mehr richtig schlafen – immer wieder wurde er aufgeschreckt durch die Erinnerung an seine Schuld. Sie war zu einem unerträglichen Ballast für sein Leben geworden. Es war eine harte Lektion, die ihm da erteilt wurde, aber eine notwendige! Wir werden das Böse nicht dadurch los, dass wir versuchen, es auf krummen Touren zurechtzubiegen oder zuzudecken. Die einzig sinnvolle Lösung ist, damit zu Gott zu gehen, ihn um Vergebung zu bitten und unsere Schuld von ihm wegnehmen und »wegwerfen« zu lassen. Er ist der Einzige, der dies wirklich tun kann.

c) Wir haben eigentlich nicht vor, wirklich mit unserer Sünde zu brechen
Sünde kann so anziehend sein, dass wir die Unannehmlichkeiten, die sie mit sich bringt, gern in Kauf nehmen. Das war bei Helga der Fall, die eine sexuelle Beziehung mit einem verheirateten Mann hatte. Einerseits empfand sie Freude daran, andererseits wurde sie

dadurch sehr gequält. Ich habe selten jemanden so herzzerreißend weinen sehen wie diese Frau. Sie brachte ihr Problem haarscharf auf den Punkt, als sie sagte: »Die Sünde ist so lieblich, so süß. Ich weiß, dass es verkehrt ist, aber ich kann mir nicht vorstellen, diese Beziehung aufzugeben. Ich will es und ich will es nicht.« Äußerlich betrachtet war Helga eine ruhige, solide Person, die keinen Gottesdienst versäumte. Niemand vermutete, dass sie innerlich zerrissen war vor Elend, weil sie gefangen war. Helga lebte in einem Spagat – ihre Sehnsucht nach ihrem Geliebten zog sie in die eine Richtung, ihre Gewissensnot in die andere. Helga war sich sehr wohl darüber im Klaren, dass sie sich auf einem zerstörerischen Weg befand, aber sie war nicht bereit, mit ihrer Sünde zu brechen. Mit dieser Haltung trieb sie sich selber immer weiter in die Enge, während Buße und Sündenbekenntnis zu Vergebung, Wiederherstellung, Erneuerung und neuem Leben geführt hätten.

d) Wir werden zurückgehalten von Menschenfurcht
Einmal sah ich ein Fernsehinterview mit einem Mann mittleren Alters, der jahrelang süchtig nach Pornographie gewesen war. Er war ein guter Ehemann und Vater und ein treuer Ältester in seiner Gemeinde. Dass er ein Doppelleben führte, wusste niemand. Hinter den Hausbesuchen, die in seinem Terminkalender standen, verbargen sich ganz andere Besuche: Er besuchte in Wirklichkeit erotische Filme und Peepshows. In seinem Schuppen, in dem er so gern bastelte, lagen Stapel von Pornographiezeitschriften. Jahrelang lebte dieser Mann mit der schweren Last seiner eigenen Geheimnisse, bis er darunter zusammenbrach. Ich erinnere mich nicht mehr daran, ob er ertappt wurde oder ob er sich selbst zu seinem sündigen Lebensstil bekannte. Was ich jedoch nie vergessen werde, ist, was er über die tiefe Not sagte, die er all diese Jahre über verspürt hatte. Der Mann saß fest und wusste nicht mehr ein noch aus. Jahrelang war er ein Gefangener seiner Pornosucht gewesen, jahrelang hatte er unter Hochspannung gelebt. Jahrelang hatte er all seine Energie gebraucht, um seine persönliche Jauchegrube verschlossen zu halten. Mehr als einmal sehnte er sich danach, sein Problem ans Licht zu bringen, seine Sünden zu bekennen und Klarschiff zu machen, aber … er wagte es nicht. Ich zitiere: »Ich kannte niemanden, dem

ich mich anzuvertrauen wagte, niemanden, von dem ich mit Sicherheit wusste, dass er meine Geschichte nicht weiterverbreiten oder mich verurteilen würde.«

e) Wir haben Angst vor Gott

Wie viele Gläubige tun wohl dasselbe, was Adam und Eva damals taten: Sie fliehen mit ihrer Sünde vor Gott, weil sie Angst haben vor seinem Urteil! Wenn wir das tun, dann haben wir das Evangelium nicht verstanden. »Gott aber erweist seine Liebe zu uns darin, dass Christus für uns gestorben ist, als wir noch Sünder waren«, schreibt Paulus in Römer 5,8 (L). Er fährt fort: »Um wie viel mehr werden wir nun durch ihn bewahrt werden vor dem Zorn, nachdem wir jetzt durch sein Blut gerecht geworden sind!«

Es ist so wunderbar, dass der heilige Gott sündige Menschen dazu aufruft, aus ihrem Versteck zu kommen – nicht, um sie zu verurteilen, sondern um sie von ihrer Schuld zu befreien. Wir haben gesehen, wie er sich auf die Suche nach Adam und Eva machte und wie er zu Kain kam und ihn fragte, wo sein Bruder sei. Wir haben gesehen, wohin es führte, dass diese Menschen sich versteckten und logen: Sie wurden verurteilt. Wir haben jedoch auch gesehen, wie liebevoll Jesus mit der samaritischen Frau umging und wie er ihr half, aus ihrem Panzer hervorzukriechen. Nicht um sie daraufhin zu verurteilen, sondern um sie zu befreien. Wenn sie von Angst regiert gewesen wäre, dann hätte sie die Karten nicht auf den Tisch gelegt. Aber als sie Jesus Auge in Auge gegenüberstand, konnte sie nichts anderes tun, als mit der Wahrheit herauszurücken. Und … sie fand das Leben!

Wer von der Angst vor Gott niedergedrückt wird, darf Mut fassen und aufgrund des Opfers Christi »freimütig hinzutreten zum Thron der Gnade« (Hebräer 4,16) und Vergebung beanspruchen. Wenn es in unserem Leben schief gegangen ist, dürfen wir wie der verlorene Sohn zurückkehren, unsere Sünden bekennen und Vergebung erlangen. Es ist eine biblische Wahrheit, dass Gott immer bereit ist, einem reuigen Sünder zu begegnen, um sein Bekenntnis anzuhören und anzunehmen, seine Schuld wegzuwischen und sein Gewissen zu reinigen, um daraufhin einen dicken Strich unter das Geschehen zu ziehen.

Der Ballast der Schuld

Wenn wir mit Geheimnissen oder nicht bereinigten Dingen herumlaufen, macht uns dies das Leben schwer. Wenn Sünden unter den Teppich gekehrt werden, entstehen Unebenheiten, die unseren Lebensweg holprig machen. Wir stellen damit die Weichen für ein minderwertiges Leben, das unter dem Niveau liegt, das Gott für uns geplant hat. Wir tauschen das Leben ein für den Tod (siehe Römer 6,23). Auch Helga steckte in einem negativen Prozess, der sie allmählich innerlich zerstörte. Sie gab ganz ehrlich zu, dass sich ihr geistliches Leben auf dem Nullpunkt befand. Sie hatte das Gefühl, dass Gott weit weg war. Sie las nicht mehr in der Bibel, weil sie das mit ihrer Schuld konfrontierte, beim Beten erlebte sie enorme Blockaden und zur Kirche ging sie nur noch, um den Anschein aufrechtzuerhalten, dass alles in Ordnung war. Den Kontakt zu ihren christlichen Freunden beschränkte sie auf ein Minimum, weil sie Angst hatte, dass sie ihr Geheimnis entdeckten. Sie hatte eigentlich nur noch Kontakt zu ihrem verheirateten Freund, der sie völlig in der Hand hatte. Ihre bedrückte Ausstrahlung und die Ringe unter ihren Augen sprachen Bände: Sie war gefangen und ging langsam, aber sicher kaputt.

Es gibt nur eine Möglichkeit, den Ballast und die Folgen unserer Schuld loszuwerden und Frieden zu finden: nämlich unsere Sünde zu bekennen und mit ihr zu brechen. *Bekennen* ist ein radikales Wort, das im Zusammenhang mit Sünde aufrechte Reue einschließt. David brauchte bei Gott nicht anzukommen mit vagen Bedauernsbekundungen, die eher auf den Unannehmlichkeiten beruhten, die seine Tat für ihn persönlich verursacht hatten. Vor Gott galt allein die ehrliche innere Überzeugung, dass seine Tat unrecht gewesen war. Er brauchte ebenso wenig anzukommen mit Ausreden wie »Ach, Herr, du weißt, dass ich in diesem Moment einsam gewesen bin, und wenn Batseba nicht so öffentlich nackt gebadet hätte, hätte ich anders reagiert« oder »Herr, du weißt, wie Männer sind, du hast uns ja selbst gemacht und du weißt bestimmt, dass ich nicht der Einzige bin, der in diese Falle getappt ist«. Für solche Argumente hat Gott absolut kein Ohr! Er hat auch kein Ohr dafür, wenn Menschen ihre Sünde bagatellisieren, wie es der »Gentlemanschurke« Biggs getan hat. Sollte Biggs' Verbrechen in Gottes Augen wirklich weniger schlimm sein, weil nur der Maschinist verprügelt wurde und niemand zu Tode kam? Oder … ist Sünde einfach Sünde?

Der Wendepunkt für David kam, als er seine Sünde öffentlich bekannte. In Psalm 51,9 lesen wir das Gebet, das er betete, als Nathan bei ihm zu Besuch war: »Entsündige mich mit Ysop, und ich werde rein sein; wasche mich, und ich werde weißer sein als Schnee.« »Entsündige mich« – was für ein wunderbarer Ausdruck! –, und dann: »(…) tilge alle meine Schuld!« (Vers 11). In Psalm 32,5 erzählt er, was sein Bekenntnis bewirkte: »(…) du hast vergeben die Schuld meiner Sünde.«

Wenn man Psalm 32 und Psalm 51 nebeneinander betrachtet, ist der Unterschied auffällig. Psalm 51 ist ein trauriger Psalm über die negative Frucht der Sünde, die nicht bereinigt wurde. Es ist das Klagelied eines gebrochenen Mannes, der nach Reinigung und Wiederherstellung lechzt, danach, eine neue, saubere Seite in seinem Lebensbuch aufzuschlagen. In Psalm 32 hat sich das Klagelied in einen Jubelgesang verwandelt. Davids Bekenntnis hat ihm die Erfahrung der »Entsündigung« eingebracht (Psalm 51,9). Seine uneingestandene Schuld wirkte wie ein Damm, der seine Lebensfreude blockierte. Die Vergebung, die darauf folgte, ließ die Freude in sein Leben zurückströmen und machte den Weg frei für Gottes Segen.

Nathans gesucht

Viele Menschen werden sich selbst in dem Ältesten erkennen, der jahrelang ein schwerwiegendes Geheimnis mit sich herumtrug, weil er sich vor seinen Mitmenschen fürchtete. Diese Furcht ist leider nicht unbegründet. Wir brauchen nur an die Frau zu denken, die beim Ehebruch ertappt wurde, um zu sehen, wie hart das Urteil unserer Mitmenschen sein kann (Johannes 8,2-11). Die Tatsache, dass die Frau *ertappt* worden war, und die triumphierende Haltung der Pharisäer, als sie sie zu Jesus brachten, deuten darauf hin, dass sie diese Frau schon eine Zeit lang beschattet hatten. Nicht liebevoll ermahnt, sondern beschattet! Mit dem Ziel, sie zu ertappen und zu verurteilen. Aber das war nicht alles. Sie konnten sie auch gut gebrauchen. Sie wollten Jesus selbst eine Falle stellen und es traf sich gut, dass diese Frau als Anlass dienen konnte. Die Haltung jener religiösen Männer dieser Frau gegenüber war mitleidlos. Das Gesetz schrieb vor, dass eine Ehebrecherin gesteinigt werden musste, und genau das wollten sie sehen, als sie die Frau zu Jesus brachten. Ich kann mir kaum vorstellen, was sie in diesem Moment empfunden haben muss. Die öffentliche Demütigung (denn es geschah nicht hinter geschlossenen Türen, sondern auf der Straße), die Angst vor der Verurteilung und vor der schrecklichen Strafe: Tod durch Steinigung. Welche Gedanken und Gefühle werden sie bewegt haben, als Jesus ganz anders reagierte? Er sorgte dafür, dass die Schnüffler einer nach dem anderen abzogen. Dann erst sprach er sie an: »Ich verurteile dich nicht. Aber sündige von jetzt an nicht mehr!« Es ist gut und sicher, in die Hände eines barmherzigen Gottes zu fallen! Und es ist wichtig, dass mehr Menschen wie Nathan aufstehen, Männer und Frauen, die Gottes Barmherzigkeit kennen und diese auch in die Welt hineintragen.

Nathan war nicht darauf aus, David aufgrund seiner Sünden zu demütigen oder öffentlich bloßzustellen. Sein einziges Ziel war, die Beziehung dieses gefallenen Gottesmannes zu seinem Gott wieder herzustellen. Nathan ging auch nicht aus eigenem Antrieb und mit erhobenem Zeigefinger zu David; er war von Gott geschickt. Er klopfte sich auch nicht selbst auf die Schulter wegen dieses doch ziemlich verantwortungsvollen Auftrags; er kam als Nächster und zeigte Anteilnahme. Nach seinem Gespräch mit David ging er nicht beim Nachbarn vorbei, und ebenso wenig rief er die *Jerusalem Post* an, um ihnen eine pikante Geschichte über den König und sein Liebesleben anzubieten. Ich gehe davon aus, dass Nathan vor seinem Gespräch mit David den Herrn gesucht hat und während seines Besuches den König in stillem Gebet vor Gottes Thron brachte. Seine Vorgehensweise war mild und liebevoll und gleichzeitig deutlich. Es sagt etwas über Nathans Ton und es spricht für David, dass dieser nicht in Abwehrhaltung ging oder Nathan wütend hinauswarf, sondern einfach sagte: »Ich habe gegen den Herrn gesündigt« (2. Samuel 12,13). Es spricht für Nathan, dass dieser daraufhin nicht noch einmal Salz in die Wunde streute, indem er sagte: »Ja, das hast du wirklich!«, oder: »Ich verstehe wirklich nicht, warum du … Ich würde so etwas niemals tun!« Nein, er sagte nur: »So hat auch der Herr deine Sünde hinweggetan, du wirst nicht sterben.« In die Hände eines heiligen und gerechten Menschen wie Nathan ist gut fallen! Menschen wie er reden nicht über uns, sondern mit uns. Nicht um uns ihre Ablehnung zu demonstrieren, nicht um uns kaputtzumachen, sondern um uns zu helfen und uns aufzurichten. Sprüche 27,6 sagt, dass die Schläge dessen, der uns liebt, treu gemeint sind. Die Menschen, die mit offenen Karten zu spielen wagen, sind bessere Freunde als diejenigen, die uns zurechtweisen könnten, aber lieber schweigen. Mit der Einstellung »Damit will ich nichts zu tun haben, ich will mir die Hände nicht schmutzig machen« wählen wir oft den Weg, der für uns selbst am einfachsten ist.

Wir dürfen uns als Gemeinde Jesu der Verantwortung, die wir füreinander haben, nicht entziehen. Daher müssen wir den Mut haben, einander frühzeitig (und liebevoll) auf Dinge anzusprechen, die nicht in Ordnung sind. Dadurch sind wir unserem Ruf gehorsam, miteinander verbunden zu sein, aufeinander Acht zu haben und einander zu lieben. Weil Nathan sich seiner Verantwortung nicht entzog, bekam König David die Chance, seine Sünden zu bekennen und Vergebung von Gott zu empfangen. Er hätte nicht mehr viel länger warten dürfen, es war schon so viel kaputtgegangen. Nicht nur in seinem eigenen Leben und in seiner Umgebung, sondern auch in seiner Beziehung zu Gott. Ihre Gemeinschaft war gestört und David war im Dunkeln gelandet – eine Situation, in der sich ein Mensch hoffnungslos verirren kann.

Der Segen der Beichte

In manchen Fällen kann es hilfreich oder sogar notwendig sein, seine Sünden einem anderen Menschen mitzuteilen und sie in seinem oder ihrem Beisein vor Gott zu bringen. Wir müssen uns dabei dessen bewusst sein, dass der andere Mensch nicht derjenige ist, der vergibt; seine Funktion ist nur, uns zu unterstützen und zu ermutigen. Er hilft uns, indem er uns zuhört, Fragen stellt und uns in die richtige Richtung weist: zu Gott hin.

Die Tatsache, dass etwas ausgesprochen und gehört wird, nicht allein von Gott, sondern auch von einem anderen Menschen, ist vor allem in Situationen wichtig, in denen es um sündiges Verhalten geht, mit dem noch nicht gebrochen wurde. Ein geteiltes Geheimnis hat weniger Macht, und außerdem kann man in schwierigen Momenten den Menschen, dem man sich anvertraut hat, um Hilfe bitten. Im Englischen nennt man dies *accountability:* die Bereitschaft, einem anderen Menschen gegenüber Rechenschaft abzulegen. Dazu kann gehören, dass man mit einem verlässlichen Freund (einer Freundin) die Absprache trifft, dass er (sie) einem Fragen über sein geistliches Leben stellen darf und einen auch auf bestimmte Schwächen oder Sünden ansprechen kann (die man selbst genannt hat). Das funktioniert am besten, wenn es in einem frühen Stadium praktiziert wird. Wenn der pornographiesüchtige Älteste schon in einem frühen Stadium einem Freund hätte erzählen können, dass Pornographie eine starke Anziehungskraft auf ihn ausübte, und dieser Freund ihn regelmäßig darauf angesprochen hätte (ernsthaft, mit echter Anteilnahme und kompromisslos), dann wäre die Chance groß gewesen, dass sein Hang zur Pornographie sich nicht zu einer handfesten Sucht ausgewachsen hätte. Seine Vertrauensperson hätte möglicherweise als »Notbremse« fungiert, die er gegebenenfalls hätte »ziehen« können. Ich zitiere einen jungen Mann, der süchtig ist nach Pornographie im Internet: »Wenn ich in den Momenten, in denen es mich zu einer Porno-Website zieht, jemanden anrufen und mit ihm darüber sprechen könnte, dann würde ich nicht in diesen schrecklichen Sog geraten. Denn dann würde sich jemand in den Weg stellen ...« Wie wichtig ist dies doch: Menschen, die verantwortlich füreinander beten. Menschen, die bereit sind, einem im Notfall zur Seite zu stehen. Menschen, die sagen: »Hier ist meine Telefonnummer. Ruf mich an, wenn du in Versuchung kommst.«

»Entsündige mich …«

Ein Wasservogel, der mit Öl beschmiert ist, kommt nicht weit. Erst wenn er von dem Öl befreit ist, kann er wieder so werden, wie er gedacht war: ein Vogel, der seine Flügel schwungvoll ausbreitet, hochsteigt und fliegt. Ein Christ, der mit nicht bekannten Sünden herumläuft, kommt nicht weit. Es ist Gottes Plan, dass er seine Knie durchstreckt und mit Ausdauer seinen Wettlauf läuft, aber er kommt kaum auf die Beine, geht gebückt und stolpernd seinen Weg und hat keinerlei Kraftreserven. Er wird die Ziellinie erreichen, solange er seinen Führer sieht, aber seine Sicht ist getrübt, weil seine Sünden zwischen ihm und seinem Herrn stehen und ihm den Blick versperren. Erst wenn er sich die Last seiner Schuld hat abnehmen lassen, wird er zu einem Menschen, wie Hebräer 12,1f ihn uns vor Augen stellt: ein kräftiger Athlet, der sich mit nichts Geringerem als der Goldmedaille zufrieden gibt.

In dem Bild, das in diesen Versen gemalt wird, liegt eine Herausforderung: »Nimm den Kampf auf! Lass nicht zu, dass du flügellahm wirst durch Sünden, die an dir kleben!« Sünde untergräbt unsere Stellung in Christus und unsere Vitalität. Das Bekennen der Sünde setzt uns frei. Wir dürfen nicht zulassen, dass sich Dinge in unser Leben einschleichen und darin festsetzen, die nicht gut sind. Lassen Sie uns, sobald sich etwas Böses zeigt, kurzen Prozess damit machen. Denn aufgeschoben ist meist aufgehoben, mit allen Folgen, die dazugehören.

Auf der Rennbahn des Lebens steht Gottes Sohn, der Herr Jesus, und winkt uns zu. Seine Botschaft ist eindeutig: »Wende dich ab vom Bösen und komm zurück auf den richtigen Weg. Folge mir und entscheide dich für das Leben!«

Kapitel 3

Wer bin ich …

2. Mose 3,11

Über den Ballast
eines negativen Lebensmottos

Problem:

Negatives Lebensmotto, Minderwertigkeitsgefühle

Wieso Ballast:

Weil diese Dinge uns daran hindern, zu
den Menschen zu werden, die Gott vor
Augen hat

Biblische Person:

Mose

Der Weg
zur Freiheit:

Gottes Gedanken über uns kennen lernen und sie uns zu Eigen machen

Unser Helfer:

Der Heilige Geist – er bezeugt uns, dass
wir Söhne und Töchter Gottes sind

Kernvers:

»(…) werdet verwandelt durch die Erneuerung des Sinnes«

(Römer 12,2)

Denn du bildetest meine Nieren. Du wobst mich in meiner Mutter Leib. Ich preise dich darüber, dass ich auf eine erstaunliche, ausgezeichnete Weise gemacht bin.
Psalm 139,13f

Es war dir mein Gebein nicht verborgen, als ich im Verborgenen gemacht wurde (…)
Deine Augen sahen mich, als ich noch nicht bereitet war.
Psalm 139,15f (L)

Aber jetzt, so spricht der Herr, der dich geschaffen, Jakob, und der dich gebildet hat, Israel: Fürchte dich nicht, denn ich habe dich erlöst! Ich habe dich bei deinem Namen gerufen, du bist mein.
Jesaja 43,1

Weil du teuer bist in meinen Augen und wertvoll bist und ich dich lieb habe.
Jesaja 43,4

Siehe, in meine beiden Handflächen habe ich dich eingezeichnet.
Jesaja 49,16

Ja, ihr sollt meine Herde sein, die Herde meiner Weide, und ich will euer Gott sein, spricht Gott der Herr.
Hesekiel 34,31 (L)

Ihr aber seid ein auserwähltes Geschlecht, ein königliches Priestertum, eine heilige Nation, ein Volk zum Besitztum (…) die ihr einst »nicht ein Volk« wart, jetzt aber ein Volk Gottes seid; die ihr »nicht Barmherzigkeit empfangen hattet«, jetzt aber Barmherzigkeit empfangen habt.
1. Petrus 2,9f

Darum schämt sich Gott ihrer nicht, ihr Gott genannt zu werden.
Hebräer 11,16

Daher, wenn jemand in Christus ist, so ist er eine neue Schöpfung.
2. Korinther 5,17

(…) da ihr (…) den neuen (Menschen) angezogen habt, der erneuert wird zur Erkenntnis nach dem Bild dessen, der ihn erschaffen hat!
Kolosser 3,10

In seiner (Jesu) Liebe sollt ihr fest verwurzelt sein; auf sie sollt ihr bauen. Denn nur so könnt ihr mit allen anderen Christen das ganze Ausmaß seiner Liebe erfahren, die wir doch mit unserem Verstand niemals fassen können.
Epheser 3,17-19 (Hfa)

Marian ist die Älteste von fünf Geschwistern. Sie wurde als uneheliches Kind eines 19-jährigen Mädchens geboren. Als ihre Mutter vier Jahre später heiratete, adoptierte ihr Mann ihre Tochter. Er tat dies jedoch nicht von Herzen, sondern um seiner Frau damit einen Gefallen zu tun.

Marian fühlte sich immer als Außenseiterin, als »Kuckuckskind«, wie sie sich selbst nannte. Die »eigenen« Kinder wurden anders behandelt, nicht nur von ihrem Stiefvater, sondern auch von ihrer Mutter. Für sie war diese älteste Tochter immer eine schmerzliche Erinnerung an eine kurzfristige Liebe und viel Kummer und Ärger, als ihr Freund sie damals noch während der Schwangerschaft verließ.

In der Familie wurde Marian mehr als einmal deutlich gemacht, dass sie »das fünfte Rad am Wagen« war. Sie konnte machen, was sie wollte, sie wurde ständig kritisiert, und auch ihre Geschwister zogen über sie her. Es schien, als hätten sie die negative Einstellung, die die Eltern zu ihrer ältesten Tochter hatten, von ihnen übernommen. Als Marian ungefähr vierzehn war, passierte etwas Schreckliches: Als eine kleine Unstimmigkeit bei Tisch eskalierte, schleuderte ihr Stiefvater ihr im Zorn die Worte entgegen: »Es wäre für alle besser gewesen, wenn deine Mutter dich damals hätte wegmachen lassen!«

Es sind seither über 20 Jahre vergangen, aber Marian kann diese Worte immer noch nicht aussprechen, ohne zu weinen. Nur allzu deutlich erinnert sie sich an das fassungslose Entsetzen, das sie ergriffen hatte, als ihr Vater diese Unheilsbotschaft über ihr aussprach. »Seit diesem schrecklichen Tag wusste ich es genau«, sagte sie zu mir. »Ich durfte nicht da sein, ich war unerwünscht. Meine Eltern ertrugen meine Anwesenheit, da sie keine andere Wahl hatten, aber es wäre ihnen lieber gewesen, wenn es mich nie gegeben hätte.«

Als ich Marian zuhörte, nahm ich neben ihrem Schmerz auch wahr, dass die negative Botschaft ihres Vaters in ihrem Herzen Wurzel gefasst und von da an ihr Leben beherrscht hatte. Dies »Du hättest nie geboren werden dürfen« war zu ihrem persönlichen Lebensmotto geworden und hatte seine zerstörerische Kraft entfaltet. Marians Gesichtsausdruck, ihre mutlosen Worte und auch ihr Äußeres bekräftigten, dass sie sich nicht um sich selbst kümmerte und wenig Wert auf ihr Erscheinungsbild legte. Sie sah ungepflegt aus, ihr Haar war ungewaschen und sie war schlampig und schmuddelig gekleidet. Marian war in eine Abwärtsspirale geraten; sie war zu der Überzeugung gelangt, dass sie ein wertloser Mensch war, der keinerlei Bedeutung hatte, und sie lebte ein Leben, das diese Botschaft widerspiegelte.

Wer von seiner Umgebung verwünscht wird, muss härter für ein gesundes Selbstwertgefühl kämpfen als jemand, der willkommen geheißen wird und so sein darf, wie er/sie ist. Darum ist es so enorm wichtig, dass ein Kind vom Beginn seines Lebens an Liebe und Bestätigung erfährt und deutlich spürt (und hört), dass es da sein darf. In den ersten Lebensjahren wird die Basis für ein gesundes Bewusstsein der eigenen Identität und des eigenen Wertes gelegt. Im Schutz der eigenen Familie wird ein Kind widerstandsfähig gemacht für das Leben in dieser Welt. Einer Welt, in der es alles andere als selbstverständlich ist, dass ein Mensch von Herzen willkommen geheißen wird.

Eine wiederholte negative Botschaft vor allem seitens nahe stehender Menschen kann zu einem negativen Lebensmotto werden, das Gefühle von Minderwertigkeit, Unsicherheit und Angst entstehen und wachsen lässt. Es ist ein schwerer Ballast, der die emotionale Entwicklung und die Entfaltung eines Menschen hemmt und ihn früher oder später kaputtmachen kann. Je häufiger ein Mensch negative Botschaften über sich selbst zu hören bekommt und je zahlreicher diese sind, desto weniger wird er außerdem imstande sein, noch eine gute Botschaft über sich selbst annehmen zu können. So erinnere ich mich an eine Frau, die sagte: »Wenn ich etwas machen will, höre ich sehr oft die Worte: ›Das kannst du nicht!‹ Ich muss mich dann regelrecht dazu zwingen, die Sache doch in Angriff zu nehmen.« Diese Frau wurde in ihrer Herkunftsfamilie ständig mit einer älteren Schwester verglichen. Oft hieß es: »Lass sie das mal machen, das kannst du sowieso nicht.« Im Laufe der Zeit gelangte sie zu der Überzeugung, wirklich vollkommen ungeschickt zu sein, und zog sich immer mehr in sich selbst zurück. Nun, da sie erwachsen ist und selbst Kinder hat, ertappt sie sich oft dabei, dass sie dies immer noch tut und dass sie Angst hat, Dinge falsch (oder nicht gut genug) zu machen.

Worte haben zerstörerische Macht. Salomo drückt dies sehr treffend aus in Sprüche 12,18: »Da ist ein Schwätzer, dessen Worte sind Schwertstiche.« Jeder hat das schon erlebt – in der Familie, in der Schule, am Arbeitsplatz, in der Ehe oder im Freundeskreis. Mein Garten grenzt an den Pausenhof einer Grundschule; daher bin ich regelmäßig Zeugin der verbalen Gewalt, die während der Pausen dort ausgeübt wird. Ich bin ehrlich entsetzt, über was für einen Reichtum an Kraftausdrücken die Kinder verfügen, mit denen sie sich gegenseitig beschimpfen, erniedrigen und schikanieren. Manchmal lassen mich die groben Verwünschungen und Drohungen, die die Kinder einander an den Kopf werfen, noch auf die Entfernung zusammenzucken. Übrigens, in der Hinsicht sind auch die Lehrkräfte (und andere Erwachsene) keine Unschuldslämmer. Zu oft werden aus Ungeduld, Ärger oder Zorn scharfe, ablehnende Worte ausgesprochen: »Du willst doch ständig …«, oder: »Du kannst einfach nie …«, oder: »Soll ich dir mal sagen, was ich von dir halte …?«, oder: »So jemanden wie dich können wir nicht gebrauchen!« So machen wir einander nieder und stellen einander bloß.

Jesus verurteilt solche Beschimpfungen und Verwünschungen. In Matthäus 5,21 erinnert er an ein alttestamentliches Gebot: »Du sollst nicht töten; wer aber töten wird, der wird dem Gericht verfallen sein.« Und dann fährt er fort (Vers 22): »Ich aber sage euch, dass jeder, der seinem Bruder zürnt, dem Gericht verfallen sein wird; wer aber zu seinem Bruder (…) sagt: Du Narr!, der Hölle des Feuers verfallen sein wird.«

Heutzutage werden, was die Wortwahl betrifft, wesentlich stärkere Geschütze aufgefahren als »du Narr«, aber das Prinzip ist dasselbe geblieben: Einen anderen zu beschimpfen und bloßzustellen ist in Gottes Augen gleichbedeutend mit Mord. Jakobus sagt über unsere Zunge: »(…) sie ist ein unstetes Übel, voll tödlichen Giftes. Mit ihr preisen wir den Herrn und Vater, und mit ihr fluchen wir den Menschen, die nach dem Bild Gottes geschaffen worden sind. Aus demselben Mund geht Segen und Fluch hervor. Dies, meine Brüder, sollte nicht so sein!« (Jakobus 3,8-10). Und Paulus ermahnt uns: »Kein faules Wort komme aus eurem Mund, sondern nur eins, das gut ist zur notwendigen Erbauung, damit es den Hörenden Gnade gebe« (Epheser 4,29).

Wissen, wer man ist und warum man lebt

Es ist viel geschrieben worden über die Bedeutung von Selbstannahme und einem gesunden Verständnis der eigenen Identität. Aber was ist eigentlich Identität? Der Autor Richard Keyes meint, dass Identität mit dem Gefühl für unseren eigenen »inneren Zusammenhang« zu tun hat, mit unserer Selbstachtung und damit, wie wir uns selbst treu bleiben.[10] Leanne Payne spricht von einem »Begreifen des Seins«.[11] Beide Autoren sind davon überzeugt, dass diese Dinge nicht ohne Gott zu haben sind. Keyes schreibt: »Unsere Identität finden wir in unserem persönlichen Leben im Rahmen einer sich stets verändernden inneren und äußeren Welt und in dem ständig wachsenden Gefühl, Frieden mit uns selbst, mit anderen und mit Gott zu haben.«[12]

Identität hat zu tun mit dem Wissen, *wer man ist und wozu man da ist.* Und in diesem Wissen zu ruhen und Frieden damit zu haben. Bei dem *Wissen, wer man ist,* geht es darum, sich selbst zu kennen und zu erkennen, und beim *Wissen, wozu man da ist,* geht es um den Lebenssinn und die Existenzberechtigung. In dem Maße, in dem sich diese Dinge entwickeln, finden wir zu einem gesunden Identitätsgefühl. In diesem Prozess spielen auch Normen und Werte eine entscheidende Rolle; sie sind der Rahmen, in dem wir uns entwickeln können, und bilden gewissermaßen einen schützenden Rand um unsere Existenz.

Im Alten Testament begegnen wir den Israeliten. Woher bezogen sie ihre Identität? Von Gott, denn sie waren sein Volk. Er war es, der Abraham aus der Anonymität eines Lebens als Viehhändler in Mesopotamien herausholte und einen Bund mit ihm schloss. Der Schöpfer streckte Abraham sozusagen vom Himmel herab seine Hand entgegen. Er ergriff die Hand Abrahams und sagte zu ihm: »Du gehörst zu mir.« Diese Verbindung (oder eigentlich: dies Bündnis) hob den Menschen Abraham und sein Leben auf eine ganz neue Ebene. Später bestätigte der Herr dieses einzigartige

---

[10] Richard Keyes: *Beyond Identity*, © Paternoster Press, Carlisle, UK 1998.
[11] Leanne Payne: *The Healing Presence*, © Baker Book House Company, Grand Rapids, MI, USA o.J.
[12] Richard Keyes: *Beyond Identity*, © Paternoster Press, Carlisle, UK 1998.

Bündnis, indem er einen ebenso einzigartigen Bund mit Abraham und seinen Nachkommen schloss. An diesen Bund erinnert Stephanus die Juden in seiner Verteidigungsrede in Apostelgeschichte 7.

Später beruft Gott Mose dazu, sein Volk aus Ägypten herauszuführen. Sie sollen aus der Sklaverei befreit werden und auf eigenen Beinen zu stehen lernen. Nicht länger geknechtet, nicht länger anonyme Sklaven, sondern freie Menschen und vor allem: geliebte Gotteskinder. Menschen, deren Namen er kennt. Wenn der Herr sie »ein Eigentumsvolk« nennt, gibt er ihnen dadurch ein starkes Bewusstsein ihrer Identität. Mose unterstreicht dies, indem er der neuen Generation von Israeliten vor ihrem Einzug in das Gelobte Land vor Augen hält: »Denn du bist dem Herrn, deinem Gott, ein heiliges Volk. Dich hat der Herr, dein Gott, erwählt, dass du ihm als Eigentumsvolk gehörst aus allen Völkern, die auf dem Erdboden sind. Nicht weil ihr mehr wäret als alle Völker, hat der Herr sich euch zugeneigt und euch erwählt (…) sondern wegen der Liebe des Herrn zu euch, und weil er den Eid hielt, den er euren Vätern geschworen, hat der Herr euch mit starker Hand herausgeführt« (5. Mose 7,6-8). Und später sagt Mose, »(…) dass er dich als höchste über alle Nationen stellen will, die er gemacht hat, zum Ruhm und zum Namen und zum Schmuck und dass du dem Herrn, deinem Gott, ein heiliges Volk sein willst, wie er geredet hat« (5. Mose 26,19; siehe auch Verse 16-18).

Mose gibt dem Volk nicht nur ein Identitätsbewusstsein, er hält ihnen auch den Grund ihrer Existenz (oder den Sinn ihrer Existenz) vor Augen. Sie sind ein heiliges Volk, das Gott für sich abgesondert hat. Sie sollen sich von anderen Völkern unterscheiden und inmitten dieser Völker seinen Namen ehren durch das, was sie sind, und dadurch, wie sie leben. Sie sind dazu bestimmt, ihm Ehre zu bereiten und seinen Namen bekannt zu machen (siehe Jesaja 43,21).

Auch wenn die Juden in Ägypten Sklaven waren und danach als Nomaden in der Gegend herumzogen, auch wenn sie in den Augen der Völker, unter denen sie lebten, ein armseliges Häuflein Menschen waren – Gott wollte, dass sie zutiefst davon durchdrungen waren, dass sie sein Volk waren und als solches nicht nur eine Existenzberechtigung hatten, sondern äußerst kostbar und wertvoll waren. Und geliebt! Immer wieder wird die grenzenlose Liebe Gottes zu seinen Kindern erwähnt und bekräftigt. Das Volk Gottes musste diese Dinge ständig und bewusst festhalten, sie mussten sich gegenseitig daran erinnern und auch ihre Kinder in diesem Bewusstsein erziehen. Jedes Mal, wenn sie ihre Identität als Volk Gottes (oder Gott selbst) vergaßen, jedes Mal, wenn sie ihren Lebenssinn außerhalb von Gott suchten (zum Beispiel bei Götzen), ging es schief.

Es ist auffällig, dass der Herr auf erheblichen Widerstand stieß, als er Mose den Auftrag gab, sein Volk aus Ägypten herauszuführen (siehe 2. Mose 3-4). Mose stammte aus einer guten, gottesfürchtigen Familie und hatte zudem eine ausgezeichnete Erziehung und Ausbildung am ägyptischen Hof erhalten; dennoch reagierte er auf Gottes Auftrag mit erstaunlicher Unsicherheit, was seine eigene Person und seine Fähigkeiten betraf. Als Gott zu Mose sagte: »Nun aber geh hin, denn ich will dich zum Pharao senden«, antwortete Mose: »Wer bin ich, dass ich zum Pharao gehen (…) sollte?« (2. Mose 3,11). Als der Herr daraufhin sagte: »Ich werde ja mit dir sein«, und Mose in allen Einzelheiten erklärte, wie er die Sache anfassen musste, reagierte dieser mit der Frage: »Aber wenn sie mir nicht glauben und nicht auf meine Stimme hören?« (2. Mose 4,1). Daraufhin ließ der Herr Mose zwei Zeichen tun und versprach ihm auch noch ein drittes, das die Menschen überzeugen sollte, aber Mose zögerte immer noch. »Ach Herr! Ich bin kein redegewandter Mann«, sagte er und schlug ihm vor, doch jemand anders zu beauftragen: »Sende doch, durch wen du senden willst!« (2. Mose 4,10.13).

Wie war es möglich, dass dieser unsichere Mann zu dem großen Führer und Gesetzgeber für Gottes Volk werden konnte? Die Antwort ist, dass sich sein Bund und seine Freundschaft mit Gott vertieften. Dort, in der Geborgenheit und Intimität der persönlichen Verbundenheit mit seinem Schöpfer (und im alltäglichen Gehorsam), entwickelten sich seine Identität und sein Identitätsbewusstsein. Als Gott ihn rief und ihm zusagte, dass er selbst mit ihm gehen würde, als Mose gehorchte und sie sich zusammen auf den Weg machten, geschah es. Mose wurde sich seiner eigenen Identität als Freund und Knecht Gottes immer deutlicher bewusst, und auch der Sinn seines Daseins als Beauftragter Gottes wurde ihm immer klarer, was wiederum dazu führte, dass er sich sicherer fühlte und sein Selbstwertgefühl wuchs. Jemand hat das Leben und die persönliche Entwicklung Moses einmal so beschrieben: In den ersten vierzig Jahren seines Lebens (zunächst zu Hause bei seiner Familie und dann am Hof des Pharao) lernte er, jemand zu sein; in den vierzig Jahren in der Wüste von seiner Flucht nach Midian bis zu seiner Berufung durch Gott lernte er, niemand zu sein; und in den vierzig Jahren vom Auszug des Volkes Israel aus Ägypten bis zu seinem Tod lernte er, wer er in Gott war. In der Verbundenheit mit diesem Gott geschah es, dass Mose »wurde«, und aus seinem so gewachsenen Bewusstsein seiner eigenen Identität heraus konnte er den Israeliten vor Augen halten, dass auch sie »waren«.

Im Neuen Testament finden wir denselben roten Faden der Liebe Gottes zu seinen Kindern und seiner Verbundenheit mit ihnen. Wir lernen, dass wir in Christus unsere Identität als Kinder des himmlischen Vaters empfangen. Paulus unterstreicht dies unter anderem in seinem Brief an die Epheser. Wir waren, so sagt er, »Kinder des Zorns« (Epheser 2,3). »Gott aber, der reich ist an Barmherzigkeit, hat um seiner vielen Liebe willen, womit er uns geliebt hat, auch uns, die wir in den Vergehungen tot waren, mit dem Christus lebendig gemacht (…) Er hat uns (…) mitsitzen lassen in der Himmelswelt (…) Denn wir sind sein Gebilde, in Christus Jesus geschaffen« (Epheser 2,4-10). Petrus bestätigt dies in seinem ersten Brief: »Ihr aber seid ein auserwähltes Geschlecht (…) ein Volk zum Besitztum, (…) die ihr einst ›nicht ein Volk‹ wart, jetzt aber ein Volk Gottes seid; die ihr ›nicht Barmherzigkeit empfangen hattet‹, jetzt aber Barmherzigkeit empfangen habt« (1. Petrus 2,9f). In den genannten Versen ist von Gottes Liebe und seiner Barmherzigkeit die Rede und davon, dass er uns auserwählt hat. Diese Worte stehen sowohl für Geborgenheit und Zugehörigkeit als auch für Sinn: Gott schenkt seinen Kindern Liebe und Erbarmen und gibt ihnen eine besondere Position als seine Auserwählten, sein Eigentum. Dadurch heben sie sich von anderen Völkern ab und haben einen besonderen Auftrag auf der Erde auszuführen (1. Petrus 2,9 spricht von einem »königlichen Priestertum«).

»Seht, welch eine Liebe uns der Vater gegeben hat«, schreibt Johannes, »dass wir Kinder Gottes heißen sollen! Und wir sind es«

(1. Johannes 3,1). Durch Jesus Christus kommt diese einzigartige Verbindung zwischen Gott und Mensch zustande, in Christus verbindet er sich selbst mit uns. Und er gibt uns seinen Heiligen Geist, der uns dies bezeugt. In 1. Johannes 4,13 lesen wir: »Hieran erkennen wir, dass wir in ihm bleiben und er in uns, dass er uns von seinem Geist gegeben hat.«

Wer in Christus ist, ist Gottes Wort zufolge eine neue Schöpfung. Der alte Pass ist ungültig geworden; wir haben einen neuen bekommen mit einem neuen Foto, einer neuen Identität und einer neuen Staatsangehörigkeit – wir gehören nun zu seinem Reich. Wer wir einmal waren, tut nichts mehr zur Sache: In Christus sind wir geliebte Kinder Gottes. Darüber hinaus sind wir durch unsere Wiedergeburt zu »Heiligen in Christus« geworden. Neil T. Anderson sagt dazu: »Was unsere wahre Identität betrifft, so ist ein Christ ein Heiliger; durch die geistliche Wiedergeburt ist er ein Kind Gottes, ein göttliches Meisterwerk, ein Kind des Lichtes. Durch die Wiedergeburt sind wir zu einem neuen Menschen geworden, den es zuvor noch nicht gab.«[13]

Als der jüngere Sohn aus dem Gleichnis Jesu (Lukas 15) das Haus seines Vaters verließ, wählte er einen Weg, auf dem er sich verlieren sollte. Er verließ nicht nur sein Zuhause, sondern auch seine »Hausordnung«, die Normen und Werte, die dort galten. So wurde er durch seine eigenen Entscheidungen obdachlos und haltlos. Indem er sich von seinem Vater abwandte, gab er außerdem seine Identität als Sohn preis. Er ging allein in die weite Welt hinaus.

Der Sohn fühlte sich bei seinem Vater zu Hause eingesperrt und strebte nach Freiheit; er begriff jedoch nicht, dass er in dieser neuen Situation, weg von zu Hause, vogelfrei war. Es dauerte nicht lange, da machte er sich von Menschen abhängig, die ihn benutzten und ausbeuteten; er verschleuderte sein Geld und seine Talente und verlor schließlich seinen Wert und seine Würde als Mensch – er wurde zu »Abschaum«, denn es kam so weit, dass er mit Schweinen zusammenlebte und dasselbe aß wie sie. Diese Erniedrigung,

---

[13] Neil T. Anderson: *Victory over the Darkness*, © Gospel Light Publications Ventura 1993.

dieses Leben-wie-ein-Tier, ging mit Scham und Verzweiflung einher und führte zu seiner Einkehr und Rückkehr. Als der Sohn in Lumpen nach Hause kam, meinte er, dass er nicht länger wert sei, Sohn seines Vaters zu heißen, und hatte vor, sich ihm als Tagelöhner anzubieten. Es kam jedoch anders. Er wurde empfangen als ein geliebtes Kind, und er bekam neue Kleidung und Schuhe. Die Schuhe sind wichtig, denn sie deuten auf die Tatsache hin, dass er nicht länger Sklave war (Sklaven besaßen keine Schuhe), sondern den Status eines Sohnes (wieder)erhielt. Schließlich bekam er einen Ring an den Finger gesteckt, den Siegelring, der seine Identität als Sohn seines Vaters besiegelte. Der Sohn schämte sich, aber der Vater schämte sich seines Sohnes nicht (siehe Hebräer 11,16). Zum Unverständnis aller empfing er ihn mit weit offenen Armen, er holte ihn ins Haus und feierte ihm zu Ehren ein Fest, das eines Königskindes würdig war.

Gebeugt oder aufrecht?

Ein Mensch, der sich seiner eigenen Identität bewusst ist und diese annimmt, »fühlt sich wohl in seiner Haut« und hat ein gesundes Selbstwertgefühl. Er ist nicht abhängig von Titeln oder Rollen, von Leistungen oder Prestige, er hat es nicht nötig, sein Ego mit Äußerlichkeiten aufzupolieren. Er bricht nicht gleich zusammen, wenn ihn jemand zurechtweist oder seine Leistung kritisiert. Er hat den Mut, zu seinen Fehlern zu stehen, und ist bereit, sich um Veränderung zu bemühen. Jemand mit einem schwachen Selbstwertgefühl hingegen hat es meist nötig, sich selbst zu beweisen. Das Suchen nach Anerkennung und »Wahrgenommenwerden« beruht oft auf innerer Unsicherheit und mangelndem Bewusstsein der eigenen Identität. Für einen solchen Menschen sind Kritik und persönliches Versagen Feinde, die ihm den Boden unter den Füßen wegziehen. Wenn er seine Fehler erkennt, dann verliert er seine sorgfältig aufgebaute Sicherheit. Wenn ihm bestimmte »Äußerlichkeiten« entzogen werden wie gesellschaftlicher Status oder die Bewunderung seitens anderer Menschen, droht er den Halt zu verlieren. Es kann ihm dann auch schwer fallen, bestimmte Aufgaben abzugeben oder ein Amt niederzulegen. Im Extremfall kann ein Mensch mit schwachem Identitätsbewusstsein sich zu einem »Kontrollfreak« entwickeln: Um sich aufrechtzuerhalten, muss er Menschen und Situationen beherrschen und manipulieren. Dieser Kontrollzwang ist in Wirklichkeit ein Kompensationsverhalten: Jemand sucht Anerkennung, indem er beweist, wie gut er ist. In extremer Form findet man dies bei einem Diktator: Er hungert nach Macht und bringt all seine Mitmenschen unter seine Gewalt, um dadurch jede Bedrohung auszuschalten.

Wer seine Identität in etwas sucht, das außerhalb seiner selbst liegt – einem anderen Menschen, an dem er sich spiegelt oder hochzieht, einer bestimmten Position oder einem gesellschaftlichen Status, den er sich erworben hat –, ist sehr verletzlich, da weder andere Menschen noch Positionen und Umstände stabil oder »verlässlich« sind. In einer gebrochenen Welt werden Menschen von ihrem Partner verlassen, werden Kinder damit konfrontiert, dass ihre Eltern versagen oder sie ablehnen, werden Eltern von ihren Kindern enttäuscht, verlieren Menschen ihren Arbeitsplatz und/oder ihre gesellschaftliche Position, ihr Ansehen, ihr Geld. Wer seine Identität aus diesen Dingen bezieht, kann, wenn sie ihm genommen werden, in seinen Grundfesten erschüttert werden.

Leanne Payne spricht in diesem Zusammenhang von »Gebeugtsein«. So nimmt die Frau als Folge des Sündenfalls vor allem dem Mann gegenüber diese gebeugte Haltung ein und will ihre Identität in ihm finden. »Die säkulare Welt«, so Payne in dem oben erwähnten Buch, »drängt die Frau dazu, ihre Identität in der Rolle des Sexualobjektes zu suchen, während die Kirche die Frau dazu auffordert, sie in ihrer Rolle als Ehefrau und Mutter zu finden. Die genetische Veranlagung der Frau – das starke Bedürfnis, auf den Mann zu reagieren (siehe 1. Mose 3,16: ›Nach deinem Mann wird dein Verlangen sein, er aber wird über dich herrschen!‹) – kann sie ihm gegenüber in eine gebeugte Position bringen und unter Umständen regelrecht in die Sklaverei führen. Es kann dazu kommen, dass sie von dem Mann, den sie liebt, erwartet, dass er ihr sagt, wer sie ist, und ihr dadurch ein Gefühl von Ganzheit und Identität gibt.« Über den Mann, dessen genetische Veranlagung der Trieb ist, etwas zu schaffen oder in Gang zu setzen (siehe 1. Mose 3,19: »Im

Schweiße deines Angesichts wirst du dein Brot essen«), schreibt Payne: »Er findet seine Identität und sein Selbstwertgefühl in den Erfolgen, die er erzielt – in seiner Karriere, seinem Einkommen, seinem gesellschaftlichen Status, seinen sexuellen Eroberungen und so weiter (…) Sein Schaffensdrang kann sich zu einem destruktiven Machttrieb entwickeln.«[14]

In einer Zeit, in der sich die traditionellen Rollen verschieben, erscheinen Paynes Aussagen über die genetische Veranlagung von Männern und Frauen vielleicht zu starr und nicht mehr aktuell. Heutzutage gibt es ja immer mehr Frauen, die ihr Identitätsgefühl (auch) aus ihren eigenen Leistungen wie beruflichen Erfolgen beziehen, während eine wachsende Zahl von Männern dem Karrieredenken den Rücken kehrt und sich für ein Dasein als Hausmann entscheidet. Payne spricht hier jedoch von einem *Urtrieb,* der die direkte Folge des Sündenfalls ist: Der gefallene Mensch beugt sich vor dem Geschaffenen, statt seine Identität von seinem Schöpfer zu beziehen. Ich denke, wir erleben dies immer wieder: Wir sehnen uns nach Anerkennung und Bestätigung durch andere Menschen, wir brauchen ihre Komplimente und sind schnell verletzt, wenn sie uns keine Anerkennung, sondern Ablehnung zuteil werden lassen. So ist es in Partnerschaften und Freundschaften, am Arbeitsplatz, in Kirche und Gemeinde. Wertschätzung durch andere hebt unser Selbstwertgefühl. Das ist der Grund, warum wir einander fragen: »Wie sehe ich aus?« – »Was meinst du, mache ich das gut so?« – »Was hältst du von …?« Es ist an sich nicht falsch, dass wir einander solche Fragen stellen, aber wenn unser Lebensglück von der Meinung anderer Menschen abhängt, nehmen wir dem anderen gegenüber eine gebeugte Haltung ein und befinden uns in einer ungesunden Abhängigkeit. Wir stehen dann in der Gefahr, unsere Identität zu stark aus der Bestätigung und Wertschätzung durch andere Menschen zu beziehen. Dass wir anfällig dafür sind, ist klar: Wir stolpern immer wieder in die Falle des Vergleichens hinein. Wir messen uns selbst, unser Äußeres, unsere Leistungen, unseren Status, unser Einkommen und unseren Lebensstil an dem, was ein

[14] Leanne Payne: *The Healing Presence*, © *Baker Book House Company*, Grand Rapids, MI, USA o.J.

anderer ist oder hat, oder an dem Bild, das uns durch die Medien aufgedrängt wird. Dabei schneiden wir dann in unseren eigenen Augen oft schlecht ab. Es ist schwierig, wirklich frei zu sein von dem, was »man« denkt, und nicht hineingezogen zu werden in die Jagd nach Äußerlichkeiten wie Reichtum, Erfolg und Prestige, die uns (scheinbar) aufwerten und in dieser Welt offenbar nötig sind, wenn man wirklich mitzählen will.

Vergessen Sie nicht: Ein Christ ist ein Königskind und hat es nicht nötig, zu beweisen, dass er etwas wert ist!

Eine neue Identität

Der gefallene Mensch ist geknechtet und neigt dazu, sich vor dem Geschaffenen zu beugen (»Sag mir, wer ich bin«). Wer durch Christus frei gemacht ist, blickt nach oben und erkennt die Wahrheit über sich selbst aus der himmlischen Perspektive (»Ich bin ein Sünder«) und die Wahrheit über den Sohn Gottes (»Er ist mein Retter, er hat mich lieb«). Mit anderen Worten: Ein gesundes Identitätsbewusstsein können wir nur von unserem Schöpfer bekommen. Wir brauchen die Verbindung zu ihm, um zu wissen, wer wir sind; wir müssen seine vorbehaltlose Liebe kennen, um zu wissen, dass wir da sein dürfen.

Wenn ein Mensch Jesus annimmt, empfängt er eine neue Identität und einen neuen Status. Er ist nun ein geliebtes Kind Gottes und als solches nicht länger Sklave, sondern Kind und Erbe mit allen Rechten, die Söhne und Töchter besitzen (Galater 4,5-7). Der Geist bezeugt zusammen mit unserem Geist, dass wir Kinder Gottes sind (Römer 8,15f). Anders gesagt: Wer an den Sohn glaubt, darf aufgrund des Wortes Gottes und seiner Verheißungen sicher wissen, dass er (sie) ein Kind Gottes ist, das in die Familie Gottes »einverleibt« ist und dazugehört. Und dass sein (ihr) Name in Gottes Handflächen eingezeichnet ist (das erinnert mich manchmal daran, dass manche sich den Namen ihres Partners in die Haut tätowieren lassen). Weil dies so ist, können wir uns selbst annehmen mit all unseren Fehlern und Schwächen. Aus »wertlosen« werden »wertvolle« Menschen, nicht wegen unseres guten Benehmens oder irgendeiner anderen Sache, auf die wir stolz sein könnten, sondern einzig und allein aufgrund des Opfers Jesu. Durch sein Leiden und Sterben sind wir von Gott geliebt und angenommen. In ihm und durch ihn sind wir zu neuen Menschen geworden.

Wie der kleine Junge, der sich auf dem Schulhof völlig sicher fühlt an der Hand seines Vaters (oder seiner Mutter), dürfen auch wir uns auf dem Schulhof des Lebens völlig sicher wissen an der Hand unseres himmlischen Vaters, der größer und stärker ist als alles und jeder andere. Er schämt sich unser nicht, sagt der Schreiber des Hebräerbriefes (Hebräer 11,16). Wenn diese Wahrheit wirklich in unser Herz dringt, werden wir frei von Scham und Minderwertigkeitsgefühlen. Gott nimmt uns an, ob wir uns selbst annehmen oder nicht. (Daran dürfen wir ruhig auch einmal denken, wenn wir vorm Spiegel stehen und nicht so glücklich sind mit dem, was wir sehen.)

Als der Christenverfolger Saulus zum Apostel Paulus wurde, bekam er eine neue Identität. Durch seine Bekehrung wurde er zu einer neuen Schöpfung, einem neuen Menschen. Sein Leben wurde in mehr als einer Hinsicht auf den Kopf gestellt: Was zuvor lebenswichtig war (Status, Position, Erfolg), wurde nun unwichtig, und was er zuvor nicht kannte und auch nicht akzeptiert hätte (Ablehnung, Spott, Leid), nahm er nun freudig an. Vorher hatte Paulus seine Identität in dem gesucht, was er erreicht hatte – er war, um mit Payne zu sprechen, abhängig von seinen akademischen Titeln, seinem Status als Abgesandter des Hohenpriesters, seiner Macht als Schriftgelehrter und Christenverfolger und hatte sich vor diesen äußerlichen Dingen »gebeugt«. Nun ging er aufrecht: Er war von einer horizontalen in eine vertikale Position gekommen; er beugte sich nicht länger zu irdischen Dingen hin, sondern streckte sich aus nach Gott. Das Wissen, dass seine Identität und sein Leben in Christus waren, machte ihn zu einem freien Menschen, der aufrecht blieb, als er beschimpft und verhöhnt wurde. In 1. Korinther 4,13 schreibt er: »Wie Auskehricht der Welt sind wir geworden, ein Abschaum aller bis jetzt.« Paulus trat damit in die Fußstapfen seines Meisters, der ebenso beleidigt, verhöhnt und provoziert worden war. »Ich nehme nicht Ehre von Menschen«, sagte dieser einmal. »Ich bin in dem Namen meines Vaters gekommen« (Johannes

5,41.43). Als geliebter Sohn und vom Vater Berufener war Jesus zutiefst durchdrungen von seiner Identität. Komplimente bauten ihn nicht auf, Beleidigungen und Ablehnung warfen ihn nicht um.[15]

Und Paulus? Er wuchs in Christus, oder Christus wuchs in ihm, und dadurch konnte seine neue Identität in Christus Wurzeln schlagen und sich entwickeln. Der ehedem so stolze Paulus wurde so frei, dass er es sich leisten konnte, seine menschlichen Schwächen zuzugeben. Er konnte eingestehen, dass er manchmal noch zu seiner alten gebeugten Haltung neigte, in der er zu einem Spielball seiner eigenen Begierden zu werden drohte (er selbst redet von »Gefangenschaft«). In seinem Brief an die Römer seufzt er: »Ich elender Mensch! Wer wird mich retten von diesem Leibe des Todes?« (Römer 7,24). Im nächsten Vers gibt er selbst die Antwort: »Ich danke Gott durch Jesus Christus, unseren Herrn!« Paulus entdeckte: Je abhängiger er von Jesus war, desto stärker wurde er.

Natürlich gibt es Momente, in denen das, was wir in den Augen Gottes sind, überschattet wird durch allerlei Dinge oder Menschen, die unsere Gedanken über uns selbst beeinflussen. Wer kennt dies nicht: Manchmal verzweifeln wir an uns selbst und finden uns erbärmlich, dann wieder denken wir, wir sind die Größten. Manchmal sind wir (erstaunlich) selbstbewusst, dann wieder fühlen wir uns jämmerlich. Bei den Israeliten war es genauso. Manchmal schlugen sie sich selbstbewusst an die Brust, dann wieder hätten sie sich am liebsten in ein Mauseloch verkrochen. Letzteres war der Fall, als sie dem Philister Goliat gegenüberstanden (1. Samuel 17). Die Identität dieses Mannes, der Davids Volksgenossen verhöhnte und beängstigte, war aber nur Fassade; er imponierte durch Äußerlichkeiten, nämlich durch seine außerordentliche Größe von beinah drei Metern und seine beeindruckende Rüstung (siehe Verse 4-7; sein Panzer hat etwa 55 Kilo gewogen, die Spitze seiner Lanze etwa 6,5 Kilo). Die Israeliten ließen sich von ihm einschüchtern, aber David blieb völlig unbeeindruckt von Goliats protzigem Gehabe. Er selbst hatte auch kein protziges Gehabe nötig, um jemand zu

---

[15] In meinem Buch *Durch euch wird es heller in der Welt* (© R. Brockhaus Verlag 2002) habe ich zwei Kapitel der Identität Jesu und seinem göttlichen Auftrag gewidmet. Darin geht es auch um unsere eigene Identität und den Sinn unseres Lebens.

sein. Er wusste, zu wem er gehörte. Während seine tapferen Soldatenbrüder dastanden und zitterten wie Espenlaub, trat er Goliat furchtlos entgegen und sagte: »*Du* kommst zu mir mit Schwert, Lanze und Krummschwert. *Ich* aber komme zu dir mit dem Namen des Herrn der Heerscharen, des Gottes der Schlachtreihen Israels« (1. Samuel 17,45). David ging nicht als »David, Sohn Isais«, sondern als »David, Kind Gottes«, er ging nicht in seinem eigenen, sondern in Gottes Namen.

Wir können uns selbst gering schätzen, aber von Gott können wir niemals gering denken! Er ist derjenige, von dem David sagt: »Denn mit dir kann ich auf Raubzug gehen, mit meinem Gott kann ich eine Mauer überspringen« (Psalm 18,30). Hätte David Gott nicht gekannt und hätte er nicht gelernt, sich mit allem, was er war und was er hatte, bei seinem Gott zu bergen, dann hätte er gewiss nicht so mutig handeln und sprechen können.

Heilung durch Erneuerung unseres Denkens

Ich habe dieses Kapitel mit Marian begonnen, die den Ballast eines negativen Lebensmottos mit sich herumtrug. Sie war Christin, aber wegen der Ablehnung, die sie durch ihre Eltern erfahren hatte, konnte sie Gottes Liebe und Annahme nicht »erfassen« und daraus leben. Ihr Leben war auf Lügen aufgebaut, die sie gelernt hatte zu glauben: Sie hatte kein Recht, da zu sein, sie besaß keinen Wert. Daher hatte sie sich in sich selbst zurückgezogen, ein Verhalten, das Öl ist ins Feuer des Widersachers Gottes. Dr. Neil Anderson schreibt: »Satan ist keine Gefahr für Ihre Identität in Christus. Wohl aber kann er Sie glauben lassen, dass Sie in Gottes Augen nicht gut genug sind und dass Sie nie ein vollkommener Christ sein werden. Die Folge ist, dass wir leben, als ob wir keine Identität in Christus hätten. Diese Lüge ist Satans stärkste Waffe in seinem Kampf gegen unser Wachstum in Christus und unsere geistliche Reife.«[16]

[16] Neil T. Anderson: *Victory over the Darkness*, © Gospel Light Publications Ventura 1993.

Wie kann ein Mensch frei werden von einem negativen Lebensmotto, das jahrelang sein Leben bestimmt hat? Wie kann jemand wie Marian befreit werden von der destruktiven Botschaft, die ihr Vater und andere Familienmitglieder in ihr Herz gesät haben und die sie jahrelang belastet und in ihrer Entwicklung gehemmt hat? Nun, Gott *kann* diese Dinge von einem Tag zum anderen wegnehmen, aber in der Mehrzahl der Fälle ist ein Heilungsprozess erforderlich, der sich über einen längeren Zeitraum hinzieht. Manchmal muss professionelle Hilfe in Anspruch genommen werden. Entscheidend ist, dass Marian erkennt: Das, was ihr vorgeworfen wurde, ist eine Lüge, ein Fluch, den sie entschieden von sich weisen muss. Die Botschaft ihrer Eltern (du hast kein Recht, da zu sein) und ihre eigene Meinung über sich selbst (ich bin nichts wert) darf sie – nein: muss sie! – als Lüge enttarnen und sich davon abwenden. Sie muss *bewusst aufstehen gegen diese Verfluchung, indem sie sich weigert, noch länger darauf zu hören, und sich stattdessen mit dem identifiziert, was Gott über sie denkt.*

Paulus schreibt in 2. Korinther 10,3-6 über Festungen, die zerstört werden müssen, und »Vernünfteleien«, die unter den Gehorsam Christi gefangen genommen werden sollen. Der Kampf, den wir auf uns nehmen müssen, ist kein »fleischlicher«, sondern ein geistlicher Kampf, und die Bollwerke, die es niederzureißen gilt, sind geistliche Bollwerke. Unwahrheiten über uns selbst sind solche Bollwerke, und destruktive Gedanken über uns selbst gehören zu den »Vernünfteleien«, die wir Jesus ausliefern müssen. Wir tun das mithilfe des Heiligen Geistes und bekleidet mit der Waffenrüstung Gottes: Es ist seine Wahrheit, mit der wir die Lüge widerlegen, es ist sein Wort (das Schwert des Geistes), das uns die Wahrheit vor Augen stellt (Epheser 6,10-18). Wer mit negativen oder gar destruktiven Gedanken über sich selbst zu kämpfen hat, darf wissen, dass diese Gedanken nicht das letzte Wort haben. Wir dürfen aufstehen und den Kampf gegen diese Bollwerke aufnehmen in dem Bewusstsein, dass der Heilige Geist uns mit Macht dabei zur Seite stehen wird, sie niederzureißen.

Marian steht mit ihrer Aufgabe also nicht allein da. Sie darf dabei auf die Hilfe des Heiligen Geistes vertrauen. Er will uns – und das ist entscheidend für unseren Entwicklungsprozess! – dadurch verwandeln, dass er unser Denken erneuert. Er will uns die Augen öffnen für Gottes Willen und seine Wahrheit (Römer 12,2). Mit anderen Worten: Wenn wir wirklich zu ganz neuen Menschen werden sollen, dann muss sich unser Denken von Grund auf erneuern. Dann müssen Gottes Wort, seine Botschaft und seine Gedanken in unserem Denken und unserem Herzen Wurzeln schlagen und wachsen. Für Marian bedeutet dies: Nicht ihre eigenen Gedanken, nicht die Lügen Satans dürfen ihr Leben bestimmen, sondern Gottes Gedanken über sie!

Marian ist nicht zu einem minderwertigen, von Angst bestimmten Leben berufen, sondern zu einem befreiten Leben, in dem sie voller Freude all das Gute genießt, das Gott ihr schenken will! Ihre eigene Aufgabe besteht darin, ihr neues Leben mit Gott zu vertiefen. Es ist Gottes Gegenwart, die uns heilt. Je mehr wir uns dessen bewusst werden und je inniger unsere Gemeinschaft mit dem Herrn wird, desto mehr werden unsere Erneuerung und Heilung voranschreiten. Im Laufe dieses Prozesses werden wir uns unserer Identität in Christus immer mehr bewusst werden – und danach leben! Um noch einmal Neil T. Anderson zu zitieren: »Jeder verhält sich dem Bild entsprechend, das er von sich selbst hat. Wenn wir denken, dass wir zu nichts gut sind, dann wird sich das in unserem Leben widerspiegeln. Aber wenn wir uns als Kind Gottes sehen, das ein geistliches Leben in Christus hat, werden wir ein Leben des Sieges und der Freiheit führen, so wie er.«[17] Paulus schreibt an die Römer: »Wenn Gott für uns ist, wer gegen uns? (…) Wer wird gegen Gottes Auserwählte Anklage erheben? (…) Wer wird uns scheiden von der Liebe Christi? (…) Aber in diesem allen sind wir mehr als Überwinder durch den, der uns geliebt hat« (Römer 8, 31.33.35.37).

Schließlich: Es wird Marian gut tun, wenn auch Mitchristen ihr die Botschaft von Gottes Liebe deutlich machen durch die Art, wie sie sich verhalten und wie sie mit ihr umgehen. Gerade in der Gemeinschaft mit anderen Christen sollten wir hören und spüren, dass wir das Recht haben, da zu sein, und die dort erfahrbare Liebe soll-

---

[17] Neil T. Anderson: *Victory over the Darkness*, © Gospel Light Publications Ventura 1993.

te uns aufbauen und ermutigen. In Sprüche 12,18 steht: »Die Zunge der Weisen ist Heilung«, und in Sprüche 16,24: »Freundliche Worte sind Honig, Süßes für die Seele und Heilung für das Gebein.«

Wir dürfen einander in Gottes Namen und als sein Volk segnen und sowohl jeder für sich als auch gemeinsam unsere Identität in Christus annehmen und ihm dafür danken, dass wir in ihm geliebte Kinder unseres himmlischen Vaters sind.

Ich wünsche mir, dass Gottes Botschaft über uns in unseren Herzen ankommt und Wurzeln schlägt und dass seine Wahrheit die negative Botschaft, die wir von anderen gehört haben, übertönt. Ich wünsche mir, dass wir unsere Ängste und Minderwertigkeitsgefühle, unsere Masken und unsere Scheinidentität, unser Gebeugtsein nach dem Geschaffenen hin ablegen und unsere wahre Identität in Christus annehmen. Dass wir nicht länger nach den Lügen des Widersachers Gottes leben, dass wir uns nicht länger mit anderen vergleichen (wobei wir in unseren eigenen Augen oft sehr schlecht wegkommen, weil der andere klüger, fähiger, beliebter oder »wichtiger« ist), sondern dass wir alle, jeder für sich und miteinander, so leben, wie es unserer Identität in Christus entspricht: als berufene Heilige und geliebte Gotteskinder.

Kapitel 4

Ich hatte Angst vor dir ...

Lukas 19,21 (GN)

Über den Ballast eines falschen Gottesbildes

Problem:	Angst und Unsicherheit aufgrund eines falschen Gottesbildes
Wieso Ballast:	Weil ein falsches Gottesbild sowohl Gott als auch uns bremst
Biblische Person:	Einer der Knechte aus Jesu Gleichnis über die anvertrauten Pfunde
Der Weg zur Freiheit:	Gott suchen mit offenem Herzen und ohne Vorurteile
Unser Helfer:	Der Heilige Geist – er öffnet uns die Augen für Gottes Wesen
Kernvers:	»Niemand hat Gott jemals gesehen; der eingeborene Sohn, der in des Vaters Schoß ist, der hat ihn kundgemacht« (Johannes 1,18)

Lass mich doch deine Herrlichkeit sehen!
2. Mose 33,18

Vom Hörensagen hatte ich von dir gehört,
jetzt aber hat mein Auge dich gesehen.
Hiob 42,5

(...) man nennt seinen Namen: wunderbarer Ratgeber, starker Gott,
Vater der Ewigkeit, Fürst des Friedens.
Jesaja 9,5

Ihr erforscht die Schriften, (...) und sie sind es, die von mir zeugen.
Johannes 5,39

Er ist der Abglanz seiner Herrlichkeit und das Ebenbild seines Wesens.
Hebräer 1,3 (L)

Niemand hat Gott jemals gesehen; der eingeborene Sohn,
der in des Vaters Schoß ist, der hat ihn kundgemacht.
Johannes 1,18

Denn diesen (Jesus) hat der Vater, Gott, beglaubigt.
Johannes 6,27

Wer mich gesehen hat, hat den Vater gesehen.
Johannes 14,9

Und der Herr ging vor seinem Angesicht vorüber und rief:
Jahwe, Jahwe, Gott, barmherzig und gnädig, langsam zum Zorn und
reich an Gnade und Treue.
2. Mose 34,6

Gerd ist ein äußerst engagierter Christ, der schon als sehr junger Mensch einen deutlichen Ruf verspürte, in den Vollzeitdienst zu gehen. Als Teenager war er die treibende Kraft für allerlei evangelistische Aktivitäten für Jugendliche, und auch während seiner Studienzeit konnten sowohl die christliche Studentenvereinigung als auch seine Heimatgemeinde immer auf ihn zählen. Mit Ende zwanzig schloss er sein Studium ab und wurde in eine junge Gemeinde berufen, die sich im Neubauviertel einer großen Stadt befand. Gerd war da ganz in seinem Element, und er konnte mit seinem Enthusiasmus und seinen Plänen viele mitreißen: Sie würden zu einer Gemeinde werden, die Menschen anzog, die am Rand oder außerhalb der Kirchen standen. Nach etwa sechs Jahren schenkte Gott ihnen das Wunder eines geradezu explosiven Gemeindewachstums, und sie mussten alle Segel hissen, um die vielen Aktivitäten – Kinder- und Jugendarbeit, Gesprächskreise und Gebetsgruppen, Seelsorge, Evangelisation usw. usw. – in gute Bahnen zu lenken. Etwa zwei Jahre später brach Gerd zusammen und durfte auf ärztliche Anweisung bis auf weiteres überhaupt nicht mehr arbeiten (es wurde ein Jahr daraus). Inzwischen liegt diese Periode schon einige Jahre hinter ihm. Gerd sagt im Rückblick: »Ich fand es zu Anfang sehr schwer und auch irgendwie blamabel, zugeben zu müssen, dass ich fertig war. Ich, der ich den Leuten immer vorgehalten hatte, dass Gott unsere Stärke ist, musste zugeben, dass ich meine Grenzen überschritten hatte und nicht mehr weiterkonnte! Dass ich durch meinen Burnout hindurchgekommen bin, habe ich auch der Hilfe guter Freunde zu verdanken. Sie haben mir Zeit gegeben und mir geholfen, Abstand zu nehmen und loszulassen. Ich habe in der ersten Zeit vor allem viel geschlafen und bin spazieren gegangen; ich konnte keinerlei körperliche Anstrengung vertragen, und auch lesen oder die Bibel studieren konnte ich nicht, da ich es nicht schaffte, mich zu konzentrieren. Ich fühlte mich leer. Einerseits begriff ich nicht, dass Gott mich so fallen ließ, obwohl ich mich jahrelang mit allen Kräften für ihn eingesetzt hatte. Andererseits fühlte ich mich ihm gegenüber schuldig, weil ich auf einmal ›nichts‹ mehr tat. Der innere Kampf, der daraus resultierte, führte zu einer überraschenden Lösung: Ich entdeckte, dass mein Gottesbild nicht stimmte. Langsam, aber sicher begann es mir zu dämmern, dass ich mich jahrelang von einem Gott hatte herumscheuchen lassen, der nie zufrieden war, sondern immer mehr von mir verlangte. Ich begriff, dass mein Wunsch nach einer ›erfolgreichen‹ Gemeinde viel zu tun hatte mit Leistungsdruck. Ich war wie ein kleiner Junge, der nur gute Noten bekommen will vor lauter Angst, dass sein Vater enttäuscht oder böse ist, wenn ihm das nicht gelingt. Allmählich wurde mir klar, dass ich die Erfahrungen, die ich mit meinem eigenen irdischen Vater gemacht hatte, auf Gott projizierte. Mein Vater verlangte viel von uns, er erwartete, dass seine Kinder glänzen sollten in der Schule, im Sport, in ihrem Verhalten. Die Latte hing so hoch, dass es beinah unmöglich war, ihn zufrieden zu stellen. Wenn man ein Zeugnis bekam, auf dem nur gute Noten standen bis auf eine Fünf in Mathematik, dann sah er nur diese eine Note. Er stolperte darüber und konnte tagelang so darüber jammern, dass man zu der Überzeugung gelangte, die gesamten eigenen Leistungen seien völlig unzureichend. Obwohl ich es doch eigentlich besser wusste, hatte ich Gott anscheinend dieselben Eigenschaften zugeschrieben, die mein Vater besaß. Ich fühlte mich ständig angeklagt, und das trieb mich dazu an, immer schneller zu laufen. Ich hatte das Gefühl, dass Gott immer etwas an mir zu kritisieren hatte – ich musste ein besserer Pastor sein, ein besserer Prediger, ein besserer Ehemann und Vater und … ein treuerer Freund Gottes! Jedes Mal, wenn ich zu beten begann, hatte ich das Gefühl, mich erst bei Gott für meine Schwächen entschuldigen zu müssen. Wenn ich mich nach meiner stillen Zeit an die Arbeit machte, stellte ich die ›Qualität‹ meines Bibellesens und meines Gebetes infrage. Wenn ich abends im Bett lag und auf den Tag zurückblickte, war es, als hörte ich Gott sagen: ›Du hast dein Bestes getan, aber ich hätte doch mehr von dir erwartet.‹ Es war, als wäre ich jedes Mal nur knapp an einer Fünf vorbeigekommen. Also lief ich immer schneller, bis ich mich nur noch gehetzt und erschöpft fühlte.«

Falsche Gottesbilder

Ein falsches Gottesbild ist ein schwerer Ballast. Wer wie Gerd mit einem Gott lebt, der nie zufrieden ist, wagt es nicht, sich zu entspannen und wirklich zu leben. Er kann es auch nicht, weil er gefangen ist in dem Denken, dass er in Gottes Augen nicht genügt. Er wird ständig gepeinigt und gehetzt von Angst und Schuldgefühlen, die sich miteinander abwechseln und einander verstärken.

Das Bild eines Gottes, der nie zufrieden ist, ist Ballast für unser (geistliches) Leben. Angst und Unsicherheit sind nicht gerade förderlich für eine gute Beziehung zu unserem himmlischen Vater. Wie kann Gerd sich sicher und geborgen fühlen bei einem Gott, der seinem Vater ähnelt, der ihm immer wieder seine Missbilligung bekundet hat? Wie kann er ein Freund Gottes werden, wenn er Gott nicht als einen Freund sehen kann? Wie kann so eine Beziehung entstehen zwischen einem Menschen und seinem Gott? Wie muss Gott das Herz bluten, wenn er sieht, wie sich dieser Mann (und viele andere ebenfalls) so abmüht, nur weil er ihn nicht so sieht, wie er wirklich ist!

Falsche Gottesbilder hat es schon immer gegeben. Sie entstehen meist schleichend. Wie unsere eigenen Gottesbilder entstanden sind, ist nicht immer nachvollziehbar. Vielleicht sind sie uns von anderen (auch innerhalb der Kirche) eingeprägt worden. Der Prediger, der seiner Gemeinde einen strengen, zornigen Gott vor Augen stellt, gibt den Menschen ein unvollständiges Gottesbild. Er kann es ihnen schwer machen, jemals die andere, barmherzige Seite von Gott zu entdecken. Die Jugendleiter oder Eltern, die die Jugendlichen immer auf ihre eigenen Schwächen hinweisen und im Namen Gottes nahezu alles verurteilen, was den Jugendlichen gefällt, erzeugen Angst oder Rebellion.

Manchmal sind unsere falschen Gottesbilder die Frucht schmerzlicher Erfahrungen, bei denen wir Gott nicht verstanden und ihm etwas zugeschrieben haben, das vielleicht überhaupt nicht aus seiner Hand kam. Wir haben für die Heilung eines geliebten Menschen gebetet und aufrichtig geglaubt, Gott würde eingreifen. Aber der Kranke wurde noch kränker und musste schrecklich leiden. Weil wir Gottes Allmacht nicht in Einklang bringen können mit den tragischen Ereignissen (warum hat er den Kranken nicht geheilt?), stellen wir seine Allmacht infrage, wodurch wir einen guten, aber begrenzten (und hilflosen) Gott bekommen. Unser neues Gottesbild ändert nichts an Gottes Allmacht (denn die steht fest!), aber es ist eine Verarmung für uns selbst. Denn der Gott, an den wir nun glauben, ist klein. Manchmal haben wir die Erfahrungen, die wir mit unserem irdischen Vater oder anderen Autoritätspersonen gemacht haben, auf Gott projiziert. Das ist ein enormes Hindernis im Leben vieler Gläubiger. Einerseits ist die Vaterschaft Gottes das wunderbarste und schönste Gottesbild, das Jesus uns vor Augen stellt; andererseits verursacht gerade dieses Bild bei vielen Menschen Schmerz und Verwirrung, weil sie in diesem Bereich negative Erfahrungen gemacht haben. Der eigene abwesende, unberechenbare, unzuverlässige oder strafende Vater hat einen tiefen (und schmerzhaften) Eindruck hinterlassen und seelische Wunden geschlagen. Es ist dann beinah unmöglich, mit dem Wort »Vater« positive Gedanken zu assoziieren und die Vaterschaft Gottes als etwas Gutes und Heilsames zu empfinden. Die Berichte von Männern und Frauen, die in dieser Hinsicht zu kämpfen haben (oder hatten), sind sehr bewegend. Es *ist* ein Kampf, denn das tief verwurzelte Misstrauen gegen jeden, der sich »Vater« nennt, lässt sich nicht von einem Tag auf den anderen aus der Welt schaffen. Aber es ist großartig, wenn man miterleben darf, was in einem Menschen geschieht, wenn Gottes Liebe die menschliche Barriere von Misstrauen und Angst durchbricht und das verwundete Kind nach Hause kommt. Genau dort und dann beginnt der Heilungsprozess: in den Armen Gottes.

Gerd hatte einen Gott, der viel verlangte und nie zufrieden war. Sein Gottesbild (das ihm lange Zeit gar nicht bewusst war), ist nur eine von vielen falschen Vorstellungen von Gott, die es zu allen Zeiten gegeben hat und die zudem sehr hartnäckig sind. Die bekannteste ist vielleicht die eines Richter-Gottes, dessen hartem Urteil niemand entgehen kann. Dieses Gottesbild ist in dem Denken vieler Menschen so fest verwurzelt, dass sie nichts mit dem christlichen Glauben zu tun haben wollen. Aber auch Gläubige können davon geprägt sein: Wer weiß, wie viele Kirchgänger es gibt, deren Leben von Angst und Unsicherheit regiert wird, weil das Urteil Gottes wie ein Damoklesschwert über ihren Köpfen schwebt? Und … wer weiß, wie viele Menschen es gibt, die denken, Gott wolle nicht, dass sie Freude und Vergnügen haben? Auch das ist ein hartnäckiges falsches Gottesbild: der Spielverderber, der seinen Kindern jede Art von Spaß missgönnt. Oder der strenge Herr, der von seinen Sklaven das Unmögliche fordert. Oder der Vater, dem es besondere Genugtuung bereitet, von seinen Kindern gerade das zu verlangen, wovor sie am meisten Angst haben. In den folgenden Abschnitten möchte ich darauf eingehen, was diese falschen Gottesbilder bewirken.

a) Der kühle, unnahbare Richter

Zur Zeit Jesu waren es vor allem die Pharisäer, die den Menschen einen mitleidlosen, richtenden Gott vor Augen stellten. Diese religiösen Führer betrachteten sich selbst als heilige Aufseher, die darauf zu achten hatten, dass das Gesetz buchstäblich und in allen Einzelheiten befolgt wurde. Sie verlangten von den Menschen Vollkommenheit und sie kannten keine Gnade. Ihr eigenes Urteil über andere war hart und scharf. Nicht umsonst spricht die Bibel von einem schweren Joch, dass die religiösen Führer dem jüdischen Volk auferlegten. Aber das Schlimmste war, dass sie den Menschen ein falsches Bild von dem Gott Israels vermittelten.

Es muss die (Gedanken-)Welt der Menschen auf den Kopf gestellt haben, als Jesus auf der Bildfläche erschien, ein Rabbi, der nicht ins System passte. Was sie nicht wussten und begriffen, war, dass Jesus die Verkörperung der Botschaft Gottes war (das »Fleisch gewordene Wort«; Johannes 1,14). Nicht nur wurden in ihm Gottes Absichten konkret und sichtbar, nein, die Menschen brauchten nur auf ihn zu schauen und sie sahen Gott selbst!

Jesus war ein Radikaler, der viel Staub aufwirbelte. Dieser Rabbi zeigte den Menschen einen Gott, der sich in jeder Hinsicht unterschied von dem Gott, den die Pharisäer ihnen vor Augen gemalt hatten. Auch er selbst war ganz anders, als sie es von religiösen Führern gewöhnt waren. Die Barmherzigkeit Jesu stand in krassem Gegensatz zu der Härte der Pharisäer. Dennoch war Jesus gewiss kein »Softie« – er war ausgesprochen deutlich in Bezug auf die Verwerflichkeit der Sünde und Gottes Urteil über sie, und er nahm kein Blatt vor den Mund, wenn Dinge nicht in Ordnung waren. Aber diese Botschaft war nicht alles, und das Urteil ging immer einher mit dem Angebot der Gnade. Als die Pharisäer eine Frau zu ihm brachten, die beim Ehebruch ertappt worden war, hatten sie schon die Steine in der Hand, um erbarmungslos die vorgeschriebene Todesstrafe zu vollstrecken. Jesus dachte anders darüber und verurteilte sie nicht. Wohl aber sagte er ihr deutlich, dass sie nicht länger sündigen sollte (Johannes 8,2-11).

Schon die Tatsache, dass Gott Menschengestalt annahm und sich ohne Vorbehalte unter die Menschen begab, spricht Bände über seine Liebe. So steht es auch in Johannes 3,16: »Denn so hat Gott die Welt geliebt, dass er seinen eingeborenen Sohn gab.« Und warum? »(...) damit jeder, der an ihn glaubt, nicht verloren geht, sondern ewiges Leben hat.« Er, der, seit die ersten Menschen auf dieser Erde lebten und durch die Jahrhunderte hindurch, so viel Untreue und Gleichgültigkeit gesehen hatte, konnte sich selbst nicht verleugnen und die Menschen ihrem Schicksal überlassen. Darum sandte er vor zweitausend Jahren seinen Sohn auf die Erde, um das Verlorene zu suchen und zu retten. Und um für die Sünder zu sterben. Wenn das keine Liebe, wenn das keine Gnade ist!

Wie kommt es nur, dass es auch unter Gläubigen Menschen gibt, für die Gottes Urteil schwerer wiegt als seine Gnade? Wie traurig muss es den Herrn machen, dass es Menschen gibt, die sein Wort kennen und doch daran zweifeln, dass seine Gnade auch ihnen persönlich gilt! Ihre Überzeugung von der Schlechtigkeit ihrer eigenen Sünden und von Gottes Heiligkeit ist gut und biblisch. Aber warum denken sie, dass Gott ihnen seine Gnade vorenthält? Warum denken sie, dass es anmaßend wäre, im Glauben anzunehmen, dass sie in Christus wirklich rein gewaschen und gerettet sind? Was für ein Bild haben sie vom Herrn? Natürlich, er ist ein richtender Gott, aber gleichzeitig ist es sein tiefstes Verlangen, Menschen zu retten und zu bewahren! Noch einmal Johannes 3, diesmal die Verse 17 und 18 (und bedenken Sie, dass Jesus selbst diese Worte aussprach, als er mit einem Theologen redete, für den seine Botschaft eine Offenbarung war): »Denn Gott hat seinen Sohn nicht in die Welt gesandt, dass er die Welt richte, sondern dass die Welt durch ihn errettet werde. Wer an ihn glaubt, wird nicht gerichtet.«

Gottes Gnade entbindet uns nicht von seiner Forderung nach einem gerechten, heiligen Leben; das bleibt unser Bemühen und ist unsere Antwort auf die Liebe und Gnade, die Gott uns erwiesen hat in Christus. Gottes Gnade befreit uns auch nicht von der Notwendigkeit, unsere (täglichen) Sünden vor Gott zu bekennen und ihn um Vergebung und Reinigung zu bitten. Sie befreit uns jedoch von unserer Angst und von dem Druck, uns durch unsere Taten oder unseren Lebensstil Gottes Wohlwollen verdienen zu müssen oder seinem Urteil entkommen zu wollen. Es gibt nichts zu verdienen und wir können seinem Urteil auch nicht durch etwas, das wir selbst tun, entkommen. Aber in Christus nimmt Gott uns an als seine geliebten Kinder: »(...) aber ihr seid abgewaschen, aber ihr seid geheiligt, aber ihr seid gerechtfertigt worden durch den Namen des Herrn Jesus Christus und durch den Geist unseres Gottes« (1. Korinther 6,11). Ein Kind Gottes darf auf Gottes Barmherzigkeit vertrauen (siehe Hebräer 4,16). Es muss Gott das Herz brechen, wenn er sieht, dass viele Menschen das Geschenk seiner grenzenlosen Gnade, das er ihnen in Jesus Christus gegeben hat, ihr Leben lang nicht auszupacken wagen und infolgedessen ihr Leben lang in Unsicherheit leben und nie in die Freiheit hineinkommen, die Christus für sie errungen hat. Jesus ruft jedem Einzelnen von ihnen zu: »Komm jetzt zu mir und erkenne und nimm an, was ich für dich sein will: ein Retter voll grenzenloser Barmherzigkeit, unendlicher Geduld, unerschöpflicher Liebe und Vergebung. Ich führe nicht Buch über deine Verfehlungen, ich werfe sie ins äußerste Meer. In diesem Moment ist dein Leben wie ein geknicktes Rohr, aber ich werde es nicht zerbrechen. Du bist ein glimmender Docht, aber ich werde dich nicht auslöschen. *Du bist in Sicherheit.*«[18]

b) Der harte Herr und Meister, der das Unmögliche von uns verlangt

»Ein hochgeborener Mann zog in ein fernes Land«, so beginnt Jesus sein Gleichnis von den anvertrauten Pfunden in Lukas 19. Es geht um zehn Knechte, die jeder ein Pfund bekommen, mit dem sie

---

[18] Brennan Manning: *Kind in seinen Armen*, © der deutschen Ausgabe: Brockhaus Verlag Wuppertal 1999. Manning, ein ehemaliger Franziskanerpriester, spricht und schreibt mit Leidenschaft über die tiefe und persönliche Beziehung zu Gott, nach der ein Christ sich ausstrecken darf. Er selbst hat die Liebe Jesu ganz tief erlebt. Er ist »von Jesus getroffen«, wie er es nennt. Diese Erfahrung hat einen unauslöschlichen Eindruck auf ihn gemacht und eine tiefe Sehnsucht nach »mehr von Jesus« in ihm geweckt. Sein größter Wunsch ist es, dass Christen wirklich als »Abbas Kinder« zu leben lernen, als Menschen mit einer tiefen persönlichen und intimen Beziehung zu ihrem Vater-Gott.

Handel treiben sollen, bis ihr Herr zurückkehrt. Die Knechte bekommen keinen spezifischen Auftrag, sie bekommen gesagt, dass sie »Handel treiben« sollen, aber wie sie das tun, ist ihnen überlassen. Als der Herr zurückkommt, müssen die Knechte einer nach dem anderen bei ihm erscheinen und Rechenschaft ablegen. Der erste Knecht hat das ihm anvertraute Kapital verzehnfachen können. Der zweite hat nicht ganz so viel erreicht, auch wenn sein Gewinn sich sehen lassen kann: Sein Pfund hat den fünffachen Ertrag eingebracht. Beide Knechte bekommen einen Auftrag, der ihrem Einsatz entspricht: Sie sind »im Geringsten treu« gewesen, und daher sind sie in den Augen ihres Herrn dazu geeignet, mehr Verantwortung zu übernehmen.

Dann kommt der dritte Knecht. Er hat eine ganz andere Geschichte zu erzählen. Er hat sich an das Prinzip vom Sparstrumpf gehalten: Er hat seinen Geldbetrag in ein Tuch eingeschlagen und aufbewahrt. Als er seinem Herrn sein Geld zurückgibt, erklärt er sein ängstliches Verhalten mit den Worten: »Ich hatte Angst vor dir, weil du ein strenger Mann bist« (Vers 21; GN). Sein Herr reagiert so, wie sein Diener es erwartet hat: streng. Er nimmt ihm sein Pfund ab und überträgt ihm keine neue Verantwortung.

Was ist die Moral dieser Geschichte? Eine der wichtigsten Lektionen ist diese: Der dritte Knecht hat seine Angst zu seiner Ratgeberin gemacht und hat infolgedessen nichts erreicht. Die Furcht vor der Strenge seines Herrn hat ihn unsicher gemacht und gelähmt – er hat nichts zustande gebracht, weil er Angst hatte, Fehler zu machen und ein »Ungenügend« zu bekommen. Wie ein Kind, das Angst hat vor seinem strengen Vater, hat er noch nicht einmal den Versuch unternommen, etwas aus seinem Pfund zu machen. Seine Mitknechte wussten wahrscheinlich ebenso wie er, dass ihr Herr jemand war, der hohe Erwartungen hatte und sich nichts bieten ließ. Aber statt sich durch unangemessene Angst vor seiner Strenge lähmen zu lassen, nahmen sie die Herausforderung an und bemühten sich, aus dem ihnen anvertrauten Pfund so viel wie möglich zu machen. Beide taten ihr Allerbestes und lieferten ihrem Herrn einen Gewinn ab, der ihren persönlichen Fähigkeiten entsprach – der eine hatte 500 % Gewinn erwirtschaftet, der andere 1.000 %. Dass ihr Herr zwar streng war, aber nicht ungerecht oder hart, lässt sich daran erkennen, dass er die so verschiedenen Erträge der beiden Diener nicht miteinander verglich, sondern mit beiden gleich zufrieden war. Worum es ihm ging, war ihre Treue und ihr Einsatz (s. Vers 17: »Recht so, du guter Knecht! Weil du im Geringsten treu warst«).

Der Mann, der sein Pfund »verwahrt« hatte, ließ sich von seiner Angst leiten. Er hatte freie Hand von seinem Herrn bekommen, aber er wagte nichts zu unternehmen aus lauter Angst, Fehler zu machen und sich dadurch den Zorn seines Herrn zuzuziehen. Das geschah auch tatsächlich – aber nicht, weil er Fehler begangen hätte. Das war ja nicht der Fall, da der Knecht überhaupt nichts unternommen hatte. Der Herr war vielmehr darüber erzürnt, dass dieser Knecht sich überhaupt nicht gerührt und nichts mit der kostbaren Gabe (den Chancen, die er bekommen hatte, den Geschäften, die ihm anvertraut waren) angefangen hatte.

Jesus zeigt uns in diesem Gleichnis etwas von dem »heiligen Zorn« Gottes über die Lethargie, die manche seiner Kinder an den Tag legen. Sie haben so viel bekommen,[19] aber statt damit zu »wirtschaften« (und es zu genießen), rühren sie das, was potentiell vorhanden ist, nicht an – aus welchen Gründen auch immer. Es ist absolut unerträglich für Gott, wenn der Grund für unsere Zurückhaltung darin besteht, dass wir Angst vor ihm haben. Er ist nicht darauf aus, uns einzuschüchtern – im Gegenteil, er will uns aus der Reserve locken und sehen, wie wir uns zu tüchtigen Menschen entwickeln.

»Wage zu leben!« und »Wage zu wirtschaften mit dem, was ich dir anvertraut habe!« – das sind die positiven Botschaften dieses Gleichnisses. Es wird sich nicht vermeiden lassen, dass wir dabei Fehler machen, und ebenso wenig ist damit zu rechnen, dass es jedem gelingt, 500 % oder gar 1.000 % Gewinn zu erwirtschaften.

---

[19] Es gibt Kommentatoren, die dieses Gleichnis als Aufforderung deuten, irdischen, das heißt materiellen Besitz optimal zu verwalten. Eine gängigere Deutung ist, dass Jesus (der Herr, der diese Erde verlassen hat, aber später zurückkehren wird, um sein Königreich zu errichten) uns das Evangelium anvertraut hat. Es hat uns selbst und unser Leben entscheidend verändert. Wenn wir auch in unserem Alltag danach leben und davon zeugen, wird unser Leben Frucht tragen (Gewinn bringen) für Gottes Königreich. Diese Dinge werden sichtbar werden bei seiner Wiederkunft.

Aber dieses Wissen darf uns nicht daran hindern, aufzustehen und uns mit unserem Gott auf ein sicheres Abenteuer einzulassen! Er wird nie mehr von uns verlangen, als wir leisten können, und er wird uns nicht fallen lassen, wenn wir Fehler machen oder ihn enttäuschen. Aber ihm liegt daran, dass wir uns einsetzen und wachsen und Fortschritte verbuchen.

Dass wir einmal vor Gottes Thron stehen werden, um Rechenschaft über unser Leben abzulegen (Römer 14,10-12; 1. Korinther 3,13-15), ist einerseits ein Ehrfurcht gebietender Gedanke, der uns manchmal beklommen machen kann. Andererseits dürfen wir diesem Augenblick voller Zuversicht entgegensehen, weil der Gott, dem wir dienen, ein Gott der Liebe ist. »Die vollkommene Liebe«, sagt Johannes, »treibt die Furcht aus, denn die Furcht hat es mit Strafe zu tun« (1. Johannes 4,18; siehe auch Vers 17). Die vollkommene Liebe tut auch noch etwas anderes: Sie gibt uns Mut und spornt uns an, uns in unserem Leben voll und ganz auf das einzulassen, was Gott vorhat! Wer das tut, darf rechnen mit einem »Recht so, du guter Knecht!«.

Der Gott der Bibel ist wie der Herr in diesem Gleichnis: Er ist streng, aber nicht ungerecht. Er fordert uns heraus, unsere Möglichkeiten und Chancen wahrzunehmen und zu den Menschen zu werden, die er vor Augen hat. Wenn wir uns nicht auf die persönliche Entwicklung und das Wachstum einlassen, das Gott sich für uns wünscht, dann leben wir ein Leben unter unserem Niveau.

c) Der Spielverderber, der uns jedes Vergnügen missgönnt
Dies ist, glaube ich, eins der hartnäckigsten Vorurteile, die Menschen gegen Gott haben können, und auch wieder ein Hindernis, das andere davon abhalten kann, sich für Jesus zu entscheiden. Sie denken, ein Leben mit Gott bedeute das Ende ihrer Freiheit und jeder Art von Vergnügen. Martin bringt zum Ausdruck, was viele Ungläubige denken: »Der Glaube ist für mich überhaupt nicht attraktiv – all diese Gebote und Verbote, all das ›Tu dies nicht, tu das nicht‹. Mir wird ganz schlecht, wenn ich mir vorstelle, mich in solch einen Vorschriftenkatalog hineinzwängen zu lassen. Immer ordentliche Klamotten anziehen, nie mehr ein Bierchen trinken, nie mehr Spaß haben, sonntags nichts mehr machen dürfen …!« Wie

kommen die Menschen bloß zu solch einem miesepetrigen Gottesbild?

Als Kind spielte ich gern in einem Wald in der Nähe meines Elternhauses. Ein Teil des Waldes war frei zugänglich, ein anderer Teil war abgesperrt. Natürlich war der abgesperrte Teil der weitaus anziehendere. Was das verbotene Waldstück so interessant machte, war das Gerücht, dass es dort geheime unterirdische Gänge gebe, die im Zweiten Weltkrieg benutzt worden waren, um Menschen zur Flucht zu verhelfen und Botschaften zu überbringen. Wir haben tatsächlich einige Gänge entdeckt und dort phantastische Abenteuer erlebt. Aber immer lauschten wir mit gespitzten Ohren darauf, ob wir eine Solex herankommen hörten. Denn wenn wir dieses besondere Getucker vernahmen, wussten wir, dass der Förster nahte. Wir wussten auch, dass wir, wenn er uns entdeckte, nicht nur eine Standpauke bekamen, sondern auch noch vor seinem Moped herrennen mussten bis zum Ausgang des verbotenen Waldstückes. Ich muss gestehen, dass ich nie mehr so fit gewesen bin wie damals, als ich mindestens zweimal pro Woche vor diesem Moped herrennen musste. Bis zum heutigen Tag weiß ich, was es für ein Gefühl war, auf der Brücke zu stehen, die die Grenze zwischen dem verbotenen und dem öffentlichen Waldstück bildete, und nach Luft zu schnappen, während der schnauzbärtige Förster gemütlich auf dem breiten Sattel seiner Solex von dannen tuckerte. Wir konnten ihn nicht ausstehen und hatten richtig Angst vor ihm. Selbst wenn wir im öffentlichen Wald waren, guckten wir uns immer wieder um, um zu sehen, ob er in der Nähe war. Eigentlich rechneten wir mit ihm, weil wir davon ausgingen, dass er uns suchte, um uns den Spaß zu verderben.

Erst viel später habe ich begriffen, dass in diesen unterirdischen Gängen im verbotenen Wald Gefahren lauerten. Sie konnten einstürzen (und ein Kind unter sich begraben), und das war sicher mit ein Grund dafür, dass der Förster, der bestimmt ein netter Mann war, uns dort nicht haben wollte. Aber in unseren Augen war er ein Buhmann, der uns unseren Spaß nicht gönnte. Ein Spielverderber von der schlimmsten Sorte.

Wie kommt es, dass manche Menschen Gott als Spielverderber betrachten? Der Gott der Bibel ist alles andere als ein knauseriger

Gott, der seine Leute kurz halten will und ihnen jede Art von Vergnügen missgönnt. Auf den ersten Seiten der Bibel sehen wir schon, wie er mit viel Umsicht und Sorgfalt eine prächtige Welt schafft und als Lebensraum für seine Geschöpfe vorbereitet. Er erschafft eine Fülle verschiedener Gräser und Kräuter und Bäume, und die Lichter, die er an den Himmel setzt, sind ebenfalls ganz unterschiedlich und vor allem leuchtend! Er lässt das Wasser wimmeln von lebendigen Wesen aller Art und Größe und erschafft zahlreiche Vogelarten, die den Luftraum füllen mit ihrer Farbenpracht und ihrem Gesang. Er füllt die Erde mit »Vieh und kriechenden Tieren und wilden Tieren« (siehe 1. Mose 1,24). Jedes Mal, wenn er etwas geschaffen hat, sieht er es sich an, und erst, wenn er festgestellt hat, dass es gut ist, nimmt er etwas Neues in Angriff. Allmählich entsteht eine wunderschöne Erde, auf der es herrlich ist, zu leben – ein wahres Paradies! Am sechsten Tag ist es dann so weit: Gott erschafft zwei Menschen nach seinem Bild und macht ihnen die prächtige Erde einfach so zum Geschenk! Sie haben nichts getan, um sie zu verdienen, sie bekommen sie in den Schoß geworfen – ein Lustgarten, ein Paradies! Sie dürfen dort leben, sie dürfen es genießen. So ist unser Gott!

Als Jesus viele Jahrhunderte später auf die Erde kommt, ist von dem Paradiesischen nicht viel übrig geblieben. Die Erde ist dem Verfall unterworfen, von den Menschen ausgebeutet und missbraucht. Paulus schreibt in Römer 8,22, »dass die ganze Schöpfung zusammen seufzt und zusammen in Geburtswehen liegt bis jetzt«. Dass Gott der Herr in (und trotz) dieser Situation in Jesus Christus persönlich zu den Menschen kommt und ihnen neues Leben anbietet, zeugt aufs Neue von seiner unendlichen Güte und von der Tatsache, dass ihm für seine Geschöpfe das Allerbeste gerade gut genug ist. Leben und Überfluss! Noch immer, selbst auf einer gebrochenen Erde. Denn auch wenn die Erde sich verändert hat – Gott hat sich nicht verändert und die Pläne, die er für die Menschen und mit ihnen hat, sind unverändert gut!

War Jesus, der nach Hebräer 1,3 der »Abdruck seines (Gottes) Wesens ist«, ein Spielverderber? Ganz sicher nicht! Diese Bezeichnung würde eher auf die religiösen Führer seiner Zeit passen. Wer meckerte, wenn Jesus Kranke heilte? Wer übte sofort Kritik, als eine Frau, die vor Dankbarkeit zerfloss, tat, was ihr Herz ihr eingab, und ein Fläschchen mit kostbarem Öl über Jesus ausgoss?

Jesus war voller Freude und Lebenslust, und die Worte »Ich bin gekommen, damit sie Leben haben und es in Überfluss haben« (Johannes 10,10) stammen aus seinem Mund. Er war der Mann hinter den Krügen voller Wunderwein bei einem Hochzeitsfest in Kana; der Mann hinter jenem überraschenden und üppigen Picknick, das als die »wunderbare Brotvermehrung« in die Geschichte einging; der Mann hinter den Fischernetzen, die so voll waren, dass sie zu zerreißen drohten. Er gönnte den Menschen Freude, Gesundheit, Leben und Freiheit und hatte aus diesem Grund den Mut, die etablierten kulturellen und religiösen Regeln zu brechen. Wie aufregend und auch befreiend muss es gewesen sein, mit ihm Umgang zu haben! Ich habe den Verdacht, dass der Herr seinen Kindern mehr Freiheiten zugesteht, als manche glauben möchten oder können – oder als manch ein religiöser Leiter seinen Schäfchen weismachen will. Bemerkenswerterweise waren es seine eigenen Jünger, die glaubten durchgreifen zu müssen, als eine Schar fröhlicher Kinder auf Jesus zurannte! »Lasst die Kinder zu mir kommen!«, hatte Jesus dazu zu sagen. »Wehrt ihnen nicht!« (Markus 10,14).

Der Gott der Bibel ist ein Gott, der seinen Kindern Freude gönnt. Ja, noch mehr: Die Freude ist eine der Früchte des Heiligen Geistes (Galater 5,22). Es ist absolut biblisch, sich zu freuen: Wie oft lesen wir von Musik und Tanz, Lobgesang und Festessen! Wir dürfen das Leben und die guten Dinge, die Gott uns gibt, aus vollem Herzen genießen. Wir brauchen nur an das Gleichnis vom verlorenen Sohn zu denken – da sehen wir, was diesen Jungen im Haus seines Vaters erwartete (Lukas 15,22-24)! Der Spielverderber war damals nicht der Vater, sondern der andere Sohn.

d) Der strenge Vater, der gerade das von seinen Kindern verlangt,
wovor sie am meisten Angst haben
Als ich gerade zum Glauben gekommen war, hatte ich schreckliche Angst, dass Gott von mir verlangen würde, als Missionarin nach Afrika zu gehen. Ich weiß nicht, warum ich das dachte, und auch nicht, warum Afrika für mich solch eine Schreckensvorstellung war, aber ich betete oft buchstäblich: »Herr, ich will alles für dich

tun, aber schick mich bitte nicht nach Afrika.« Er hat das auch nicht getan – ich bin inzwischen zwar einige Male besuchsweise auf diesem Kontinent gewesen, aber ich habe dort nicht gelebt und gearbeitet. Gott hat mich einen anderen Weg geführt.

Wie kam ich nur zu dieser Vorstellung von Gott, dass er vorzugsweise das von uns verlangt, was wir nicht wollen? Vielleicht kam das zum Teil durch Missionsberichte und Zeugnisse von Menschen, die sich von Gott in ein fernes Land gerufen wussten und sich anfänglich dagegen wehrten, später aber dennoch gingen. Sie erzählten, wie der Geist Gottes ihren Willen »zurechtgebogen« hatte (für mich klang das verdächtig nach »gebrochen«), so dass sie schließlich bereit waren, etwas zu tun, das sie eigentlich überhaupt nicht wollten. Sie sprachen von der Bereitschaft, Gott in vorbehaltlosem Gehorsam zu dienen, auch wenn das beinhaltete, Dinge zu tun, die ihnen überhaupt nicht lagen.

In der ersten Zeit nach meiner Bekehrung wechselten Freude und Furcht einander ab. Ich wollte Gott von Herzen nachfolgen und dienen, aber solche großen Wahrheiten wie »Du musst deinen Willen vollständig an Gott ausliefern und ihm gehorchen!«, »Du musst dein Leben völlig in seinen Dienst stellen!« und »Er ist der Meister, du bist seine Dienerin (oder gar Sklavin)!« machten mir Angst. Durfte ich selbst noch etwas wollen? Gab es noch etwas zu wählen, hatte ich noch ein Mitspracherecht oder musste ich mich sklavisch dem unterwerfen, was Gott mir auferlegen würde?

Inzwischen sind viele Jahre vergangen, und ich habe den Gott der Bibel als einen liebevollen und vor allem treuen Herrn kennen gelernt. Der Begriff »Sklave« hat für mich eine andere Bedeutung bekommen, und Gott zu gehorchen ist für mich nicht mehr bedrohlich (wenn auch nicht immer einfach). Ein Christ ist ein Sklave Christi, aber er ist auch und vor allem sein Freund (siehe Johannes 15,15) und Gottes geliebtes Kind. Paulus sagt: »Denn ihr habt nicht einen Geist der Knechtschaft empfangen, wieder zur Furcht, sondern einen Geist der Sohnschaft habt ihr empfangen, in dem wir rufen: Abba, Vater!« (Römer 8,15). Wir sagen weiterhin »Herr« und »Dein Wille geschehe«, was beinhaltet, dass wir ihm gehorchen wollen, aber wir tun das als geliebte Kinder unseres himmlischen Vaters, dessen Absicht es nicht ist, uns zu brechen, sondern uns zu verwandeln in Menschen, die den Charakter seines Sohnes wider-spiegeln. Dass er dabei nicht unsere eigenen Wünsche, Sehnsüchte und Bedürfnisse vom Tisch fegt, ist eigentlich selbstverständlich. Denn – er liebt uns!

Wer und wie ist Gott?

Wenn wir etwas über eine bestimmte Person wissen wollen, kön-nen wir uns bei Menschen informieren, die die betreffende Person kennen. Neben objektiven Informationen wie Alter, Familienstand und Beruf werden wir auch andere, subjektiv gefärbte Informatio-nen erhalten. Der Mann aus dem Laden um die Ecke kennt Frau Schmidt als eine gute und freundliche Kundin, eine Vereinskamera-din vom Tennisclub findet sie vor allem ehrgeizig und sportbegeis-tert (»Sie will sich ständig mit anderen messen und gewinnen«), ei-ne Bekannte, die im Moment Krach mit ihr hat, beschreibt sie als unzuverlässig und egozentrisch (»Sie kann sehr nett sein, aber letztendlich dreht sich alles nur um sie«), ein Arbeitskollege findet sie ziemlich distanziert, ein anderer meint dagegen, sie sei warm-herzig und ein guter Kumpel, eine gute Freundin ist voller Lob über sie und jemand anders findet, dass sie eigentlich ein Snob ist. Wer von ihnen allen hat Recht? Wer kennt die Wahrheit? Nun, in jeder Bemerkung ist ein Stückchen Wahrheit enthalten, aber es ist und bleibt eine subjektive Wahrheit, die auf den persönlichen Eindrü-cken dieser Menschen beruht. Wenn wir entdecken wollen, wie Frau Schmidt wirklich ist, was für ein Mensch sie ist, was sie be-wegt, dann müssen wir sie selbst kennen lernen. Wir müssen ihr na-he kommen und Zeit mit ihr verbringen.

Wie lernen wir Gott kennen? Wichtig ist, dass wir Informationen über ihn sammeln, und zwar gründlich. Wir tun das, indem wir zur Quelle gehen und in der Bibel lesen, dem von Gott inspirierten Wort, in dem er sich selbst sozusagen »vorstellt« von der Schöp-fungsgeschichte bis zum Kommen Jesu und darüber hinaus. Durch die *biblischen Berichte* bekommen wir einen Eindruck von Gottes Charakter und seinen Absichten und davon, wie er mit den Men-schen umgeht. Wir lernen noch mehr über Gott, wenn wir uns mit den *Namen Gottes* beschäftigen (auch den Namen des Messias, siehe beispielsweise Jesaja 9,5), die in der Bibel genannt werden, denn auch sie offenbaren viel über sein Wesen. In den *prophetischen Botschaften,* die Gott seinem Volk schenkte, entdecken wir sein Herz. Kurz: Die Bibel zeigt uns, wer und wie Gott ist. Das gilt für das Alte *und* das Neue Testament. Im Alten Testament ist Gott der Herr die zentrale Person, im Neuen ist es sein Sohn Jesus; außerdem sehen wir dort den Heiligen Geist in besonderer Art wirken. Aber es geht in der Bibel immer um alle drei Personen der göttlichen Dreieinigkeit.

Jesus, der Abdruck von Gottes Wesen

Jesus ... Im Alten Testament sind seine Schritte schon zu hören, denn die Schriften gehen geradezu »schwanger« mit dem kommenden Messias. Wir begegnen ihm dort in verhüllter Weise, aber auf den ersten Seiten des Neuen Testaments sehen wir ihn in menschlicher Gestalt, als Kind, das von einer Jungfrau geboren wird. Wir folgen ihm durch die Evangelien und hören seine Worte: »Wer mich gesehen hat, hat den Vater gesehen« (Johannes 14,9). Johannes sagt über ihn: »Niemand hat Gott jemals gesehen; der eingeborene Sohn, der in des Vaters Schoß ist, der hat ihn kundgemacht« (Johannes 1,18). In Hebräer 1,3 wird er wörtlich »Ausstrahlung seiner (Gottes) Herrlichkeit und Abdruck seines Wesens« genannt. Das Wort Abdruck lässt an ein Foto denken. Ein Abdruck ist die Kopie eines Fotos, ein identisches Bild auf einem neuen Blatt Papier. Der Mensch Jesus ist Gott in Menschengestalt. Wenn wir unsere falschen Gottesbilder loswerden und ein richtiges Bild von Gott bekommen wollen, dann müssen wir auf Jesus schauen. Anders ausgedrückt: Wer Gottes Wesen kennen lernen will, kommt nicht an Jesus vorbei!

Brennan Manning schreibt in seinem oben erwähnten Buch: »Als Jesus sagte, wer ihn sehe, sehe den Vater, waren seine Zuhörer zutiefst schockiert. Für uns, die wir diese Worte schon so oft gehört haben, haben sie diesen Schockeffekt nicht mehr. *Sie haben jedoch die Kraft, all unsere Projektionen und verkehrten Gottesbilder zu-*

nichte zu machen. Jesus bekräftigte, dass er die Verkörperung dessen war, wie der Vater zur Menschheit steht und welche Gefühle er ihr entgegenbringt. Gott ist so, wie er sich in der Person Jesu zeigt.«

Das »auf Jesus Schauen« hat zwei Ebenen. Die eine ist die kognitive Ebene: Mithilfe unseres Verstandes bemühen wir uns, mehr darüber zu lernen, wer und wie er ist. Ich habe das zuvor »Informationen sammeln« genannt. Die andere Ebene ist die des Herzens; auf dieser tieferen Ebene findet ein Kennenlernen statt, das sich oft nicht in Worten ausdrücken lässt, da es keine Verstandes-, sondern eine Herzenssache ist.

Unser *Wissen* von Jesus nimmt in dem Maße zu, in dem wir uns mehr und mehr in seine Person und sein Leben vertiefen. Wir beobachten und studieren ihn, indem wir ihm durch die Evangelien hindurch auf seinem Lebensweg folgen, von seiner Geburt bis zum Grab. Wir hören auf das, was er die Menschen lehrte durch seine Gleichnisse und seine Reaktionen auf Fragen und Kritik. Wir staunen über seine Wunder, wir sehen, wie er mit seinen Freunden und Jüngern umging, und beschäftigen uns mit den Lektionen und Ratschlägen, die er ihnen erteilte. Dass wir entdecken, wer Jesus war, als er als Mensch auf dieser Erde lebte, was er sagte und wie er handelte, ist äußerst wichtig; die Beschäftigung mit diesen Dingen hat sozusagen erste Priorität, nicht nur, weil er Gottes Sohn ist, sondern weil er während dieser Jahre auf Erden ein lebendiges Foto (oder Video) von Gott war. Er ist die Hauptstraße bei unserer Suche nach dem Wesen Gottes. In ihm bekommt Gott sozusagen ein Gesicht.

Unser kognitives Erkennen Gottes bekommt dadurch Tiefgang, dass der Heilige Geist uns Dinge zeigt, die mit dem Verstand nicht zu ergründen sind. Wie kostbar ist es doch, dass Gott uns mit unserer Wiedergeburt jemanden zur Seite gestellt hat, der uns die Augen öffnet für tiefere Dinge. Wenn wir in der Bibel lesen oder über bestimmte Bibelabschnitte nachdenken, dann lässt er die Worte für uns lebendig werden, weist uns auf Zusammenhänge hin und zeigt uns Dinge, auf die wir nie von selbst gekommen wären. Er lässt uns die Realität Gottes sehen und lässt unseren Glauben wachsen.

So sind wir unterwegs und bekommen mithilfe von Gottes Wort und seinem Geist ein Bild von dem Gott der Bibel und seinem Sohn Jesus Christus. Wir entdecken, dass das biblische Gottesbild nicht nur überraschend vielseitig, sondern auch überraschend eindeutig ist. Und doch sind wir noch nicht am Ziel! Denn das wirkliche *Kennenlernen* geschieht nur in der Gemeinschaft mit unserem Herrn (siehe 1. Korinther 1,9). Es ist wie bei einer menschlichen Beziehung: Ein Mann lernt seine Frau erst wirklich kennen (und umgekehrt), wenn sie zusammen unter einem Dach leben und Tisch und Bett miteinander teilen. Wenn sie einander nah sind und ihren Lebensweg gemeinsam gehen. Wenn sie einander umarmen und einer den Herzschlag des anderen hört. Wenn wir miteinander Gemeinschaft haben, dann lernen wir einander auf eine Weise kennen, die viel tiefer geht als ein rein kognitives Erkennen. Wenn wir Gemeinschaft mit einem anderen haben, dann erleben wir ihn auf eine Weise, die weit über ein verstandesmäßiges Erfassen seiner Eigenschaften hinausgeht. Dann – und erst dann – sehen wir ihn wirklich (vgl. Hiob 42,5).

Es gibt ein paar Situationen in der Bibel, bei denen auch wir etwas »spüren« von der überwältigenden Gegenwart Gottes und der Kraft seiner Liebe – und zwar dadurch, dass wir sehen, welche Auswirkung sie auf die Menschen hatte, die sie erfuhren. Johannes erfuhr sie, als er nach der Fußwaschung an der Brust Jesu lag (Johannes 13,23); Petrus war im Innersten seiner Seele getroffen, als sein Blick dem Blick Jesu begegnete, nachdem er ihn verraten hatte; Maria erfuhr sie, als sie zu Jesu Füßen saß und alles um sich her vergaß (Lukas 10,38-42). Die Emmausjünger erfuhren sie, als Jesus auf dem Weg mit ihnen redete und ihnen die Schriften so auslegte, dass ihnen das Herz brannte (Lukas 24,32). Auch David muss sie erfahren haben, sonst hätte er nicht gesagt: »Eins habe ich vom Herrn erbeten, danach trachte ich: zu wohnen im Haus des Herrn alle Tage meines Lebens, um anzuschauen die Freundlichkeit des Herrn und nachzudenken in seinem Tempel« (Psalm 27,4).

Über die Erfahrungen von Johannes schreibt Manning: »Ich bin davon überzeugt, dass jene Nacht im Obergemach der entscheidende Moment im Leben des Johannes war. Ungefähr sechzig Jahre nach der Auferstehung Christi ließ der Apostel wie ein alter Goldgräber, der den Strom seiner Erinnerung sorgfältig untersucht, alles, was in jenen drei Jahren passiert war, die er zusammen mit Jesus verbrachte, noch einmal an sich vorüberziehen. Er verweist insbesondere auf jene heilige Nacht, in der alles deutlich wurde.« Was wurde in jener Nacht deutlich? Zuallererst und vor allem die grenzenlose Liebe Jesu für seinen Jünger. Johannes drückt dies in einem seiner Briefe so aus: »Und wir haben erkannt und geglaubt die Liebe, die Gott zu uns hat. Gott ist Liebe« (1. Johannes 4,16). »Wir haben die Liebe Gottes erkannt und geglaubt« – in diesen Worten steckt so viel. Da ist offensichtlich etwas ganz Entscheidendes passiert: Was Johannes bereits bekannt war, weil er mit Jesus umhergezogen war und seine Lehren gehört hatte, ist ihm in dieser Nacht zu einer tiefen persönlichen Erkenntnis geworden. Plötzlich erfasste er die Liebe, die Gott ihm entgegenbrachte! Im Buch Offenbarung liegt derselbe Jünger lang ausgestreckt vor Jesus auf dem Boden (Offenbarung 1,17).

In seiner Position »an der Brust Jesu« wurde die Liebe Gottes für Johannes plötzlich überwältigend greifbar. Aber es geschah noch etwas: In jenem Moment wurde der Jünger sich plötzlich zutiefst seiner eigenen Identität bewusst. Er war der Jünger, »den Jesus liebte« – so beschreibt er sich selbst in seinem Evangelium (Johannes 13,23 und 21,20). Offensichtlich geht es hier darum, dass Jesus Johannes liebte (nicht umgekehrt).

Noch einmal Manning: »Johannes legte den Kopf an das Herz Gottes, an die Brust des Mannes, der im Nizänischen Glaubensbekenntnis bezeichnet wird als ›eines Wesens mit dem Vater‹. Diese Bibelstelle kann für uns zu einer persönlichen Erfahrung werden, die unser Verständnis dessen, wie Gott ist und wie unsere Beziehung zu Jesus sein könnte, radikal verändert (…) Solange ich meinen Kopf nicht an die Brust Jesu lege, seinen Herzschlag höre und persönlich erfahre, wovon Johannes zeugt, kann ich nur eine zweitklassige Spiritualität erfahren (…) Wenn wir die Liebe Gottes mit den Augen unseres Herzens sehen wollen, dann können wir das am besten aus der Position heraus, wenn wir an der Brust Jesu liegen.« Es ist übrigens auffällig, dass Jesus, der uns den Vater »kundmacht«, selbst »in des Vaters Schoß ist« (Johannes 1,18).

Vater und Hirte

Die beiden schönsten Bilder von Gott, die die Bibel uns schenkt, sind zweifellos das des Vaters, der uns vorbehaltlos liebt, und das des guten Hirten, der seine Schafe kennt und leitet. Beide Bilder gibt es nur im Christentum: Keine andere Religion kennt einen Gott, der so nah ist und so voller Liebe und Fürsorge für seine Kinder. Diese Dinge sind unverändert wahr, auch in einer Zeit, in der immer weniger Menschen in ihrer Kindheit die Erfahrung einer heilen, vollständigen Familie (mit beiden Elternteilen) machen und viele Menschen mit dem Begriff »Vater« negative und schmerzliche Erfahrungen verbinden. Die negativen Denkmuster, die sich entwickelt haben und die dem Glauben an Gottes gute Vaterschaft im Weg stehen, sind sehr hartnäckig. Ich bin jedoch davon überzeugt, dass der Heilige Geist einem Menschen das Vaterherz Gottes offenbaren und die entstandenen Barrieren niederreißen kann.

Im Neuen Testament wird uns der Begriff *Abba* vorgestellt, ein Name Gottes, der in keiner Weise »abgehoben« ist, sondern im Gegenteil absolut alltäglich. »Abba« ist das (aramäische) Wort, das man ein Kind auf der Straße oder auf dem Schulhof rufen hört, wenn es seinen Vater sieht. Es wird dieses Wort zu niemand anderem sagen, nur zu dem Mann, der ihm vertraut ist und auf dessen Schoß es sitzen darf. Wie wunderbar, dass der Herr uns dazu einlädt, ihn, der so hoch erhaben ist, gerade mit diesem Namen anzusprechen! Es ist der Name, den Jesus selbst für seinen Vater gebrauchte (Markus 14,36).

Manchmal kann ein scheinbar unbedeutender Vorfall uns die Augen öffnen für eine große Wahrheit über Gott. Vor Jahren saß ich einmal auf der Terrasse eines Restaurants im Den Haager Rosarium, als eine Familie am Tisch neben mir Platz nahm. An ihrem Aussehen und ihrer Kleidung war zu erkennen, dass sie Juden waren; außerdem sprachen sie Neuhebräisch. Unter den vier Kindern war ein kleines Mädchen mit widerspenstigem krausem Haar und großen braunen Augen. Sie war ein wahres Temperamentsbündel und kaum auf ihrem Stuhl zu halten. Fortwährend suchte sie die Aufmerksamkeit ihres Vaters, dem sie alles Mögliche zeigen und erzählen wollte. »Abba«, rief sie dann, »Abba!« Und sobald er sie ansah, sprudelte sie eine ganze Geschichte heraus, der er aufmerksam zuhörte. Schließlich rutschte sie von ihrem Stuhl herunter, rannte zu ihm hin und zog ihn am Ärmel: »Abba!« Der Vater nahm ihre Hand, stand auf und ging mir ihr in die Parkanlage. Das Mädchen lief nicht, es tanzte. Auch nachdem sie schon ein Stück entfernt waren, war ihr »Abba! Abba!« noch zu hören. Als sie zurückkamen, saß sie bei ihrem Vater auf der Schulter, und als ich meinen Kaffee bezahlte und wegging, saß sie stillvergnügt bei ihrem Abba auf dem Schoß, das Köpfchen an seine Brust geschmiegt.

Mir steigen immer noch die Tränen in die Augen, wenn ich an diesen Vorfall im Den Haager Rosarium denke. Er hat mich total fasziniert, ich sah nur das Mädchen und ihren Vater und höre bis zum heutigen Tag ihr »Abba«. Mehr habe ich auch nicht verstanden, weil ich der hebräischen Sprache nicht mächtig bin. Aber dieses eine Wort war genug – die Geschichte sprach Bände! Ich habe immer noch das Bild vor Augen von dem kleinen Mädchen an Abbas Hand und später auf seinem Schoß. So will ich Gott kennen, als meinen Abba. So bietet er sich mir an: als mein Abba.

Wir dürfen unseren himmlischen Vater und seinen Sohn Jesus Christus auch kennen als den *guten Hirten,* der seine Schafe mit Namen kennt und sie mit allem versorgt, was sie brauchen. Sowohl im Alten als auch im Neuen Testament finden wir das Hirtenbild Gottes. Als der Erzvater Jakob seinen Sohn Joseph segnet, spricht er von Gott als demjenigen, »der mein Hirte gewesen ist mein Leben lang bis auf diesen Tag« (1. Mose 48,15; L). Wie wunderbar ist es, wenn man das nach einem Leben voller Höhen und Tiefen aus tiefstem Herzen bekennen kann: »Gott war treu, er hat mich nie im Stich gelassen!« Das bringt auch David in Psalm 23 zum Ausdruck: »Der Herr ist mein Hirte, mir wird nichts mangeln.« Dieser Psalm wird so oft zitiert, dass wir Gefahr laufen, über die darin enthaltenen großen Wahrheiten hinwegzulesen, ohne dass sie uns noch berühren.

Ich nehme oft ein altes Buch aus dem Regal, das den 23. Psalm auf eine ganz besondere Weise untersucht. Es ist von einem Hirten geschrieben, und sein Wissen und seine Erfahrung geben den Worten dieses Psalms eine ganz tiefe Bedeutung.[20] Woher soll ein Laie zum Beispiel wissen, dass ein Schaf in den Sommermonaten von so genannten Nasenfliegen gequält werden kann, die ihre Eier auf seinen Nasenschleimhäuten ablegen? Die kleinen wurmförmigen Larven, die aus den Eiern kommen, suchen sich ihren Weg durch die Nasenlöcher in den Kopf des Schafes, wo sie sich ins Fleisch eingraben. Das Schaf, dem dieses Unglück passiert, vergeht vor Schmerzen und beginnt seinen Kopf gegen einen Baum oder Felsen zu schlagen in dem verzweifelten, aber fruchtlosen Versuch, diesem Problem zu entkommen. Manchmal wird ein Schaf blind oder tötet sich selbst. Es ist dann auch kein Wunder, dass diese Fliegen eine ganze Schafherde in Panik versetzen können. Der Hirte hat jedoch ein Mittel, das seine Schafe schützt und verhindert, dass sie diesen Insekten zum Opfer fallen: Er reibt ihre Nasen mit Öl ein. Er gebraucht dieses Öl auch, wenn ein Schaf die Krätze hat; in diesem Fall wird der ganze Kopf dieses Schafes eingerieben (siehe auch Jesaja 1,5f). Mit diesem Hintergrundwissen bekommt der fünfte Vers von Psalm 23 eine ganz neue Bedeutung: »(...) du hast mein Haupt mit Öl gesalbt«. Wir brauchen die tägliche Salbung mit Gottes Heiligem Geist, um geschützt zu sein vor (oder befreit zu werden von) Gereiztheit, Unruhe und Kummer und um gereinigt zu werden vom Bösen. Ebenso sehr brauchen wir die liebevolle Gemeinschaft mit Geschwistern: »Siehe, wie gut und lieblich ist es, wenn Brüder einträchtig beieinander wohnen. Wie das köstliche Öl auf dem Haupt« (Psalm 133,1f).

Im Alten Testament gibt es neben Psalm 23 noch einen weiteren Abschnitt, der ausführlich über den Herrn als guten Hirten spricht, nämlich Hesekiel 34. Dieses Kapitel verweist auf einen der kritischsten Momente in der Geschichte Israels: Jerusalem und der Tempel sind vernichtet, das Königreich Israel existiert nicht mehr und das Volk ist in die Verbannung geführt worden. Aber es gibt Hoffnung! Hesekiel tadelt die Führer Israels dafür, dass sie nur an sich selbst denken und ihre Schafe verkümmern lassen. Er warnt sie und sagt, dass Gott für Gerechtigkeit sorgen wird. Er verweist

---

[20] Phillip Keller: *Psalm 23 aus der Sicht eines Schafhirten*, © der deutschen Ausgabe: Gerth Medien, Asslar 1976, 1989, 2000.

auf den König David, den Gott einsetzen wird, um sie zu weiden (Vers 24). Damit meint er nicht den alten, verstorbenen König David, sondern den Herrn Jesus, der Davids Sohn genannt wird. Die Verheißungen in Hesekiel 34 sind großartig und bewegend, Gottes Fürsorge ist liebevoll und total. Der gute Hirte wird »Regengüsse des Segens« senden und Pflanzen und Frucht tragende Bäume aufwachsen lassen, so dass niemand mehr hungern muss (Verse 26.27.29). Mehr als einmal wird unterstrichen, dass Gottes Volk in Sicherheit wohnen soll (Verse 25.27.28). Wie schön sind die Worte: »Ja, ihr sollt meine Herde sein, die Herde meiner Weide, und ich will euer Gott sein, spricht Gott der Herr« (Vers 31; L). Ähnliche Worte finden wir in Jesaja 40,11: »Er wird seine Herde weiden wie ein Hirte, die Lämmer wird er in seinen Arm nehmen und in seinem Gewandbausch tragen, die säugenden Muttertiere wird er fürsorglich leiten«, und in Jesaja 49,10: »Sie werden nicht hungern und nicht dürsten, und weder Wüstenglut noch Sonne wird sie treffen. Denn ihr Erbarmer wird sie leiten und wird sie zu Wasserquellen führen.« Im Neuen Testament steht jener wunderbare Abschnitt in Johannes 10, wo Jesus sich selbst als den guten Hirten und als die Tür zum Schafstall bezeichnet. Er betont den Unterschied zwischen ihm selbst und den »Mietlingen«, die nur finanzielles Interesse an den Schafen haben, aber kein Herz für sie. Ein guter Hirte schlief übrigens in der Türöffnung des Schafstalles, was bedeutete, dass Diebe oder Raubtiere erst an ihm vorbeimussten, bevor sie sich auf die Herde stürzen konnten. Was für ein Schutz und was für eine Fürsorge! Was … für ein Gott!

Und schließlich: Unsere Erkenntnis Jesu bleibt unvollständig, solange wir auf dieser gefallenen Erde leben. Wir dürfen manchmal etwas spüren von seiner wunderbaren Vollkommenheit, ab und zu einen Blick in Gottes Herrlichkeit tun. »Denn wir sehen jetzt mittels eines Spiegels, undeutlich, dann aber von Angesicht zu Angesicht«, schreibt Paulus. »Jetzt erkenne ich stückweise, dann aber werde ich erkennen, wie auch ich erkannt worden bin« (1. Korinther 13,12). Gott kennt uns durch und durch, er erforscht uns bis in unsere tiefsten Tiefen (Psalm 139), wir hingegen erkennen ihn höchstens stückweise. Aber wie gut ist es doch, wenn wir im Alltag dann und wann das Wunder erleben dürfen, dass ein Zipfelchen des

Schleiers angehoben wird und wir etwas vom Wesen Gottes »schauen« dürfen. Lassen Sie uns doch den Ballast unserer falschen Gottesbilder über Bord werfen und uns ausstrecken nach Gott selbst! Lassen Sie uns beten, wie Mose betete: »Lass mich doch deine Herrlichkeit sehen!« (2. Mose 33,18).

Kapitel 5

Sage nicht: Ich will Böses vergelten!

Sprüche 20,22

Über den Ballast
von Bitterkeit und Rachsucht

Problem:	Groll, Bitterkeit, Rachsucht
Wieso Ballast:	Weil diese Dinge uns in Anspruch nehmen und unser Leben beherrschen (werden)
Biblisches Vorbild:	Jesus (er zeigt uns, wie es richtig ist)
Der Weg zur Freiheit:	Vergeben und loslassen
Unser Helfer:	Der Heilige Geist – er hilft uns, das Gute zu wollen und zu tun
Kernvers:	»Lass dich nicht vom Bösen überwinden, sondern überwinde das Böse mit dem Guten« (Römer 12,21)

Sage nicht: Ich will Böses vergelten! Harre auf den Herrn,
so wird er dich retten.
Sprüche 20,22

Eine sanfte Antwort wendet Grimm ab, aber ein kränkendes Wort
erregt Zorn.
Sprüche 15,1

Denn worin du den anderen richtest, verdammst du dich selbst;
denn du, der du richtest, tust dasselbe.
Römer 2,1

Seht zu, dass niemand einem anderen Böses mit Bösem vergelte,
sondern strebt allezeit dem Guten nach gegeneinander und gegen alle.
1. Thessalonicher 5,15

Rächt euch nicht selbst, Geliebte (…) Denn es steht geschrieben:
»Mein ist die Rache, ich will vergelten, spricht der Herr.«
Römer 12,19

Lass dich nicht vom Bösen überwinden,
sondern überwinde das Böse mit dem Guten.
Römer 12,21

Der Herr wird für euch kämpfen; ihr aber werdet still sein.
2. Mose 14,14

Und wie ihr wollt, dass euch die Menschen tun sollen,
tut ihnen ebenso.
Lukas 6,31

Vergeltet nicht Böses mit Bösem oder Scheltwort mit Scheltwort,
sondern im Gegenteil segnet, weil ihr dazu berufen worden seid,
dass ihr Segen erbt!
1. Petrus 3,9

Geschmäht, segnen wir; verfolgt, dulden wir; gelästert,
reden wir gut zu.
1. Korinther 4,12f

Lasst los, und ihr werdet losgelassen werden.
Lukas 6,37

(…) der, geschmäht, nicht wieder schmähte, leidend, nicht drohte,
sondern sich dem übergab, der gerecht richtet.
1. Petrus 2,23

Habt diese Gesinnung in euch, die auch in Christus Jesus war.
Philipper 2,5

Er ist schon zu Lebzeiten eine Legende geworden: Simon Wiesenthal, der Mann, der die Vernichtungslager des Holocaust überlebte und danach gut fünfzig Jahre lang unermüdlich nach Menschen suchte, die sich zur Zeit des Hitlerregimes der Folterung und Ermordung von Juden schuldig gemacht hatten. Als Wiesenthal nach dem Krieg wieder mit seiner Frau zusammenkam und sie miteinander ausrechneten, was der Holocaust in ihren Familien angerichtet hatte, stellte sich heraus, dass neunundachtzig Familienmitglieder umgekommen waren. Diese Tatsache war einer der Gründe dafür, dass der polnische Ingenieur mit so fanatischem Eifer nach den Tätern des Holocaust suchte. Wiesenthal sagte: »Ich fühlte mich schuldig, weil ich noch lebte und so viele andere nicht. Ich fühlte mich moralisch dazu verpflichtet, für all die Toten einzutreten, ihre Stimme zu sein.« Es wurde sein Lebenswerk.

Was hat Wiesenthal getrieben? War es Hass? War es Vergeltungssucht? Wollte er den SS-Schergen und -Mördern heimzahlen, was sie seinen Volksgenossen angetan hatten? Diese Frage ist Wiesenthal im Laufe der Jahre oft gestellt worden, und seine Antwort war immer: »Nein, ich will keine Rache, davon nehme ich Abstand. Es geht mir nicht um Hass, sondern um Gerechtigkeit.«

Es ist vorgekommen, dass Überlebende bei ihm anklopften und ihn um die Adressen von SS-Angehörigen baten. Ihre Absichten waren deutlich: Auge um Auge, Zahn um Zahn. Wiesenthal dachte anders darüber. Er wollte, dass die Naziverbrecher vor Gericht gestellt wurden, um sich zu verantworten und verurteilt zu werden. Nicht von ihm, sondern von Richtern eines ordentlichen Gerichtes. Sich selbst betrachtete er als ein Werkzeug: Er war der Spürhund, der die Menschen aufspürte. Im Laufe der Jahre ist es Wiesenthal gelungen, gemeinsam mit seinen Mitarbeitern etwa 1.100 Täter ausfindig zu machen.

Wiesenthal, der etliche Auszeichnungen und Ehrendoktortitel erhielt, wird in die Geschichte eingehen als ein Mensch, der sich leidenschaftlich für *ein* Ziel einsetzte: Gerechtigkeit für die sechs Millionen Juden, die dem Naziregime zum Opfer fielen. Auffallend ist, dass Wiesenthal nach all dem, was er im Krieg erlebt hat, und obwohl er sich danach noch gut fünfzig Jahre mit den Verbrechen gegen die Juden beschäftigte, kein verbitterter Mensch geworden ist. Wiesenthal wurde nicht vom Hass verzehrt, und genauso wenig hat er seinen Glauben an die Menschen verloren. In einem Interview sagte er einmal: »Ich glaube an menschliche Beziehungen, ich glaube daran, dass Menschen, so verschieden sie auch sein mögen, in Frieden zusammenleben können. Daran zu arbeiten ist für mich die höchste Form von Religion.«[21]

Sage nicht: Ich will Böses vergelten!

Der Titel dieses Kapitels »Sage nicht: Ich will Böses vergelten!« ist der erste Teil eines Spruches über Rache und Vergeltung, der von Davids Sohn Salomo stammt (Sprüche 20,22a). Es sind weise Worte, denen wir aus eigener Erfahrung zustimmen können, da wir wissen, dass Rache und Vergeltung (und sicherlich Vergeltungsschläge) nie viel Gutes zustande bringen. Wir sehen es im Großen in der Politik, zum Beispiel in dem jahrelangen Konflikt im Nahen Osten oder in der hartnäckigen Problematik in Nordirland, wir sehen es am Beispiel der Blutrache, wie sie in bestimmten Kulturen die Familienverbände untereinander ausüben, und wir sehen es in unserem eigenen Leben. Wenn die Menschen das Recht selbst in die Hand nehmen und sich rächen, geht viel kaputt.

Im Alten Testament geht es ziemlich oft um Rache und Vergeltung. Dabei muss man grundsätzlich zwei Kategorien unterscheiden: zum einen die Rache, die ein heiliger Gott an Menschen oder Völkern nahm, die anderen Göttern nachliefen, seinen Namen lästerten und sein Volk bedrohten, zum anderen die Vergeltungsmaßnahmen, die bei Problemen zwischen einzelnen Menschen ergriffen wurden. Um mit der ersten Kategorie zu beginnen: Wer dem Volk Gottes Schaden zufügte, tastete faktisch Gott selber an. Nicht selten führte dies zu der Vernichtung von ganzen Armeen, Städten und Völkern. Wie schwer es uns auch fällt, dies zu begreifen, wir müssen akzeptieren, dass es bei diesen alttestamentlichen Vergeltungsaktionen um die Ehre Gottes ging. Bei der zweiten Kategorie

[21] Zitiert nach der niederländischen Frauenzeitschrift *Libelle* vom 03.11.1995.

von Vergeltungsmaßnahmen geht es um Dinge, die im Gesetz geregelt wurden. Dort finden wir das Prinzip: »Auge um Auge, Zahn um Zahn«, das häufig als Teil einer primitiven und blutrünstigen alttestamentlichen Ethik betrachtet wird. Dies Bild ist sehr unglücklich, denn das Gesetz Israels war alles andere als primitiv und blutrünstig. Es war im Gegenteil ein Fortschritt: Dadurch, dass bestimmte Regeln ausdrücklich im Gesetz festgeschrieben wurden, wurde hemmungslosen menschlichen Vergeltungsaktionen Einhalt geboten. Regeln wie »Auge um Auge, Zahn um Zahn« (und sogar »Hand um Hand, Fuß um Fuß, Brandmal um Brandmal, Wunde um Wunde, Strieme um Strieme«; 2. Mose 21,24f) waren gewiss kein Freibrief für den Einzelnen, willkürlich draufloszuwüten. Sie machten vielmehr deutlich, wie wertvoll das Leben eines Menschen ist und wie wertvoll jeder einzelne seiner Körperteile. Wer einem anderen das Leben nahm oder ihn körperlich versehrte, musste dafür einen festgesetzten Preis »bezahlen«. Wer einfach wild drauflosschlug und einen anderen tötete, lud eine Blutschuld auf sich. Das Letztere wäre David beinah passiert in der Zeit, als er von Saul verfolgt wurde (siehe 1. Samuel 25): In der Wüste Paran bat er einen gewissen Nabal, dem er zuvor seinerseits einen Dienst erwiesen hatte, ihn selbst und seine Männer gastfreundlich aufzunehmen. Als Nabal sich weigerte, reagierte David wie ein getretener Hund und marschierte sofort mit vierhundert Mann los, um ihn zu töten. Es ist Nabals Frau zu verdanken, dass David von der geplanten Vergeltungsmaßnahme Abstand nahm. Sie ging David entgegen und bat ihn dringend, sich nicht selber Recht zu verschaffen. Dadurch bewahrte sie ihn davor, »in Blutschuld zu geraten« (Vers 33). Sie sprach ihm auch zu, dass Gott selbst für ihn eintreten und ihn rächen werde (Vers 29). Abigails Friedensmission gelang, denn sie konnte Davids Wut und Rachsucht beschwichtigen und so ein großes Übel abwenden. Ein paar Tage später griff Gott selbst ein und Nabal starb.

Wenn andere Menschen uns verletzt oder enttäuscht haben, dann ist einer unserer stärksten Impulse die Neigung, zurückzuschlagen oder uns zu rächen. Dieses Zurückschlagen, dieser Wunsch, es jemandem heimzuzahlen, was er oder sie uns angetan hat, ist eine *natürliche* Reaktion – das heißt ein Impuls des Fleisches, nicht des Heiligen Geistes. Ein Christ sollte eigentlich anders reagieren. Aber was für David galt, gilt auch für uns, und auch Jesus hat das bestätigt: »Der Geist zwar ist willig, das Fleisch aber schwach« (Matthäus 26,41; siehe auch Römer 7,18f). Wir wissen genau, was wir eigentlich tun sollten, aber ob wir es dann auch wirklich tun, ist eine andere Geschichte. Als Hagar auf Sara herabsah, ließ Sara das nicht auf sich sitzen, sondern revanchierte sich: Sie demütigte Hagar, die daraufhin die Flucht ergriff, wodurch das Elend vollkommen war (1. Mose 16,4-6). Als Jakob seinen Bruder Esau betrog, fasste dieser den Plan, ihn zu ermorden (1. Mose 27,41). Als Johannes Markus den Apostel Paulus enttäuschte, indem er bei einer Missionsreise vorzeitig umkehrte, zahlte es Paulus dem Jungen dadurch heim, dass er sich weigerte, ihn bei einer späteren Reise wieder mitzunehmen (Apostelgeschichte 15,37f). Als die Feinde Jesu in den Garten Gethsemane kamen, um ihn gefangen zu nehmen, rächte einer der Jünger seinen Herrn, indem er dem Sklaven des Hohenpriesters das rechte Ohr abschlug. Jesus reagierte darauf, indem er sich inmitten des Tumultes einen Moment Zeit nahm, um den verletzten Soldaten zu heilen. Achten Sie auf seine Worte: »Lasst es so weit!« (Lukas 22,51).

Rache ist von ihrem Wesen her tödlich. Ein rachsüchtiger Mensch sucht kein Gespräch, er verspürt vor allem oder ausschließlich Zorn und den Wunsch, dem anderen seine böse Tat heimzuzahlen, indem er ihm Unannehmlichkeiten verursacht, ihm Schaden zufügt oder ihn vernichtet. Viele so genannte Stalker sind Menschen, die von ihrem Partner verlassen wurden und das nicht verkraften können. Sie laufen demjenigen, der ihnen Leid zugefügt hat, beständig hinterher, anfänglich vielleicht, um ihn zurückzugewinnen, später, um ihm das Leben schwer zu machen. Was folgt, sind nicht selten Jahre voller Elend, voller Gerichtsverhandlungen und Straßenverboten, voller Unruhe und Angst.

Vor Jahren berichteten die Zeitungen in Österreich über eine bizarre Racheaktion in Wien. Eine Frau war von ihrem Freund, mit dem sie zusammenlebte, auf die Straße gesetzt worden. Er hatte die Beziehung definitiv beendet; sie war nicht mehr zu kitten. Die Frau konnte das nicht akzeptieren und belästigte ihn mit Briefen und Telefonanrufen. Als dieser Terror zu nichts führte, dachte sie sich etwas Schreckliches aus: Als ihr Exfreund für einige Wochen im Ausland war, ging sie in seine Wohnung (deren Schlüssel sie immer noch hatte), nahm das Telefon und wählte die Nummer eines Informationsdienstes in New York. Als die internationale Verbindung zustande gekommen war, lauschte sie einen Moment der automatischen Auskunft, dann legte sie den Hörer sorgfältig neben den Apparat und … verließ die Wohnung! Als ihr Exfreund eine oder zwei Wochen später nach Hause kam, lief das Tonband noch immer, und seine Telefonrechnung betrug mittlerweile mehrere tausend Euro. Es war die ultimative Rache seiner Exfreundin, genial und hinterlistig. Die Sache kam vor Gericht, und schließlich wurde dem Mann ein Teil der Telefonrechnung erlassen. Ob damit der Vergeltungssucht seiner Exfreundin ein Ende gesetzt wurde oder ob ihre Rachegelüste durch diesen teilweisen Schuldenerlass noch zusätzlich geschürt wurden, erfahren wir nicht. Klar ist jedenfalls, dass es für beide Seiten eine unerquickliche Geschichte gewesen sein muss, die vermutlich nicht so schnell beigelegt wurde.

Rache ist süß, sagt das Sprichwort, aber in Wahrheit hat sie einen bitteren Nachgeschmack und wirkt wie Gift. Schon deshalb lohnt es sich, zu lernen, Rachegefühle loszulassen und auf Vergeltungsmaßnahmen zu verzichten. Man hilft dadurch nicht allein dem anderen, sondern auch (und oft vor allem) sich selbst. Sie können gewiss sein, dass diese Frau in Wien nächtelang wach gelegen hat – erst aufgebracht über ihren Freund, der sie hatte sitzen lassen, später immer wütender und verbitterter, erfüllt von Rachegedanken. Sie können sicher sein, dass sie kein glücklicher Mensch war während der Wochen und Monate, in denen sie ihn mit Briefen und Anrufen verfolgte. Sie können sicher sein, dass ihr Leben immer mehr aus den Fugen geriet, je mehr sie sich in diese Geschichte hineinsteigerte. Ob sie während der Wochen, in denen ihr Exfreund im Ausland und die Telefonverbindung nach Amerika offen war, ruhig und entspannt lebte? Ich glaube kaum. Wird sie später, als die Sache publik wurde und beide namentlich in den Zeitungen erwähnt wurden, nicht gewünscht haben, sie wäre anders damit umgegangen? Ich glaube schon.

Harre auf den Herrn, so wird er dich retten!

Wir kommen nun zum zweiten Teil von Salomos Ausspruch: »Harre auf den Herrn, so wird er dich retten!« (Sprüche 20,22b). Er enthält eine Aufforderung (harre) und eine Verheißung (er wird dich retten).

Mit »auf den Herrn harren« ist nicht ein passives »Abwarten« gemeint, sondern ein aktives »Erwarten«, ein festes Rechnen mit der Hilfe Gottes. Und da liegt für viele von uns das Problem. Wie oft erleben wir es doch, dass ein großes Unrecht geschieht, das weder von Menschen, die dies miterleben, noch von einem Gericht bestraft wird ... und so wie es aussieht, auch nicht von Gott. Die Opfer sexuellen Missbrauchs können ein Lied davon singen. Noch Jahre später haben sie mit enormen Problemen zu kämpfen, während die Täter ihre Hände in Unschuld waschen oder sogar weitermachen mit ihren Verbrechen. Wer von seinem Partner betrogen und verlassen wurde, muss selber sehen, wie er zurechtkommt, sei es allein oder mit Kindern, während der (die) andere die gemeinsame Vergangenheit einfach abgehakt und mit seiner (ihrem) Geliebten ein neues Kapitel angefangen hat. Wer am Arbeitsplatz durch den hässlichen Schachzug eines Kollegen oder einer Kollegin nicht befördert oder gar entlassen wurde, muss traurig mit ansehen, wie dieser Kollege sich in seinem Erfolg sonnt, ohne in irgendeiner Form zur Rechenschaft gezogen zu werden. Wer durch hässliche Gerüchte öffentlich in Misskredit gebracht wurde und dies nicht rückgängig machen kann, muss tagtäglich mit den Folgen des Unrechts kämpfen, das andere ihm angetan haben. Was soll man in solch einer Situation anfangen mit Worten wie: »Harre auf den Herrn, so wird er dich retten!« oder »Mein ist die Rache; ich will vergelten, spricht der Herr« (Römer 12,19)?

In unserer Not lechzen wir oft danach, dass Gottes Vergeltung sichtbar wird, und flehen in unseren Gebeten darum. Auch der Prophet Jeremia, der mit so viel Widerstand konfrontiert wurde, flehte Gott aus tiefstem Herzen an, Rache zu nehmen an seinen Bedrängern: »Du aber, Herr, du kennst mich, du siehst mich und prüfst mein Herz, wie es zu dir steht. Reiße sie fort wie Schafe zur Schlachtung und weihe sie für den Tag des Abschlachtens!« (Jeremia 12,3), und: »Geschrei soll man hören aus ihren Häusern, wenn du plötzlich Streifscharen über sie bringst« (Jeremia 18,22). Jeremia hatte zu diesem Zeitpunkt noch einiges vor sich: Er würde im Gefängnis landen und in eine Zisterne geworfen werden. Die Menschen, denen er das Reden Gottes verkündete, damit sie leben sollten, wünschten ihm den Tod! Wo war Gott? Wo … blieb er? Es war zum Verzweifeln! Kommt uns das nicht bekannt vor? In solchen Situationen, in denen offensichtlich Unrecht geschieht, meldet sich oft das Gefühl zu Wort, dass unsere Gebete nicht die geringste Wirkung haben. Der Herr scheint sich nicht zu rühren und von Gerechtigkeit kann keine Rede sein.

Es ist gut, immer wieder einmal zurückzuschauen, um herauszufinden, ob Gott sich in der Vergangenheit für seine Kinder eingesetzt hat, wenn diese von anderen verletzt oder enttäuscht wurden. In 1. Mose 12 lesen wir, dass der Herr den Pharao von Ägypten schlug, nachdem dieser Sara in seinen Harem aufgenommen hatte. Wir wissen nicht, wie lange sich Sara in seinem Palast aufgehalten hat, bevor Gott eingriff und den Pharao strafte, aber er tat es! Zu einem späteren Zeitpunkt in der Geschichte des jüdischen Volkes wurde wieder ein Pharao von Gott geschlagen. Unter seiner Herrschaft war das Volk schwer unterdrückt und zu Fronarbeit gezwungen worden. Er war derjenige, der angeordnet hatte, alle jüdischen Jungen direkt nach ihrer Geburt zu töten. Wie lange haben die Juden Gott damals angefleht, einzugreifen und sein Volk zu rächen? Sie lebten insgesamt etwa 400 Jahre in Sklaverei; das bedeutet, sie mussten vier Jahrhunderte lang warten, ehe Gott die Ägypter mit schrecklichen Plagen für das Unrecht bestrafte, das sie seinem Volk angetan hatten. Es bedeutet, dass Generation auf Generation gebetet und gewartet hat, dass zahllose Juden damit gerechnet haben, dass Gott Vergeltung üben würde an ihren Unterdrückern, *ohne dass sie dies jemals erlebten*. Für sie wird es eher so ausgesehen haben, als ob Gott sich nicht um das Unrecht kümmerte, das sie dort erlitten. Und doch sah Gott es und griff ein; er nahm Rache für sein Volk, aber zu seiner Zeit! Oder, wie die Bibel manchmal sagt, »zur bestimmten Zeit«.

Es wird uns nirgendwo versprochen, dass Gott direkt eingreift in dem Sinne, dass er den Schuldigen am Kragen packt, ihm eine Lektion erteilt, ihn außer Gefecht setzt, die entstandene Situation zum Guten wendet und uns wieder zu Ehre und Ansehen verhilft. Was uns jedoch versprochen wird, ist erstens, dass der Herr für uns kämpfen wird (2. Mose 14,14), und zweitens, dass in Stillsein und Vertrauen unsere Stärke ist (Jesaja 30,15). Dies beides – Stillsein und Vertrauen – müssen wir lernen und üben.

»Das hört sich alles sehr schön an, aber das bringe ich nicht fertig«, denken Sie jetzt vielleicht. »Ich begreife auch nicht, dass Gott nichts gegen das Unrecht, das mir angetan wurde, unternimmt!« Niemand wird bestreiten, dass es manchmal sehr schwierig sein kann, auf Gott zu »harren«. Aber wir müssen davon ausgehen, dass Gott damit immer eine Absicht verfolgt. Gerade dieses Warten auf Gott, so schwierig es auch ist, kann ganz wichtig sein für unser persönliches Wachstum. Vielleicht möchte Gott uns dadurch reinigen, vielleicht möchte er uns zeigen, wer und wie wir in seinen Augen sind, und vielleicht sollen wir auch lernen, was an unserer eigenen Einstellung und unserem eigenen Verhalten in der betreffenden Situation falsch ist – auch wenn wir das vielleicht nicht wahrhaben wollen. In den Versen, die auf Sprüche 20,22 folgen, lesen wir Worte wie *verstehen* (den Weg des Menschen), *aussondern* (die Gottlosen), *durchforschen* (die Kammern des Leibes). Es ist gut möglich, dass wir in diesem Prozess offene Augen bekommen für unsere eigenen »blinden Flecken«. Allzu oft sehen wir über unsere eigenen Schattenseiten hinweg, während wir die Fehler anderer haarscharf wahrnehmen. Jesus weist in Matthäus 7,3 darauf hin: »Was aber siehst du den Splitter, der in deines Bruders Auge ist, den Balken aber in deinem Auge nimmst du nicht wahr?« (siehe auch Vers 4f). All diese Dinge erfordern Zeit. Außerdem brauchen wir Zeit, um das, was wir erkannt haben, in die Tat umzusetzen. Im Warten wird uns diese Zeit geschenkt. Es geht darum, dass unsere Entrüstung verwandelt wird in Sanftmut, unsere rebellische Wut in stilles Vertrauen, unsere Rachsucht in Vergebungsbereitschaft, unser Festhalten am Bösen in die Bereitschaft, das Unrecht loszulassen, unser Aufbegehren gegen Gott (»Warum trittst du nicht für mich ein?!«) in demütige Hingabe (»Vater, was du tust, das ist gut«). Es muss nicht so sein, dass die Situation sich verändert, während wir warten, aber wir selbst verändern uns, und früher oder später werden wir entdecken, dass diese Veränderung heilsam ist. Was der Herr in der Zwischenzeit für den anderen bereithält, ist nicht unsere Sache. Er kann ihm eine Strafe auferlegen, aber er kann ihm ebenso gut auch Heilung schenken. Wenn wir für Letzteres beten können, statt von Gott zu verlangen, so zu handeln, wie es unseren Vorstellungen und unserem Terminplan entspricht, sind wir schon ein ganzes Stück weitergekommen. Dann hat der Herr übrigens auch seine Verheißung erfüllt, dass er uns helfen wird – denn dadurch, dass Gott unser Herz verändert hat, ist *uns* geholfen!

In Psalm 55 klagt David über eine Situation, die ihn sehr bedrückt. Die Umstände, unter denen er diesen Psalm schrieb, werden uns nicht mitgeteilt, aber es wird deutlich, dass David geplagt wurde von jemandem, der zuvor ein guter Freund gewesen war. Es ging um einen Mitgläubigen, der ihm nahe gestanden hatte (»mein Freund und mein Vertrauter«; Vers 14). Davids Worte lassen darauf schließen, dass er das Unrecht und den Verrat, der an ihm verübt worden war, kaum ertragen konnte (»Denn nicht ein Feind höhnt mich, sonst würde ich es ertragen; nicht mein Hasser (…) sondern du, ein Mensch meinesgleichen«; Vers 13f). David tat das Einzige, was ihm in dieser Situation übrig blieb: Er schüttete Tag und Nacht sein Herz aus vor dem ewigen Gott (»Abends und morgens und mittags klage und stöhne ich; und er hat meine Stimme gehört (…) er thront ja von alters her«; Vers 18.20). In all seinem Elend hatte David sein Vertrauen zu Gott offenbar nicht verloren. David beendet seinen Psalm mit einem starken Glaubensbekenntnis: »Wirf auf den Herrn deine Last, und er wird dich erhalten; er wird nimmermehr zulassen, dass der Gerechte wankt. Und du, Gott, wirst sie hinabstürzen in den Brunnen der Grube; die Männer des Blutes und des Betruges werden ihre Tage nicht zur Hälfte bringen. Ich aber will auf dich vertrauen« (Vers 23f). Das sind starke Worte von einem Mann, der in seinem Leben viel Unrecht ertragen musste und darin auf Gott zu vertrauen lernte.

Salomo sagt in Sprüche 28,25f: »(…) wer aber auf den Herrn vertraut, wird reichlich gesättigt.« Und David sagt: »(…) wer auf den Herrn vertraut, den umgibt er mit Gnade« (Psalm 32,10). An anderen Stellen (z.B. in Psalm 31,9) spricht er darüber, dass Gott seine »Füße auf weiten Raum gestellt« hat, ein Thema, auf das ich in meinem Buch *Wenn du dich nur noch machtlos fühlst*[22] näher eingegangen bin. Dieses »auf weiten Raum stellen« gibt uns im ganz wörtlichen Sinne Raum und Luft. Salomo bekräftigt:

»(…) wer aber auf den Herrn vertraut, ist in Sicherheit« (Sprüche 29,25). Wer seine Hoffnung auf Gott gesetzt und bei ihm Zuflucht gefunden hat, kommt nicht zu Fall, wenn ihm Unrecht geschieht. Im Gegenteil: Von dieser Position aus kann er sogar erstaunlich sanftmütig reagieren (lesen Sie hierzu beispielsweise 1. Samuel 24,7.13.16 sowie 1. Samuel 26 und 2. Samuel 16,5-14).

Vier Prinzipien

Wie sollen wir uns nun konkret verhalten, wenn uns ein großes Unrecht zugefügt wurde? Wie handhaben wir diese Situation, und wie gehen wir mit der Person (den Personen) um, die es uns angetan hat (haben)? Im Folgenden nenne ich vier biblische Prinzipien, die wir in solch einer Lage unbedingt befolgen müssen, damit wir nicht von Bitterkeit und Rachegedanken zerfressen werden. Wir finden diese Prinzipien in der Bergpredigt.

»Seid nun barmherzig, wie auch euer Vater barmherzig ist«, sagt Jesus in Lukas 6,36. Gleich danach (der Zusammenhang ist deutlich) nennt er die beiden ersten Prinzipien, um die es mir hier geht: »(…) *verurteilt nicht*, und ihr werdet nicht verurteilt werden. *Lasst los*, und ihr werdet losgelassen werden« (Lukas 6,37). Das dritte Prinzip finden wir in einem Abschnitt mit der Überschrift »Rechtes Vergelten: Feindesliebe« (!), und es lautet: »(…) *betet für die*, die euch beleidigen« (Lukas 6,28). Das vierte Prinzip ist das allerwichtigste: *vergeben*. Wir finden dieses Wort in Matthäus 6,14 und in manchen Bibelübersetzungen auch in Lukas 6,37 (wo die Elberfelder Bibel mit »loslassen« übersetzt). Ich komme bei der Besprechung des zweiten Prinzipes auf diesen Vers zurück. Vergebung ist deshalb so zentral und unumgänglich, weil sie der Schlüssel zu unserer persönlichen, geistlichen und emotionalen Freiheit ist. Nicht selten ist sie sogar der Schlüssel zu körperlicher Heilung.

[22] Noor van Haaften: *Wenn du dich nur noch machtlos fühlst*, © der deutschen Ausgabe: Hänssler Verlag, Neuhausen 1998.

1) Nicht verurteilen (Lukas 6,37)

Wenn uns Unrecht zugefügt wurde, haben wir in der Regel mit einer Mischung aus Trauer und Empörung zu kämpfen. Ich sage ganz bewusst »Mischung«, denn meist ist es tatsächlich so, dass unsere Tränen einhergehen mit Zorn und umgekehrt. Wenn der Zorn die Oberhand gewinnt und Rachegedanken hervorbringt, befinden wir uns in einer gefährlichen Lage. Wir tragen dann ein Urteil mit uns herum, das nicht nur dem anderen schadet, sondern auch uns selbst. Wer einen anderen verurteilt, wünscht ihm Böses; er soll spüren, was er uns angetan hat, und dafür büßen. Der Druck dieses negativen Wunsches (der die unangenehme Eigenschaft hat, immer stärker zu werden) wirkt sich negativ auf unser eigenes Leben aus. Er zieht uns herunter und lähmt uns wie eine Eisenkugel, die am Fuß eines Gefangenen hängt. Außerdem hindert er das Wirken des Heiligen Geistes in uns, der wegen des Richtgeistes, der sich unser bemächtigt hat, keinen Raum mehr in uns findet. Das negative Urteil, das wir über unsere(n) Mitmenschen gesprochen haben, muss aufgehoben werden; nur so können wir befreit werden und uns wieder für das Gute öffnen, das Gott schenken will.

Achten Sie darauf, was Jesus seinen Jüngern einschärft: »Richtet nicht, und ihr werdet nicht gerichtet werden; und verurteilt nicht, und ihr werdet nicht verurteilt werden« (Lukas 6,37). Paulus nimmt diesen Gedanken im Römerbrief auf: »Deshalb bist du nicht zu entschuldigen, o Mensch, jeder, der da richtet; denn worin du den anderen richtest, verdammst du dich selbst« (Römer 2,1). Später schreibt er: »Du aber, was richtest du deinen Bruder? Oder auch du, was verachtest du deinen Bruder? Denn wir werden alle vor den Richterstuhl Gottes gestellt werden (…) Also wird nun jeder von uns für sich selbst Gott Rechenschaft geben« (Römer 14,10.12). Denken Sie auch an Jesu Gleichnis vom Splitter und vom Balken, in dem es ja ebenfalls darum geht, nicht über andere zu richten (Matthäus 7,1-5).

Das Prinzip ist eigentlich einfach: Ein Sünder hat nicht das Recht, einen anderen Sünder zu verurteilen. Tun wir das doch, dann kommt unser Urteil wie ein Bumerang zu uns selbst zurück, mit allen unangenehmen Folgen. Das Umgekehrte gilt jedoch auch:

Wer selbst barmherzig ist, wird Gottes Barmherzigkeit immer besser kennen lernen und erfahren.

Eine Frau, deren Mann bei einem Verbrechen umkam, beschloss sofort nach dem Vorfall, den (die) Täter nicht zu verurteilen. Nicht, dass sie das Böse, Verbrecherische dieser Tat leugnete oder sich scheute, es beim Namen zu nennen – das tat sie durchaus und das ist auch in Ordnung: Das Unrecht (und der Schmerz, den es nach sich zieht) darf ausgesprochen werden. Sie begriff jedoch: Wenn es ihre Aufgabe wäre, ein Urteil zu fällen und für Vergeltung zu sorgen, käme sie damit nicht zurecht. Sie bezweifelte, ob sie sich selbst genügend in der Hand hätte, und hätte für nichts garantieren können. Daher bat sie Gott darum, in dieser Sache für Gerechtigkeit zu sorgen und für sie einzutreten; dadurch wurde sie, wie sie selber sagte, »befreit von einer bösen Last und verwirrenden Gefühlen«. Dadurch, dass sie auf ein Urteil verzichtete, bekam sie den Freiraum, sich auf ihre Wiederherstellung und ihre Zukunft zu konzentrieren.

2) Loslassen (Lukas 6,37)

In seinem »Gesetz der Liebe« nennt Jesus das Wort »loslassen« beinah in einem Atemzug mit »verurteilen«: »Und richtet nicht (…) und verurteilt nicht (…) Lasst los, und ihr werdet losgelassen werden« (Lukas 6,37). Wie schon angedeutet, verwendet (u.a.) die Lutherbibel in diesem Vers das Wort *vergeben* statt *loslassen*. Es ist jedoch klar, dass dasselbe gemeint ist: Wir sollen unseren Gegner *loslassen*, das heißt darauf verzichten, ihn zu verurteilen, und ihm stattdessen *vergeben*. Es ist meine Überzeugung (und Erfahrung), dass Loslassen und Vergeben in der Praxis eng miteinander verknüpft sind – das eine ist kaum ohne das andere möglich. Trotzdem betrachten wir das Loslassen hier auch als einzelnes Prinzip. »Lasst los, und ihr werdet losgelassen werden« ist ein sehr wahres Wort: Wer bereit ist, ein großes Unrecht, das ihm geschehen ist, loszulassen, wird nach und nach feststellen, dass er selbst frei wird sowohl von dem Geschehnis als auch von demjenigen, der es ihm angetan hat. Was er loslässt, wird auch ihn loslassen. Anders gesagt: Loslassen ist ein entscheidender Schritt zur inneren Freiheit. Es ist wie beim Tauziehen. Der Kampf ist ausgekämpft in dem Moment, in dem ich das Tau loslasse. Indem ich loslasse, bin ich dem Griff des anderen entkommen. Er kann ziehen, so viel er will, er zieht nicht mehr an mir.

Daniel und Jan waren gute Freunde und Geschäftspartner, bis sich herausstellte, dass Jan seinen Freund jahrelang finanziell betrogen hatte. Das führte zu einem Abbruch sowohl der geschäftlichen Beziehungen als auch des privaten Kontaktes. Daniel kam einfach nicht über die Sache hinweg; das Geschehene fraß an ihm und erfüllte ihn mit einem solchen Zorn, dass er nicht mehr ein noch aus wusste. »Meine Gedanken kreisten unablässig um das, was passiert war«, sagt Daniel. »Es nahm immer mehr Raum in meinem Leben ein, bis ich nur noch ein einziger Klumpen Wut und Bitterkeit war. Wenn ich mit meinem Auto an Jans Haus vorbeifuhr, wurde ich nicht bloß zornig und bekam Herzklopfen, es kam sogar so weit, dass ich den Mann, der einmal ein so guter Freund von mir gewesen war, lauthals verfluchte. Dieser Fluch wurde beinah zu einem persönlichen Mantra, ich ging damit zu Bett und stand damit auf. Jan saß buchstäblich in meinem Kopf, er war der Letzte, an den ich dachte, bevor ich einschlief, und der Erste, der mir einfiel, wenn ich morgens wach wurde. Ich kann Ihnen versichern, dass ich nicht im Frieden einschlief und auch nicht fröhlich wach wurde.« Es ist guten Freunden zu verdanken, dass Daniel schließlich bewusst wurde, was seine Bitterkeit und Rachsucht in ihm selbst anrichteten. Dadurch, dass er dem Bösen so viel Raum gegeben hatte, hatte er sich buchstäblich einwickeln lassen; er befand sich im Würgegriff der alten Schlange, der wir bereits im ersten Buch Mose begegnen. Gott sei es gedankt, dass ihm dies schließlich klar wurde. Er begriff, dass er mit Haut und Haaren an den Mann gebunden war, der ihm Unrecht zugefügt hatte. Als er erkannte, dass er lernen musste, sowohl das Unrecht als auch denjenigen loszulassen, der es ihm angetan hatte, war dies der erste Schritt in die Freiheit.

In meinem Arbeitszimmer hängt seit Jahren ein Poster mit dem Bild einer Möwe, die mit weit ausgebreiteten Flügeln über die Erde schwebt. Daneben stehen die Worte »Let Go, Let God!« (Lass los, lass Gott!). Darum geht es hier! Das Böse wirklich voll und ganz loszulassen bedeutet, es Gott zu übergeben. Wir bringen das ganze Paket zum Kreuz – das Ereignis selbst, den Täter, unseren Schmerz und all unsere Gefühle (die wir keinesfalls zu verdrängen brauchen). Wir lassen unsere Verbitterung los und auch unsere Opferrolle. Jedes Mal, wenn das Ereignis wieder in aller Heftigkeit an die Oberfläche kommt (und dafür braucht es oft nicht viel), ist es an uns, zu entscheiden, wie wir damit umgehen. *Dass* es geschieht, können wir nicht verhindern. Aber *wie* wir darauf reagieren, liegt an uns!

Von Jesus heißt es: »(…) der, geschmäht, nicht wieder schmähte, leidend, nicht drohte, sondern sich dem übergab, der gerecht richtet« (1. Petrus 2,23). Das Resultat dieser Haltung war vollkommene Freiheit. Selbst am Kreuz blieb Jesus frei von Rachegefühlen, und es kam kein böses Wort aus seinem Mund. Er richtete den Blick bewusst nach oben und erwartete Stärkung von Gott. Er ließ sich nicht gefangen nehmen von dem, was hier auf Erden geschah, einschließlich all des Unrechts, das ihn, den völlig Schuldlosen, getroffen hatte. Wir dürfen uns darin üben, dasselbe zu tun: nicht zurückblicken auf das, was uns angetan wurde, nicht zulassen, dass Unrecht und Schmerz uns überwältigen und ersticken, sondern aufblicken zu demjenigen, von dem unsere Hilfe kommt! Dann werden wir die Erfahrung machen, dass das Geschehene mit der Zeit immer weniger Macht über uns hat.

3) Beten (Lukas 6,28)

»Aber euch, die ihr hört, sage ich: (…) betet für die, die euch beleidigen!«, sagt Jesus in Lukas 6,27f. Und in Matthäus 5,43-45 lesen wir: »Ihr habt gehört, dass gesagt ist: Du sollst deinen Nächsten lieben und deinen Feind hassen. Ich aber sage euch: Liebt eure Feinde, und betet für die, die euch verfolgen, damit ihr Söhne eures Vaters seid, der in den Himmeln ist!« Diese Worte Jesu sind, wie gesagt, Teil der Bergpredigt, jener langen und revolutionären Rede, die Jesus seinen Jüngern hielt über die Rechte und Pflichten von Menschen, die zum Königreich Gottes gehören (nachzulesen in Matthäus 5-7 sowie Lukas 6,20-49). Der Inhalt der Rede muss für die Jünger nicht nur überraschend, sondern geradezu umwerfend gewesen sein! Immer wieder zitierte Jesus das alte, bekannte Gesetz, dann aber kam eine unerwartete Wendung. Immer wieder sagte er: »Ihr habt gehört, dass gesagt ist (…) *Ich aber* sage euch« (zum Beispiel Matthäus 5,27f.31f.33f.38f.43f). In der Bergpredigt legt Jesus das überlieferte Gesetz aus, indem er es von der Perspektive des »Himmelreiches« her erläutert. Der rote Faden ist nicht länger die Gerechtigkeit durch Werke, sondern die überfließende Gnade Gottes, die seiner unendlichen, bedingungslosen Liebe und Barmherzigkeit entspringt. All dies ist in Christus manifest geworden, und all dies soll auch in seinen Jüngern sichtbar sein: »(…) damit ihr Söhne eures Vaters seid, der in den Himmeln ist!«

Hier stehen wir vor einer der größten Herausforderungen: Wir sollen unsere Feinde lieben und für unsere Verfolger beten (Matthäus 5,43-44). Also für diejenigen, die uns enttäuscht oder verletzt haben! Die Frage, die Jesus uns stellt, ist folgende: »Bist du bereit, nicht nur das Unrecht hinter dir zu lassen und deinen ›Quälgeist‹ nicht zu verurteilen, sondern darüber hinaus für ihn zu beten, statt ihn zu verwünschen? Und sogar … ihn lieb zu haben?« Es scheint ein unmögliches Unterfangen, aber wer diese Dinge übt, wird entdecken, dass er sich auf einem heilsamen Weg befindet. Lieben statt hassen – Jesus hat es uns vorgelebt, und Stephanus trat in seine Fußtapfen. Statt ihre Feinde zu verfluchen, haben beide für sie gebetet; sie wollten das Gute für ihre Feinde!

Die oben erwähnte Frau, deren Mann bei einem Verbrechen ums Leben gekommen war, tat dasselbe: Sie betete für die Täter. Zuerst betete sie vor allem, dass sie zur Verantwortung gezogen würden – dass der Herr sie beim Kragen packen und bestrafen möge. Anfänglich neigte sie noch dazu, dem Herrn Vorschläge zu machen, wie er handeln sollte. Im Laufe der Zeit merkte sie jedoch, dass die Richtung und der Charakter ihrer Gebete sich veränderten. Sie strebte nicht länger danach, dass Gott die Täter richtete, sie betete um … sein Erbarmen. Sie segnete, statt zu verfluchen. Ihre Haltung brachte ein schönes Resultat hervor: Trotz ihres Kummers war sie eine starke Frau, und sie besaß eine so auffällige Sanftmut und Barmherzigkeit, dass man sich – vor allem angesichts dessen, was ihr widerfahren war – nur darüber wundern konnte.

4) Vergeben (Lukas 6,37 [L]; siehe auch Matthäus 6,12)

Wenn ich in diesem Kapitel über Bitterkeit und Rachsucht auch das Thema Vergebung anspreche, dann tue ich dies in dem tiefen Bewusstsein, dass alles, was in diesen Bereich fällt, leichter gesagt als getan ist. Ich tue es jedoch auch mit Freimut, weil Vergebung ein biblisches Gebot ist, dessen Befolgung sich heilsam auf alle Beteiligten auswirkt. In Wahrheit verhält es sich nämlich so, dass die drei oben genannten Prinzipien nicht vollkommen umgesetzt werden können, wenn keine Vergebung stattfindet. Dieses vierte Prinzip steht über allen anderen; es ist der Hauptschlüssel am Schlüsselbund und der einzige Schlüssel, der die Tür zu unserer emotionalen und geistlichen Freiheit aufschließen kann.

Um wirklich zu erfassen, was Vergebung bedeutet, wollen wir uns noch kurz damit beschäftigen, was es bedeutet, nicht zu richten und loszulassen. Nicht zu richten bedeutet, von einem Urteil abzusehen und darüber hinaus auch von unserem vermeintlichen Recht, den anderen zur Rechenschaft zu ziehen und ihn zu bestrafen. Loslassen bedeutet, sich dafür zu entscheiden, die Augen von dem Unrecht und dem »Täter« abzuwenden. Um noch einmal auf das praktische Beispiel des Tauziehens zurückzukommen: Es bedeutet, das Tau loszulassen. Es ist die Entscheidung, den Blick zu richten auf das, »was droben ist« (Kolosser 3,1f), und dem Irdischen keine Macht über sich zu geben. Vergeben geht noch einen Schritt weiter: Man erlässt dem anderen die Schuld. Mit anderen Worten: Man *ent-schuldigt* ihn.

Der amerikanische Psychologe Dr. David Stoop schreibt: »Wenn andere uns etwas Böses tun oder Schmerzen zufügen, dann empfinden wir dies oft so, als hätten sie uns etwas weggenommen, das uns gehört hat – unseren Frieden, unsere Freude, unser Glück, unsere Selbstachtung –, und als seien sie uns dies nun schuldig. Wir sind wie ein Bankdirektor, der auf die Bezahlung einer Schuld dringt bei jemandem, der dazu nie imstande sein wird. ›Deine Probleme interessieren mich nicht‹, sagen wir. ›Du hast mich verletzt und dafür wirst du bezahlen.‹ Wir brauchen nicht so zu tun, als habe die Schuld nie bestanden, aber wir vergeben ihm: ›Du bist mir nichts mehr schuldig.‹«[23] Indem wir vergeben, sprechen und lassen wir den anderen frei (Matthäus 18,27; L).

Wenn es um Vergebung geht, gibt es immer drei Betroffene. Zunächst geht es um *den anderen*, das ist klar. Was der- oder diejenige in Bezug auf die Vergebung tut, ist übrigens seine/ihre Sache, es darf unsere Entscheidung nicht beeinflussen. Das beinhaltet, dass Vergebung einseitig sein kann – was übrigens nicht bedeutet, dass sie dann nicht »vollwertig« ist. Es gibt Menschen, die unterstreichen, dass Vergebung nur dann möglich ist, wenn der Täter Reue zeigt. Auch wenn dazu beispielsweise auf Lukas 17,3 verwiesen wird – die Gesamtaussage der Schrift ist weiter gefasst! Gott verlangt von uns, dass wir dem anderen vergeben, und zwar vorbehaltlos, ohne Wenn und Aber.

Damit sind wir bei dem zweiten Betroffenen: *Gott*. Er ist derjenige, der letztlich unser aller Gläubiger ist; nicht nur der »Täter«, sondern auch ich als »Opfer« bin vor ihm schuldig. Aber … in Christus hat er mir all meine Schuld erlassen (siehe etwa Kolosser 2,13b.14). Es gibt zwei Gründe, warum ich selbst vergeben muss. Der wichtigste: Gott verlangt es von mir. Die Aufforderung »Vergebt einander« (unter anderem Epheser 4,32; Kolosser 3,13) ist und bleibt ein biblischer Auftrag. Wir müssen lernen, dass das, was Gottes Wort von uns verlangt, gut und heilsam für uns ist, auch wenn es uns manchmal nicht leicht fällt (siehe Römer 12,2). *Es geht hier nicht darum, eine persönliche Kosten-Nutzen-Rechnung aufzustellen, sondern einzig und allein darum, dass Gott es von uns verlangt.* Der zweite Grund, warum wir vergeben müssen, ist Gottes überfließende Barmherzigkeit uns gegenüber. Wenn wir erfahren, wie großzügig Gott *uns* vergibt, dann veranlasst uns das dazu, anderen zu vergeben (Kolosser 3,13; Epheser 4,32; denken Sie hier auch wieder an Lukas 6,36: »Seid nun barmherzig, wie auch euer Vater barmherzig ist«). *Es geht hier nicht um die Frage, wie oft jemand uns verletzt hat oder ob er unsere Vergebung verdient, sondern darum, dass wir auf Gottes Gnade reagieren.*

[23] Dr. David Stoop und Dr. James Masteller: *Forgiving Our Parents, Forgiving Ourselves*, Servant Publications, Ann Arbor, Michigan o.J.

Der/die dritte Betroffene bin *ich selbst*. Dass ich vergebe, ist von entscheidender Bedeutung für meine eigene emotionale und geistliche Gesundheit und Freiheit. Wer nicht vergibt, läuft Gefahr, in den Würgegriff von Hass, Bitterkeit und Rachsucht zu geraten. Diese negativen Kräfte können uns vollkommen in ihre Gewalt bringen und fesseln. Wer an seinem Groll festhält, schadet damit vor allem sich selbst.

Vergebung fällt niemandem leicht. Wir stehen vor dem Dilemma, dass uns auf der einen Seite das Wort Gottes die Notwendigkeit zur Vergebung deutlich vor Augen stellt und auf der anderen Seite die »widerspenstige Wirklichkeit« uns einredet, dass wir dazu unmöglich imstande sind.

Ich denke an Ellen (40), die in ihrer Jugend emotional schwer missbraucht wurde. Dank professioneller Hilfe und der Unterstützung treuer Freunde war sie so weit darüber hinweggekommen, dass sie nun auf eigenen Beinen stand und nicht mehr völlig von ihrer Vergangenheit beherrscht wurde. Eines jedoch war ihr nicht gelungen: Sie konnte ihren Eltern, mit denen sie gebrochen hatte, nicht vergeben. Die Folge war, dass sie immer wieder von negativen Gefühlen überwältigt wurde, die sie enorm belasteten. Wieder und wieder versuchte sie mit aller Kraft, ihre Eltern aus ihren Gedanken zu verbannen, aber es gelang ihr nicht wirklich. Sie hatte ihr Leben zwar so einigermaßen im Griff, aber sie schleppte Ballast mit sich herum, der sie immer wieder straucheln ließ.

Eines Tages legte sie einem Psychologen ihre Not vor und fragte ihn, ob Gott seiner Meinung nach von ihr wollte, dass sie ihren Eltern vergab. Sie fügte hinzu: »Das kann er doch nicht von mir verlangen!« Der (christliche) Psychologe zeigte viel Verständnis für Ellens Situation und für ihre Frage. Er ließ keinen Zweifel daran, dass Vergebung grundsätzlich ein biblischer Auftrag ist, meinte jedoch, dass es unter bestimmten Umständen einfach zu viel verlangt sei, Vergebung zu fordern. Das große Dilemma von uns Christen sei seiner Ansicht nach, dass wir es einerseits mit *Gottes Wort* zu tun haben und andererseits mit der *widerspenstigen Wirklichkeit*. Durch das ihr zugefügte Leid und die Tatsache, dass ihre Eltern nicht zu einem ehrlichen Gespräch bereit waren, sei es für Ellen sehr schwer, wenn nicht gar unmöglich, ihren Eltern zu vergeben.

Der Psychologe kam schließlich zu dem »barmherzigen« Ergebnis, dass Gott Verständnis für Ellens Nöte hätte und dass es wirklich zu viel verlangt sei, dies von ihr zu erwarten.

So barmherzig dieser Psychologe auch war, ich fürchte, dass seine Antwort Ellen nicht wirklich geholfen hat. Er hatte auf die »harte Realität« geschaut und seinen Rat darauf gegründet. Sein Verständnis für Ellens Problem war so groß, dass er den biblischen Auftrag zur Vergebung ihrer Not unterordnete. Er glaubte, damit barmherzig zu sein, aber er sah über die Tatsache hinweg, dass Gottes Auftrag zur Vergebung barmherziger ist als seine eigene Lösung, die darin bestand, die Sache auf sich beruhen zu lassen. Vom menschlichen Standpunkt aus war es in der gegebenen Situation wirklich zu viel verlangt, von Ellen zu erwarten, dass sie ihren Eltern vergab. Vom menschlichen Standpunkt aus! Aber von Gottes Standpunkt aus war (und ist) es notwendig. Gott weiß, was mangelnde Vergebung in einem Menschenleben bewirkt – nämlich Niedergang und Zerstörung. Vergebung hingegen bewirkt Heilung und Aufbau. Solange Ellen ihren Eltern nicht vergibt (was übrigens nicht automatisch beinhaltet, dass die Beziehung wieder hergestellt wird oder je wirklich wieder hergestellt werden kann), wird es ihr nicht gelingen, von ihrer Vergangenheit frei zu werden. Solange sie ihren Eltern ihre Schuld nicht erlassen hat, trägt sie selbst diese schwere Schuld noch mit sich herum. Sie ist wie der zuvor genannte Bankdirektor, der von bestimmten Schuldnern noch Geld zu bekommen hat. Die Forderungen sind erhoben, aber nicht eingelöst worden. Der Bankdirektor kann seinen Schuldnern ihre Schulden nachtragen, aber wenn sie die Forderungen nicht anerkennen und/oder nicht bezahlen wollen, bleiben sie offen. Solange er seine Forderungen seinen Schuldnern gegenüber aufrechterhält, bleibt er durch diese offenen Forderungen an sie gebunden. Will er von dieser unseligen Bindung loskommen, dann muss er ihnen ihre Schulden erlassen. In derselben Weise muss Ellen ihren Eltern vergeben, um frei zu werden von der Last der noch offenen Forderungen. Solange die Schuld nicht getilgt ist, bleibt sie lebendig und übt Macht aus. Ellen bleibt in der Opferrolle – sie überlebt nur, statt wirklich zu leben. Aus diesem Grund ist Gottes Auftrag zur Vergebung ein barmherziger Auftrag. Vergebung befreit!

Wie gesagt, manchmal ist unsere Vergebung einseitig – wir sprechen sie aus, ohne dass dies beim »Täter« ankommt oder ohne dass er darauf reagiert. Es kann sein, dass er keinen Kontakt zu uns wünscht, dass er seine Schuld leugnet oder … dass er nicht mehr lebt. Sie können aber sicher sein, dass Ihre Vergebung bei Gott ankommt. Sie können auch sicher sein, dass Gott Ihnen mit der Möglichkeit zur Vergebung das Heilmittel gegen den zerstörerischen Hass in die Hand gegeben hat. Und dass er selbst Ihnen durch seinen Geist die Kraft zur Vergebung schenken möchte. Mit unseren menschlichen Kräften schaffen wir es vielleicht nicht, aber in der Kraft des Heiligen Geistes ist es möglich. Anders ausgedrückt: Auch wenn es »menschenunmöglich« ist, ist es nicht »geistesunmöglich« (siehe auch Markus 10,27: »(…) bei Gott sind alle Dinge möglich«).

Wir alle, auch Ellen, dürfen tun, was Stephanus damals tat: aufblicken zum Himmel (denken Sie an das »Hinschauen auf Jesus« aus Hebräer 12,2f) und von dort Hilfe erwarten. Als Stephanus seine Aufmerksamkeit voller Vertrauen auf Jesus richtete, wurde die himmlische Wirklichkeit größer als die harte Wirklichkeit auf der Erde. Dieser Verbindung nach oben ist es zu verdanken, dass er nicht in das Unrecht verstrickt wurde, das man ihm in diesem Moment antat, und nicht von Zorn und Rachsucht überwältigt wurde. Er wurde sozusagen über die harte Wirklichkeit hinausgehoben und konnte davon absehen, seine Peiniger zu verurteilen. Ja, er war sogar dazu imstande, *während* seiner Steinigung (also als das Übel noch in vollem Gange war) dafür zu beten, dass Gott ihnen vergab (Apostelgeschichte 7,54-60). Die Verbindung nach oben (das Hinschauen auf Jesus) macht uns frei; die Verbindung nach hinten (der Blick auf das, was uns angetan wurde) fesselt und lähmt uns.

Gerald L. Sittser, der bei einem Verkehrsunfall, den ein betrunkener Fahrer verschuldet hatte, seine Frau, seine Tochter und seine Mutter verlor, schreibt: »Ich frage mich schließlich, ob es wirklich möglich ist, denjenigen zu vergeben, die uns Böses angetan haben, wenn wir nicht zuerst unser Vertrauen in Gott setzen. Der Glaube befähigt uns dazu, das Böse im Licht der Allmacht Gottes zu sehen (…) Ich wusste, dass Gott auf die eine oder andere Weise Herr der Lage war. Wenn es jemanden gab, an den ich mich wenden konnte, dann war er es (…) Mein Glaube an seine Allmacht war nicht immer ein Trost für mich (…), aber er lenkte meine Aufmerksamkeit weniger auf Menschen, wie schlimm ihre Tat auch war, und mehr auf Gott. Ich überließ Gott die Verantwortung für meine Umstände. Ich setzte mein Vertrauen auf ihn; ich diskutierte und stritt auch mit ihm. Wie auch immer, Gott spielte die Hauptrolle.«[24]

Vergeben und … vergessen?

Man hört öfter, dass Vergeben automatisch zum Vergessen führt. Das stimmt einerseits und andererseits auch wieder nicht. Es hängt stark davon ab, was man mit Vergessen meint. Wenn man meint, dass die schlimmen und schmerzlichen Ereignisse völlig aus unserem Gedächtnis gelöscht werden, dann muss ich sagen, dass das nur selten geschieht und auch nicht unbedingt wünschenswert ist. Erinnerungen werden bleiben; wichtig ist, *wie* wir uns erinnern. Vergessen kann dann bedeuten, dass die Bedeutung der vergangenen Geschehnisse sich verändert und diese dadurch ihre Macht über uns verlieren.

Hier noch einmal ein Zitat von Sittser: »Zu vergessen, ist den meisten Menschen angesichts des Ausmaßes ihres erlittenen Schmerzes nicht nur unmöglich – es wäre auch ungesund. Unsere Erinnerungen an die Vergangenheit sind nicht wertneutral. Sie können uns vergiften oder heilen; es kommt darauf an, wie wir uns erinnern. Die Erinnerungen an das Böse, das uns zugefügt wurde, kann uns zu Gefangenen des Schmerzes und des Hasses machen, oder es kann uns zu Empfängern der Gnade, der Liebe und der heilenden Kraft Gottes machen. Wenn wir einen Verlust erleiden, müssen wir dies in unserem Gedächtnis nicht als ein schmerzliches Ereignis speichern, das wie ein turmhohes Denkmal die Landschaft unseres Lebens beherrscht. Nach einem Verlust kann auch die dankbare Erinnerung an das Schöne, das wir einmal besessen haben, im Vordergrund stehen. Ein Verlust kann wirken wie ein Kata-

---

[24] Gerald L. Sittser: *A Grace Disguised. How the Soul Grows through Loss*, © Hodder & Stoughton, UK 1996.

lysator: Er zwingt uns dazu, eine neue Richtung einzuschlagen, so wie eine Sackgasse uns dazu zwingt, umzukehren und einen anderen Weg zu suchen, der uns zu unserem Ziel führt. Wer weiß, was wir unterwegs alles entdecken? Das Leid meiner Kinder, meiner Verwandten, meiner Freunde und mein eigenes Leid sind Teil einer Geschichte, die noch geschrieben wird. Ich erinnere mich noch an das Unglück. Wer könnte diesen Schrecken jemals vergessen? Aber ich erinnere mich auch daran, was seitdem geschehen ist. Wer könnte all dies Schöne jemals vergessen? Mein Gedächtnis ist für mich zu einer Quelle der Heilung geworden. Es erinnert mich an den Schmerz. Aber es sagt mir auch, dass der Verlust nicht nur das Ende von etwas Schönem war; er war auch der Beginn von etwas anderem.«

Irgendwann hat die schmerzliche Erinnerung ihre Kraft verloren; wir müssen nicht länger alle Details, alle Worte, die damals gesagt wurden, hervorholen und unterstreichen. Das tut die Bitterkeit: Sie erinnert sich an jedes Unrecht und hält jedes Detail fest. Ein verbitterter Mensch spricht über Vorfälle, die Jahre zurückliegen, so, als seien sie gestern geschehen. Wenn er demjenigen begegnen sollte, der ihn damals enttäuscht hat, wird er ihm sein Fehlverhalten sofort wieder unter die Nase reiben. Ein Mensch, der dies »nötig hat«, wird beherrscht von altem Schmerz. Seine Mitmenschen haben es schwer im Umgang mit ihm. Bitterkeit macht uns zu »sauren«, hässlichen Menschen. Sanftmut und Vergebungsbereitschaft haben die entgegengesetzte Wirkung.

Zu (innerlich) schönen Menschen werden wir nicht von allein; es geschieht dadurch, dass wir mit unserem Schöpfer zusammenarbeiten. Der Töpfer knetet und formt; der Ton muss dafür sorgen, nicht trocken und hart zu werden, sondern weich und formbar zu bleiben. Weich bleiben wir, wenn wir immer wieder alles Negative ablegen, wenn wir in Situationen, wo uns Unrecht geschieht, loslassen und vergeben und das Richten und Strafen Gott überlassen. Wenn wir unangenehme Erlebnisse hinter uns lassen und uns bewusst von ihnen abwenden, sorgen wir dafür, dass das Alte wirklich Vergangenheit wird und dass Raum für Neues entsteht. Wenn wir nicht mehr zurückschauen, können wir anfangen, nach vorne zu sehen.

Gott sei Dank kommt es vor, dass Menschen, die einmal Feinde waren, wieder aufeinander zugehen können und lernen, freundlich übereinander zu denken (und zu sprechen). Dass sie ohne Hintergedanken und Argwohn miteinander zum Abendmahl gehen können als Geschwister in dem Herrn, der will, dass wir eins sind in ihm. Dass sie vielleicht sogar (wieder) gute Freunde werden. Wobei ich hier noch mal darauf hinweisen möchte, dass Wunden, die andere uns geschlagen haben, meist einen Heilungsprozess erfordern, der einige Zeit in Anspruch nimmt – von Ausnahmen (Wundern!) einmal abgesehen.

Gott stellt unsere Füße auf weiten Raum

Und schließlich: Gott stellt unsere Füße auf weiten Raum (Psalm 31,9). Konkret bedeutet dies, er erlöst uns von allem Bösen, Negativen. Von Bitterkeit und Hass auf diejenigen, die uns Leid zugefügt haben oder noch zufügen. Diese Dinge müssen wir zum Kreuz bringen, sie ganz bewusst zu Jesu Füßen (ab)legen, immer wieder aufs Neue! Möge dann auch sein Gebet über unsere Lippen kommen: »Vater, vergib ihnen.« Diese Bitte impliziert eine andere: »Stärke unseren Willen, damit auch wir vergeben.« Ja: Stärke unseren Willen. In den meisten, wenn nicht allen Fällen beginnt Vergebung mit einer Willensentscheidung, bei der unser Gefühl nicht unbedingt mitkommt. Es ist eher so, dass das Gefühl widerstrebt und heftig protestiert. Und doch gilt: »Lass dich nicht vom Bösen überwinden, sondern überwinde das Böse mit dem Guten!« (Römer 12,21); und: »Seht zu, dass niemand einem anderen Böses mit Bösem vergelte, sondern strebt allezeit dem Guten nach gegeneinander und gegen alle!« (1. Thessalonicher 5,15). Das sind viel bessere und heilsamere »Mantras« als solche, mit denen wir andere verwünschen.

Das Kreuz, zu dem wir kommen, ist leer, denn Jesus ist auferstanden und lebt. Heute, in diesem Moment, sitzt er zur Rechten des Vaters und betet für uns. Er lädt uns ein, zu ihm zu kommen mit all dem Ballast, den wir mit uns herumschleppen, auch dem hässlichen Ballast der Bitterkeit und des übermächtigen Vergeltungsdranges. Er, der Sohn Gottes, ist »nicht ein Hoherpriester, der nicht Mitleid haben könnte mit unseren Schwachheiten«, sondern einer, »der in allem in gleicher Weise wie wir versucht worden ist«, steht in Hebräer 4,15a. Wenn ich das wörtlich nehme, heißt das: Jesus weiß, was es bedeutet, wenn Bitterkeit und Rachsucht an unsere Herzenstür klopfen. Aber er hat diesen Gefühlen keinen Raum gegeben. Er hat alle diese Versuchungen gekannt und ist doch ohne Sünde geblieben (Hebräer 4,15b). Das macht ihn nicht nur zu unserem großen Vorbild, sondern darüber hinaus zu der einzigen Person, die uns wirklich dabei helfen kann, uns entschieden auf die Seite des Guten zu stellen (siehe Hebräer 2,18).

Kapitel 6

Warum seid ihr besorgt?

Matthäus 6,28

Über den Ballast übermäßiger Sorge

Problem:	Sorgen, übermäßige Besorgnis
Wieso Ballast:	Weil (übermäßige) Besorgnis uns daran hindert, Gott unbefangen zu vertrauen
Biblische Person:	Das Volk Gottes
Der Weg zur Freiheit:	Im Vertrauen zu Gott wachsen
Unser Helfer:	Der Heilige Geist – er tröstet uns und schenkt uns Hoffnung und Kraft
Kernvers:	»All eure Sorge werft auf ihn; denn er sorgt für euch«
	(1. Petrus 5,7; L)

Wer aber unter euch kann mit Sorgen seiner Lebenslänge
eine Elle zusetzen?
Matthäus 6,27

Trachtet aber zuerst nach dem Reich Gottes und nach seiner
Gerechtigkeit! Und dies alles wird euch hinzugefügt werden.
Matthäus 6,33

Und siehe, ich bin bei euch alle Tage bis an der Welt Ende.
Matthäus 28,20; L

All eure Sorge werft auf ihn; denn er sorgt für euch.
1. Petrus 5,7; L

O Herr, ich bin in Bedrängnis! Tritt als Bürge für mich ein!
Jesaja 38,14

Euer Herz verzage nicht, fürchtet euch nicht und ängstigt euch nicht
(…) Denn der Herr, euer Gott, ist es, der mit euch zieht.
5. Mose 20,3f

Fürchte dich nicht, denn ich bin mit dir! Habe keine Angst, denn ich
bin dein Gott! Ich stärke dich, ja, ich helfe dir, ja, ich halte dich mit der
Rechten meiner Gerechtigkeit.
Jesaja 41,10

Und ob ich schon wanderte im finstern Tal, fürchte ich kein Unglück;
denn du bist bei mir, dein Stecken und Stab trösten mich.
Psalm 23,4 (L)

Aber der Herr ist mit mir wie ein gewaltiger Held.
Jeremia 20,11

Ich habe noch nie erlebt, dass bei einem Vortrag über (übermäßige) Besorgnis nicht nachdrücklich genickt (oder ein wenig geniert gelacht) wurde. Wir alle wissen, worum es geht. Es mag sein, dass Frauen etwas stärker zu dieser Haltung neigen, aber Männer kennen sie auch. Die Worte Jesu »Seid nicht besorgt« in Matthäus 6,25 sind an seine Jünger gerichtet, mit denen er sich in die Berge zurückgezogen hatte, um ihnen eine eindringliche Lektion darüber zu erteilen, wie Menschen, die zu seinem Reich gehören, zu leben und zu reagieren haben. Dass es dabei auch um das Besorgtsein um alltägliche Dinge ging, zeigt, dass die Jünger dieses Gefühl persönlich kannten.

Wir begegnen in der Tat Momenten von Besorgnis und Angst im Leben dieser selbstbewussten Männer, denken Sie zum Beispiel an das hilflose »Was machen wir nun?«, als mehr als fünftausend hungrige Menschen auf einen Imbiss warteten, oder an das »Hilf mir, Herr, ich versinke!« von Petrus, der von Angst gepackt wurde, als er sich von hohen Wellen umgeben sah. Später, während seiner Rede auf dem Ölberg, sprach Jesus noch einmal ausschließlich zu seinen Jüngern. Diesmal ging es um größere Dinge als um das tägliche Brot oder ein paar hohe Wellen. Er schärfte ihnen ein, nicht in Sorge zu geraten und nicht den Mut zu verlieren, wenn sich das Blatt wenden würde: wenn das Leben schwierig wurde und Leid auf sie zukam.

Wenn Sorge zu Überbesorgtheit wird

»Seid nicht besorgt« und »Fürchtet euch nicht« sind Themen, die in Gottes Wort immer wiederkehren. Wir brauchen diesen Zuspruch dringend. Es braucht nicht so zu sein, dass wir »Löwen auf der Straße« sehen; es gibt in diesem Leben genügend »normale« Dinge, die Besorgnis erregend und beängstigend sind und bei denen wir uns nicht zu helfen wissen.

Wir liegen nachts wach im Bett und grübeln über ein Vorstellungsgespräch oder ein Examen nach, das uns bevorsteht, über eine Versammlung, die wir leiten müssen, über eine Ansprache, die wir halten sollen, über ein Geschäftsessen, an dem wir teilnehmen müssen, über die Frage, was wir bei einer Feier oder einem Empfang anziehen sollen, über eine Reise, die wir machen wollen, über das Auto, das wahrscheinlich demnächst kaputtgeht, über das Haus, das wir einfach nicht verkaufen können, oder über unseren Schuldenberg, der ständig wächst. Unsere Besorgnis kann sich auf etwas beziehen, das vor uns liegt (werden wir es schaffen, bekommen wir es hin?), und sie kann auch einer bestimmten Unsicherheit bezüglich unserer selbst gelten (wie komme ich an, was werden die Leute von mir denken?). Auch über größere Dinge können wir uns Sorgen machen, zum Beispiel über eine Krankheit oder finanzielle Probleme (wie soll es mit mir/uns weitergehen?). Daneben (und vor allem) gilt unsere Sorge Menschen, die uns lieb sind – unserem Mann oder unserer Frau, unseren Kindern, Eltern oder Freunden. Welche Mutter, welcher Vater kennt nicht die Angst, dass dem Kind etwas geschehen könnte? Welcher Erwachsene kennt nicht die Besorgnis um Eltern, die immer älter und gebrechlicher werden? Welcher Mann oder welche Frau macht sich keine Sorgen um seine Partnerin/ihren Partner? Einen Menschen lieb zu haben bedeutet, Anteil zu nehmen und uns um das Wohlergehen des Betreffenden zu sorgen. Diese Sorge ist übrigens normal; sie ist ein Zeichen dafür, dass wir bereit sind, zu unserer Verantwortung dem anderen Menschen gegenüber zu stehen. Eltern haben dafür zu sorgen, dass ihre Kinder den Schutz und die Mittel bekommen, die erforderlich sind für ihr Wachstum und ihre Entwicklung. Eheleute versprechen einander bei der Hochzeit Treue, Liebe und gegenseitige Fürsorge – sie wollen in guten und schlechten Zeiten zueinander stehen. Ein Mädchen darf sich darauf verlassen, dass ihr Freund sich um sie kümmert, und umgekehrt. Ein Prediger oder Ältester trägt Sorge für seine Gemeinde. Kurz gesagt, Sorge füreinander zu tragen bedeutet, dass wir unsere Verantwortung dem anderen gegenüber ernst nehmen. Dazu gehört auch, dass wir manchmal »in Sorge« umeinander sind. Paulus war zum Beispiel regelmäßig »in Sorge« um junge Gemeinden oder einzelne Christen. Er war unter anderem in Sorge um die Galater, die ihre Freiheit gegen Gesetzlichkeit einzutauschen drohten, wodurch sie das Werk Jesu zunichte machen würden. Der Apostel war darüber so besorgt, dass er zur Feder griff und ihnen schrieb: »Meine Kinder, ich leide noch einmal Geburtswehen um euch, bis Christus in eurer Mitte Gestalt angenommen hat! Könnte ich nur bei euch sein und so zu euch reden, dass es euch ins Herz dringt! Ich bin ratlos, was ich mit euch machen soll« (Galater 4,19f; GN). Paulus scheint in dieser Situation ein Stück Ohnmacht erfahren zu haben. Er konnte die Galater nur dazu ermahnen und anspornen, das zu tun, was richtig war; darüber hinaus konnte er – vor allem aus der Distanz – nichts tun, um die Situation zu verändern. Nichts, außer … für sie zu beten! Und das tat er, für alle seine Gemeinden. In einem anderen Brief äußert Paulus seine Besorgnis über zwei Frauen, mit denen er einmal eng zusammengearbeitet hatte, die nun jedoch nach einem Konflikt nichts mehr miteinander zu tun haben wollten (Philipper 4,2f).

Wann wird (Für-)Sorge zu Besorgnis und wann wird Besorgnis zu Überbesorgtheit? Ich vermute, dass die eigene Ohnmacht eine wichtige Rolle dabei spielt … und unsere Phantasie! Solange wir Situationen überblicken und beherrschen können, sind die Sorgen nicht allzu groß. Solange unsere Kinder klein sind und tun, was wir sagen, solange wir sie nicht aus den Augen verlieren, haben wir keinen Grund zu übermäßiger Unruhe. Aber wenn wir Situationen und Umstände nicht mehr im Griff haben, wenn die Kinder größer werden und einen eigenen Willen bekommen und Dinge tun, die wir unschön (oder gefährlich) finden und auf die wir keinen Einfluss haben, ist das eine andere Geschichte. Wir müssen dann aufpassen, dass unsere Besorgnis nicht mit uns durchgeht und wir uns in Gedanken den schlimmsten Vorstellungen hingeben, was alles passieren könnte. Wenn wir unseren besorgten Gedanken (und unserer Phantasie) nicht beizeiten Einhalt gebieten, dann laufen wir Gefahr, von unseren beängstigenden Vorstellungen überwältigt zu werden.

Natürlich ist es ein Abenteuer, wenn ein Kind zum ersten Mal mit Freunden nach Frankreich in den Urlaub fährt oder sich gar auf einen anderen Kontinent begibt. Eine gewisse Sorge ist da angebracht und normal. Auch wenn Ihr Kind grundsätzlich imstande ist, für sich selbst zu sorgen, ist es mit achtzehn oder zwanzig Jahren doch noch unerfahren. Aber er oder sie ist nicht allein und auch nicht völlig ahnungslos unterwegs, er/sie hat gehört, wovor man sich in Acht nehmen muss und was man tun muss, wenn man seinen Pass verliert oder plötzlich ohne Geld dasteht. Außerdem spricht er/sie schon recht anständig Französisch oder Englisch – mit anderen Worten: Nun müssen Sie Ihr Kind ein Stück weit loslassen, um ihm die Chance zu geben, erwachsen zu werden. Ebenso wie Sie Ihre Mutter oder Ihren Vater loslassen müssen, wenn sie in einem Pflegeheim aufgenommen worden sind. Wie schwer es auch ist und wie verletzlich sie auch in ihrem Alter sind, sie werden es schließlich allein schaffen müssen, sich an ihre neue Umgebung zu gewöhnen. Wir möchten alles tun, um unsere Lieben vor allem möglichen Übel zu beschützen, aber das ist längst nicht immer möglich. Natürlich bleiben wir in ihrer Nähe, natürlich begleiten wir sie so gut wie möglich. Es gibt jedoch Situationen, in denen sie selbst zurechtkommen müssen, in denen wir nicht bei ihnen sind oder sein können. Manchmal ist das auch gesünder so. In solchen Zeiten hilft es nicht, wenn wir uns den Kopf zerbrechen und uns verrückt machen. Wir können unseren Ehepartner aus dem Schlaf reißen, wir können Hunderte von Freunden oder Schicksalsgenossen anrufen, aber das ändert nichts.

Gerade jetzt, da ich dies schreibe, ist ein Ehepaar bei mir zu Besuch, deren beide Kinder schon seit zwei Jahren ausgezogen sind. Helen ist eine überbesorgte Mutter, die ständig damit beschäftigt ist, hinter ihren beiden Töchtern her zu sein. Auch hier bei mir verschickt sie ständig SMS in dem Versuch, ihre jüngere Tochter (21) zu erreichen, die mit einer internationalen Gruppe junger Christen an einem Missionsprojekt in Südafrika teilnimmt. Helens Mann Dick versucht seine Frau zu verstehen, aber er kann ihre Sorgen eigentlich nicht nachvollziehen. In ihrer Vorstellung haben sich schon zahllose Unglücksfälle ereignet: Ihre Tochter hat auf dem Flugplatz den Anschluss an die Gruppe verpasst, sie hat ihr Handy verloren oder sie ist ausgeraubt worden … Wieder und wieder tippt Helen mit klammen Fingern die soundsovielte SMS in ihr Handy … Wenn Dick fragt, was denn los sei, oder sagt: »Lass doch das SMSen sein, sie ist beschäftigt und hat was anderes zu tun, als auf Nachrichten von ihren Eltern zu warten«, macht sie das zornig und nervös. Helen wirft ihrem Mann vor, er sei unverantwortlich sorglos, und er seinerseits wirft ihr vor, sie sei überbesorgt. Fakt ist, dass die normale Sorge, die Helen als Mutter für ihre Kinder empfindet, entartet ist zu einer irrealen Angst, dass ihren inzwischen beinah erwachsenen Töchtern etwas zustoßen könnte. Ihre Überbesorgtheit hat sie dermaßen im Griff, dass sie an nichts anderes denken kann.

Wie wir die Dinge sehen

Wer denkt, dass das obige Beispiel bestätigt, »dass Frauen immer übertreiben«, sei an dieser Stelle auf 4. Mose 13 verwiesen. Wir lesen da von den zwölf männlichen Kundschaftern (einem Führer aus jedem Stamm des Volkes Israel), die im Auftrag Gottes von Mose in das Land Kanaan geschickt wurden, um sich ein Bild von ihrem zukünftigen Wohnort zu machen. Sie müssen Ende Juli (zur Zeit der ersten Trauben; Vers 20) losgezogen sein, zwei Monate nach ihrem Aufbruch vom Sinai. Die Kundschafter erkundeten die beiden Gebiete Kanaans, Negev im Süden und das Hügelland im Norden (Vers 17). Nachdem sie einige hundert Kilometer zurückgelegt hatten, kehrten sie Mitte September zurück, um über ihre Erlebnisse zu berichten. Im Zentrum ihres Berichtes stand die Begegnung, die sie in Hebron (wo die Erzväter begraben waren; siehe 1. Mose 23,17-20; 49,29-33 und 50,13) mit den Nachkommen Enaks hatten (Vers 22). Die Enakiter waren nicht nur ungewöhnlich große Menschen, sondern auch berüchtigte Krieger (5. Mose 9,2). Ob sie die Kundschafter bedroht haben, wird uns nicht erzählt. Auf jeden Fall kamen die Männer mit einer »starken Geschichte« zurück. In Vers 28 heißt es: »Allerdings ist das Volk stark, das in dem Land wohnt, und die Städte sind befestigt und sehr groß; und auch die Söhne Enaks haben wir dort gesehen«, und in Vers 32f: »Das Land, das wir durchzogen haben, um es zu erkunden, ist ein Land, das seine Bewohner frisst; und alles Volk, das wir darin gesehen haben, sind Leute von hohem Wuchs; auch haben wir dort die Riesen gesehen, die Söhne Enaks von den Riesen; und wir waren in unseren Augen wie Heuschrecken, und so waren wir auch in ihren Augen.«
  War das, was die zwölf Kundschafter berichteten, die Wahrheit oder war es stark übertrieben? Fakt ist, dass sie von Gott in ein Land ausgesandt worden waren, das ihnen als zukünftige Wohn-

stätte verheißen war. Was sie da gesehen hatten, ein Land, »das von Milch und Honig überfloss«, entsprach vollkommen dem, was Gott ihnen verheißen hatte (siehe 2. Mose 3,8.17). Selbst die Länder, die die Kundschafter nannten, stimmten haargenau, denn es waren dieselben Länder, die Gott in 1. Mose 15,18-21 dem Abraham versprochen hatte. Aber statt sich über diese Dinge zu freuen und dem Volk gegenüber zu bestätigen, dass das Gebiet in jeder Hinsicht das erfüllte, was Gott versprochen hatte (was seine Verlässlichkeit und Treue bestätigte), wiesen die Kundschafter nachdrücklich darauf hin, welche Gefahren ihnen beim Einzug in das neue Land drohten und was dabei alles schief gehen konnte. Die negative und emotionsgeladene Berichterstattung der Zwölf versetzte das Volk in helle Aufregung. Es brauchte nicht viel, um die Israeliten davon zu überzeugen, dass es ihren sicheren Tod bedeuten würde, in das Land Kanaan einzuziehen. Kurz gesagt: *Was* die Kundschafter berichteten und *wie* sie dies taten, versetzte das Volk in Panik. Man wollte das Handtuch in den Ring werfen und zurückkehren nach Ägypten. Kaleb und Josua, die die Menschen zu beschwichtigen suchten, wurden beinah gelyncht (4. Mose 13,30; 14,6-10).

Wie lässt sich die Berichterstattung der Kundschafter erklären? Es gab dort große Menschen, ja sogar Riesen, aber waren *alle* Menschen in Kanaan außergewöhnlich groß? Und waren diese großen Menschen deshalb gleich unbesiegbar? Würden sie Israel ohne weiteres vernichten? War der bevorstehende Feldzug Israels wirklich zum Scheitern verurteilt? Standen all diesen negativen Dingen nicht Gottes Verheißungen, seine Treue und seine große Macht gegenüber?

Es scheint, dass die Phantasie der Kundschafter mit ihnen durchgegangen ist. In Vers 32 wird ihre Berichterstattung »ein böses Gerücht« genannt. Als Mose später auf den Vorfall zurückkommt, sagt er: »Unsere Brüder haben unser Herz verzagt gemacht, indem sie sagten: Ein Volk, größer und höher gewachsen als wir, Städte, groß und bis an den Himmel befestigt, und sogar Enakitersöhne haben wir dort gesehen!« (5. Mose 1,28). Die Kundschafter hatten sich Angst einflößen lassen und sich wahrscheinlich gegenseitig in dieser Angst bestärkt. In Gedanken sehe ich vor mir, wie sich die Männer abends am Lagerfeuer Schauergeschichten erzählten und zitternd vor Angst in ihre Schlafsäcke krochen. Die Berichte, mit denen sie schließlich zurückkamen, waren Besorgnis erregend und erschreckend genug, um das Volk in Aufruhr zu bringen und … zu lähmen. Trotz Gottes Verheißungen und dem Versprechen seiner Treue hatten sie nun überhaupt keine Lust mehr auf Kanaan. Gott sei Dank gab es unter den zwölf Spionen auch zwei rühmliche Ausnahmen. Das war zunächst einmal Kaleb, in dem, wie die Bibel sagt, »ein anderer Geist« war (4. Mose 14,24; siehe auch Josua 14,8). Zusammen mit Josua hielt er an Gottes Treue fest. Sie vertrauten darauf, dass ihr Gott allmächtig war – ein Gott, »der über alles hinaus zu tun vermag, über die Maßen mehr, als wir erbitten oder erdenken« (Epheser 3,20).

Gott strafte den Ungehorsam der Israeliten: Für jeden Tag, den die Kundschafter im Gelobten Land verbracht hatten (nämlich vierzig), musste das Volk ein Jahr in der Wüste verbringen (4. Mose 14,34-38). Während dieses Zeitraums starb eine ganze Generation. Kaleb und Josua waren die Einzigen, die noch am Leben waren, als eine neue Generation von Gottes Volk nach diesen vierzig langen Jahren des Umherirrens in der Wüste in das Gelobte Land einzog.

Wirf deine Sorgen auf den Herrn

Eins der Dinge, an denen Satan enorm viel Freude hat, ist unsere Überbesorgtheit. Solange unsere Gedanken von etwas anderem als dem Herrn erfüllt sind, solange das, was uns vor Augen steht, schwerer wiegt als Gottes Verheißungen, seine Treue und seine Macht, ist er hocherfreut. Solange unsere Besorgnis unserem Gottvertrauen im Weg steht, reibt er sich vergnügt die Hände. Denn solange wir besorgt und ängstlich sind, sind wir verletzlich und leicht umzuwerfen und damit eine leichte Beute. Unsere Unsicherheit stellt eine hervorragende Plattform dar, auf der er landen kann. Sobald wir unser Vertrauen jedoch auf Gott setzen, steht Satan vor einer uneinnehmbaren Festung.

»All eure Sorge werft auf ihn«, schreibt Petrus in 1. Petrus 5,7. Mit anderen Worten: Haltet nichts zurück, sondern gebt alles, was euch beunruhigt, dem Herrn. Ich sage es noch einmal: Eine gewisse Sorge lässt sich in unserem Leben nicht vermeiden, das ist eine normale und gesunde Folge der Verantwortung, die wir tragen. Es wäre seltsam, wenn es uns kalt ließe, wenn unser Kind ernstlich krank ist, wenn wir finanzielle Probleme haben oder wenn uns eine Entlassung droht. Wir müssen jedoch aufpassen, dass diese normale Sorge und Besorgnis nicht zur Überbesorgtheit werden. Das geschieht nicht ohne unser Zutun, wir sind dabei zu einer Entscheidung aufgerufen. Wenn wir uns bedroht fühlen, wenn wir unsicher oder ängstlich sind, können wir unserer Phantasie die Zügel schießen lassen und ins Schleudern geraten, oder wir können vertrauensvoll Gottes Hand fassen und den Weg seines Friedens gehen. Entscheidend ist, was in Hebräer 12,3 gesagt wird: »Richtet eure Aufmerksamkeit auf Jesus!« Wer ihn in den Mittelpunkt stellt, wer auf ihn schaut (und nicht auf die Wellen), sieht das Leben, einschließlich aller Mühen, aus einer anderen Perspektive.

Ich las einmal, dass das griechische Wort, das in unserer Bibel in 1. Petrus 5,7 mit Sorge übersetzt ist, dasselbe Wort ist, das für die Last gebraucht wurde, die man auf einen Esel lud. Wer jemals beispielsweise in Südeuropa gewesen ist, kennt das Bild von übermäßig beladenen Eseln. Nachdem Säcke und Kisten auf seinen Rücken geladen und festgezurrt sind, klettert noch ein alter Mann oder eine alte Frau hinauf. Es nimmt mich immer ein bisschen mit, wenn ich solch ein schwer bepacktes Eselchen sehe; die Last scheint einfach unzumutbar. Und gerade solch ein extremer Ballast ist das Bild, das die Bibel benutzt, um unsere Sorgen zu beschreiben, die wir … auf Jesus werfen dürfen! Petrus zeigt damit, dass nichts zu groß und zu schwer ist für unseren Herrn. Wir dürfen alles, was uns belastet, auf ihn abwälzen. Wenn wir von Sorgen geplagt werden, müssen wir uns selbst und einander daran erinnern, dass Gott damit umgehen kann: Seine Augen sehen weiter als unsere, und wo unsere Arme oft zu kurz sind, ist sein Arm immer lang genug.

»Seid um nichts besorgt«, schreibt Paulus, »sondern in allem sollen durch Gebet und Flehen mit Danksagung eure Anliegen vor Gott kundwerden« (Philipper 4,6). Gehen Sie mit Ihrer Überbesorgtheit zu Ihrem himmlischen Vater. Nennen Sie die Dinge beim Namen, auch das, was sich in Ihrer Phantasie eingenistet hat. Üben Sie sich darin, die Dinge, die Sie im Gebet genannt haben, dann auch bei ihm zu lassen. Letzteres ist gar nicht so einfach, weil wir immer wieder dazu neigen, Dinge auszusprechen, sie bei Gott abzulegen und danach wieder sorgfältig in unseren eigenen Rucksack zu stopfen und mitzunehmen. Das müssen wir uns abgewöhnen, denn Gott will uns unsere Sorgen ein für alle Mal abnehmen! Er sorgt für uns! Petrus sagt in 1. Petrus 5,7 auch, dass wir unsere Sorgen *auf den Herrn* werfen sollen. Es ist nicht so, dass wir das, was wir loswerden wollen, auf gut Glück in die Luft werfen (denn dann fällt es einfach wieder auf uns zurück) – hier geht es darum, diese Dinge jemandem zuzuwerfen, der sie auffängt. »All eure Sorge werft auf ihn« – das beinhaltet, dass wir das, was wir an Sorgen und Besorgnis ablegen, auch wirklich beim Herrn lassen und nicht der Versuchung erliegen, es doch wieder selbst auf uns zu nehmen! Paulus schreibt in Philipper 4,6, dass wir unsere Anliegen vor Gott kundtun sollen. Unsere Anliegen leiten sich oft direkt aus unseren Sorgen ab. Wer bittet: »Herr, bitte sorge dafür, dass Marianne sicher nach Hause kommt«, macht sich Sorgen darüber, dass Marianne etwas zustoßen könnte. Wer betet: »Herr, lass mich doch meine Stelle behalten«, hat wahrscheinlich Grund zu der Befürchtung, dass er seine Stelle verlieren könnte. In all diesen Dingen dürfen wir auf Gottes Hilfe vertrauen. Und darauf, dass er uns seine Ruhe und seinen Frieden schenken will, selbst in Situationen, die mit menschlichen Augen betrachtet eher unserer Unruhe und Besorgnis Nahrung geben. Auch das sagt Paulus hier: Wenn wir unsere Anliegen mit Gebet und Flehen und Danksagung vor Gott bringen, dann wird der »Friede Gottes, der allen Verstand übersteigt«, unsere »Herzen und (…) Gedanken bewahren in Christus Jesus« (Philipper 4,6f).

Wichtig sind bei dieser Aufforderung von Paulus die Worte »mit Danksagung«: Seid um nichts besorgt, sondern lasst eure Anliegen mit Danksagung vor Gott kundwerden. Danksagung wofür? Für Gott selbst! Wir danken ihm, weil er versprochen hat, vor uns herzugehen und für uns zu sorgen. Vielleicht dürfen wir unsere Stelle behalten oder werden von einer Krankheit geheilt, aber vielleicht verlieren wir unsere Stelle auch oder bleiben krank. In gewisser Hinsicht ist das egal. Worum es geht, ist dies: Er sorgt für uns. Und wenn etwas in unseren Augen schief geht, dann wird er trotz aller

Nöte dafür sorgen, dass wir diese ertragen können (1. Korinther 10,13).

Wenn unsere Gedanken um Dinge kreisen, die eventuell geschehen könnten, müssen sie in eine andere Richtung gewiesen werden, nämlich hin zu Gottes Größe und Allmacht. Wenn die Kundschafter Gottes Verheißungen an sein Volk in den Mittelpunkt ihres Denkens gestellt hätten, dann wären die Dinge anders gelaufen. Dann hätten sie das, was ihnen im Gelobten Land begegnete, anders interpretiert. Dann wäre auch ihre Berichterstattung anders gewesen. Nun sahen sie die hohen Mauern der Städte und die Riesen und ließen sich davon niederdrücken. Das führte dazu, dass sie den Mut verloren. Es kam so weit, dass das Volk den Wunsch äußerte, lieber in Ägypten gestorben oder in der Wüste umgekommen zu sein, ein Wunsch, den Gott übrigens erfüllte (4. Mose 14,2.28f; vgl. Matthäus 12,36f).

Der Herr sieht die Menschen und Dinge, über die wir uns Sorgen machen. Er sieht unsere schlaflosen Nächte, und … er wartet. Wir können grübeln oder mit dem Kopf gegen die Wand rennen, bis wir schwindlig werden in einem Teufelskreis der Verzweiflung. Wir können aber auch das tun, was die Mutter einer drogenabhängigen Tochter lernen musste. Sie sagt: »Wir können tun, was in unserer Macht steht, und wir sind bis zum Äußersten gegangen, aber wir haben mit der Zeit eine sehr schmerzliche Lektion gelernt: Wir können selber nichts machen, um die Situation zu verändern. Wir können unsere Tochter nicht retten. Das Einzige, was uns bleibt, ist, alles in Gottes Hand zu legen und ihm zu überlassen. Wir beginnen zu entdecken, dass uns das in aller Verwirrung und Aussichtslosigkeit die Ruhe gibt, die wir brauchen, um durchzuhalten.« Diese Eltern haben getan, was ihnen möglich war, und sie kümmern sich auch weiterhin um ihre Tochter, soweit sie können. Aber sie haben den Ballast ihrer eigenen quälenden Sorgen beim Herrn abgelegt. Mit Danksagung, weil sie wissen, dass er ihre Gebete hört und dass er ihre Tochter sieht und sie liebt. Mit Danksagung, weil sie wissen, dass er, der Allmächtige, ein Herz hat für die Sorgen normaler Menschen. Und ein Herz für ihre Tochter.

Solange wir unser Vertrauen vor allem auf uns selbst setzen, solange wir mit allen Mitteln versuchen, bestimmte Dinge zu verhindern oder unüberwindliche Schwierigkeiten selbst aus dem Weg zu räumen, haben wir nicht nur alle Hände voll zu tun, sondern außerdem allen Grund, uns ernsthafte Sorgen zu machen. Sobald wir aber lernen (und uns darin üben), uns selbst, unsere Lieben und unsere Umstände in Gottes Hand zu legen, kehrt Ruhe in unser Leben ein. Dr. John White sagt in seinem Buch *Parents in Pain*, in dem er sich mit den Nöten und Sorgen beschäftigt, die viele Eltern in Bezug auf ihre Kinder bewegen: »Loslassen bedeutet, dass Sie Ihre Kinder Gott anvertrauen und nicht auf Ihre eigene Fähigkeit bauen, das Leben Ihrer Kinder zu steuern.« White zieht einen tief greifenden und vielleicht schmerzlichen Schluss: »Eigentlich geht es hier nicht um das Loslassen Ihrer Kinder, sondern um eine falsche Auffassung von Ihrer eigenen Macht – nämlich um die Auffassung, dass Sie die Macht haben, das Schicksal Ihrer Kinder zu bestimmen.«[25] Wenn wir unsere Sorgen dem Herrn übergeben, ist das keine Garantie dafür, dass alles nach unseren Wünschen verlaufen wird. Aber wir können sicher sein, dass sie bei ihm in guten Händen sind. Manchmal müssen wir mit ansehen, dass Menschen, die wir lieb haben, leiden. Und doch … dürfen wir wissen, dass Gott auch dann dabei ist. Wir müssen uns diese Wahrheit vor Augen halten, nicht nur dann, wenn alles glatt geht, sondern auch in Zeiten der »Bedrängnis«. Der Herr ist nahe (Psalm 91,15)! Es kostet Übung und Disziplin, an dieser Gewissheit festzuhalten – und sobald die Besorgnis an die Tür unseres Herzens klopft, damit zu Gott zu gehen. Wir müssen den Strom unserer sorgenvollen Gedanken bewusst unterbrechen und ihnen den Rücken kehren, bevor sie uns vereinnahmen.

Seid nicht besorgt für euer Leben …

Es ist sehr auffällig, dass Jesus seine Lehre über das Sorgen mit den alltäglichen Dingen wie Nahrung und Kleidung beginnt: »Seid nicht besorgt für euer Leben, was ihr essen und was ihr trinken

---

[25] Dr. John White: *Parents in Pain*; Intervarsity Press, Downers Grove, Ill. 60515, USA o.J.

sollt, noch für euren Leib, was ihr anziehen sollt! Ist nicht das Leben mehr als die Speise und der Leib mehr als die Kleidung? Seht hin auf die Vögel des Himmels, dass sie weder säen noch ernten noch in Scheunen sammeln, und euer himmlischer Vater ernährt sie doch. Seid *ihr* nicht viel wertvoller als sie?« (Matthäus 6,25f).

Ein Baby macht die selbstverständliche Erfahrung, dass für es gesorgt wird – dass es eine Brust oder ein Fläschchen gibt, woraus es trinken kann, eine saubere Windel, wenn dies nötig ist, eine Wiege, in der es schlafen kann, Arme, die es umschließen, und einen Schoß, auf dem es gewiegt wird. Es ist völlig auf die Fürsorge seiner Eltern angewiesen, die ihm ganz selbstverständlich zuteil wird, und es macht sich keinerlei Sorgen. Es braucht sich nur zu mucksen oder höchstens ein bisschen länger zu weinen und schon kommt jemand und guckt, was es braucht. Ein Kind, das diese Erfahrungen gemacht hat, vertraut ganz automatisch darauf, dass seine Eltern auch weiterhin für es da sein werden: dass sie für Kleidung, Unterricht und medizinische Hilfe sorgen, falls dies erforderlich ist, und dass sie ihm später, wenn es eine Ausbildung macht, dabei helfen werden, ein Zimmer zu suchen. Und auch, dass sie ihm zur Seite stehen, wenn es eine eigene Familie gegründet hat. Dasselbe gilt für unsere Beziehung zu Gott: Je mehr wir lernen, Gott im Alltäglichen zu vertrauen, desto leichter wird es uns fallen, uns in den großen, entscheidenden Dingen des Lebens auf ihn zu verlassen. Je mehr wir ihn als einen verlässlichen und liebevollen Vater kennen lernen, desto mehr Wagnisse gehen wir mit ihm ein: Unser Glaubensmut nimmt zu. Wir wagen es, in die Tiefe zu schwimmen, weil wir im flachen Wasser erfahren haben, das er da war und uns trug. Petrus ging sogar noch weiter: Er wagte es, mitten auf einem See aus dem Boot herauszutreten, um auf dem Wasser zu laufen!

Was wussten Jesu Zuhörer von Gottes Fürsorge? Nun, sie kannten die Geschichte seines Volkes. Sie wussten, dass ihre Vorfahren während ihrer vierzigjährigen Wüstenwanderung vom Herrn mit Brot und Fleisch versorgt worden waren (2. Mose 16,12ff). »Bis sie in bewohntes Land kamen«, steht in Vers 35 desselben Kapitels. Mit anderen Worten: solange es nötig war. In 5. Mose 2,7 lesen wir: »Er gab Acht auf deine Wanderung durch diese große Wüste: Diese vierzig Jahre ist der Herr, dein Gott, mit dir gewesen; es hat dir an nichts gemangelt.« Achten Sie auf die folgenden Worte Moses: »(...) in der Wüste, wo du gesehen hast, dass der Herr, dein Gott, dich getragen hat, wie ein Mann seinen Sohn trägt, auf dem ganzen Weg, den ihr gezogen seid« (5. Mose 1,31). Was für ein wunderbares Bild: Gott, der uns trägt, wie ein Mann sein Kind trägt. Nicht nur eine kurze Zeit lang, sondern »auf dem ganzen Weg«.

Die Juden kannten aus ihrer Geschichte auch andere Beispiele von Gottes Treue. Sie kannten die Geschichte von Elia. Als dieser Prophet auf der Flucht war vor Isebel, die fest entschlossen war, alle Propheten Gottes auszurotten, sorgte Gott für einen Zufluchtsort am Bach Krit östlich des Jordan. »Aus dem Bach kannst du trinken«, sagte Gott zu ihm, »und ich habe den Raben geboten, dich dort zu versorgen.« Als Elia tat, was Gott ihm sagte, geschah, was Gott ihm verheißen hatte (1. Könige 17,2-6). Als der Bach austrocknete, bekam Elia eine neue Anweisung: »Mache dich auf, geh nach Zarpat, das zu Sidon gehört, und bleib dort! Siehe, ich habe dort einer Witwe befohlen, dich zu versorgen« (1. Könige 17,9). Auch das »stimmte«, Elia fand dort Obdach und Nahrung.

Zur Zeit Jesu bekamen die Leute auch recht häufig Anschauungsunterricht in Bezug auf Gottes Treue. Zweimal erlebten sie eine wunderbare Lebensmittelvermehrung. Sie sahen mit eigenen Augen, wie Tausende von Menschen praktisch aus dem Nichts heraus ein opulentes Picknick vorgesetzt bekamen (siehe z.B. Matthäus 14,13-21 und 15,29-39). Beide Male bestand die Basis für diese Mega-Mahlzeit aus ein paar Broten und Fischen, die jemand aus der Menge zur Verfügung stellte. Das war völlig unzureichend für diese Menschenmenge, aber als es Jesus übergeben wurde, war es plötzlich mehr als genug. Seid nicht besorgt ...

Gott ist nicht zu erhaben, um sich um das Alltägliche zu kümmern. Um Essen, Trinken und Kleidung. Um Dinge, über die wir uns Sorgen machen. Ich finde, die biblische Geschichte von dem Mann mit dem geliehenen Beil ist auch so ein herrliches Beispiel. Dieser Mann ist mit einer Gruppe Menschen am Jordan, um Bäume zu fällen, als das Beil ihm plötzlich aus den Händen gleitet und im Fluss landet. Entsetzt schreit er auf: »Und dabei ist es doch geliehen!« Seine Panik ist leicht nachzuvollziehen. Es ist sehr unangenehm, wenn man etwas, das man sich ausgeliehen hat, nicht oder nur in beschädigtem Zustand zurückgeben kann. Wie sagen Sie Ihrem Freund oder Bekannten, dass das Buch, das er Ihnen geliehen hat (und das es nicht mehr zu kaufen gibt), ins Badewasser gefallen ist, dass die Säge entzweigebrochen ist, das Cocktailkleid zerrissen, das Fahrrad gestohlen, das Auto zerdellt?! So etwas kann einem schlaflose Nächte bereiten! Der Mann am Jordan erlebte eine Überraschung, denn der Prophet Elia war da und tat ein Wunder: Er schnitt ein Stück Holz ab, warf es an die Stelle, an der das geliehene Beil gesunken war, und … das Beil tauchte wieder auf (2. Könige 6,1-7)!

Diese Geschichte soll uns übrigens nicht lehren, dass Gott eventuelle Probleme mit geliehenen Sachen automatisch löst. Dieses besondere Ereignis verdeutlicht vielmehr das Prinzip, dass Gott in kleinen und großen Dingen für uns sorgt. Der Mann mit dem geliehenen Beil hat wahrscheinlich oft an diesen Vorfall zurückgedacht, und die Geschichte ist sicher immer wieder erzählt worden. Manchmal tut oder gibt Gott Dinge, die sehr außergewöhnlich sind, und zeigt uns auf diese Weise, wer er ist und wie er für uns sorgt. Solch ein Ereignis, das oft einmalig ist, stärkt unser Vertrauen in ihn. Wir vergessen es nie.

Gott überraschte auch Jakob, der sich mit seinem Zwillingsbruder Esau überworfen hatte. Die Beziehung der beiden war ernstlich gestört, nachdem Jakob seinen Bruder um das Erstgeborenenrecht betrogen hatte. Auf Anraten seiner Mutter floh Jakob zu seinem Onkel Laban, wo er bleiben sollte, bis Esaus Wut und seine Rachepläne verflogen waren (1. Mose 27,41-45). Als Jakob viele Jahre später mit seinen Frauen und Kindern vor Laban flieht, sieht er seinem Wiedersehen mit Esau mit größter Sorge entgegen. Er ergreift alle möglichen Vorsichtsmaßnahmen, um die Rache seines Bruders von sich abzuwenden. Seine Sorge (Überbesorgtheit) erweist sich jedoch als unbegründet. Überraschenderweise ergreift Esau von sich aus die Initiative zur Versöhnung: »Esau aber lief ihm entgegen, umarmte ihn und fiel ihm um den Hals und küsste ihn, und sie weinten« (1. Mose 33,4).

Seid nicht besorgt … In der Wüste und am Bach Krit sorgte der Herr auf wunderbare Weise für Essen und Trinken für seine Leute: Er ließ es buchstäblich vom Himmel herabfallen. In den beiden anderen genannten Beispielen gebrauchte er Menschen als Kanäle seiner Fürsorge. Er gab der Witwe von Zarpat den Auftrag, Elia mit Essen zu versorgen, und gebrauchte die wenigen Fische und Brote eines Jungen als Grundlage für ein Picknick, an dem Tausende sich gütlich taten.

Wir sehen hier ein wichtiges Prinzip. Gott sorgt für uns sowohl auf wunderbare Weise, das heißt ohne Mithilfe von Menschen, als auch dadurch, dass er andere gebraucht. Er kann Wunder tun (und er tut sie auch), aber er erwartet auch von uns, dass wir nicht nur unbeteiligt zuschauen, sondern uns ganz praktisch um unsere Mitmenschen kümmern. Die erste Gemeinde war darin sehr konsequent, und die Folge war, dass niemand »bedürftig« war (Apostelgeschichte 4,34). Ich denke, dass man sich in dieser Situation, wo man sich einfach aufeinander verlassen konnte, auch weniger Sorgen machte. Natürlich ist es wahr, dass das gesellschaftliche Zusammenleben damals ganz anders geregelt war, aber das darf keine Entschuldigung dafür sein, dass wir heute die Fürsorge für unsere Mitmenschen vernachlässigen (oder sie Institutionen überlassen, die zu diesem Zweck gegründet wurden). Die gegenseitige Fürsorge ist ein biblischer Auftrag, der für alle Zeiten gilt. Jakobus spricht deutlich aus, wie selbstverständlich dies ist: »Wenn aber ein Bruder oder eine Schwester dürftig gekleidet ist und der täglichen Nahrung entbehrt, aber jemand unter euch spricht zu ihnen: Geht hin in Frieden, wärmt euch und sättigt euch!, ihr gebt ihnen aber nicht das für den Leib Notwendige, was nützt es?« (Jakobus 2,15f). Die oft gehörte Frage, warum Gott (wenn es ihn gibt) die Armut in dieser Welt nicht beseitigt oder zulässt, dass Menschen verhungern, sagt mehr über den Egoismus und die Gleichgültigkeit der Menschen als über das Wesen und Handeln Gottes.

Die Angst vor dem, was kommt

Neben den kleinen und größeren »Kümmernissen« des Alltags nennt die Bibel auch die Angst und die Sorgen, die wir uns im Zusammenhang mit der Zukunft machen. Jeder kennt diese Sorgen. Wie wird es uns ergehen, wenn die Gewalt in der Gesellschaft weiter zunimmt, wenn es (weitere) Kriege gibt, wenn sich Naturkatastrophen ereignen und die Wirtschaft sich nicht erholt? Und … wie werden wir reagieren, wenn sich in unserem eigenen Land das Blatt wendet und Menschen wegen ihres Glaubens verfolgt werden?

Das sind ganz reale Fragen. Auch wenn wir die Raten für unsere Hypothek im Griff haben und eine Kapitalversicherung abgeschlossen haben, die später einmal unsere Rente aufbessern wird, können wir nicht die Augen davor verschließen, dass unsere Sicherheiten relativ sind. »Wenn ich mich damit zu viel beschäftige«, sagte einmal jemand, »dann befürchte ich, dass ich keine ruhige Minute mehr habe und kein Auge mehr zutue. Darum blättere ich schnell weiter, wenn ich in der Zeitung solche schlimmen Berichte lese, und die Nachrichten sehe ich auch nicht, wenn es sich irgendwie vermeiden lässt …«

Vogel-Strauß-Politik ist eine Art und Weise, mit Unsicherheiten umzugehen. Eine andere ist, sich so gut wie möglich abzusichern und Risiken dadurch auszuschalten, dass man alle möglichen Versicherungen abschließt, Geld in einem alten Socken aufbewahrt oder in ein Land auswandert, in dem es vermeintlich sicherer ist. Es gibt jedoch einen dritten Weg – den Weg, den Jesus uns zeigt: »Seid nicht besorgt um euer Leben.« Der Schlüssel für dieses Unbesorgtsein (was etwas anderes ist als Sorglosigkeit) ist Jesus selbst.

In Matthäus 6 wird in zehn Versen (Verse 25-34) viermal gesagt, dass wir uns keine Sorgen machen sollen um unser Leben (Essen und Trinken) und um unseren Leib (Kleidung), und dies aus zwei Gründen. Der erste: Gott weiß, was wir brauchen (»[…] euer himmlischer Vater weiß, dass ihr dies alles benötigt«; Vers 32), der zweite: Unsere Grübelei bringt uns keinen Schritt weiter (»Wer aber unter euch kann mit Sorgen seiner Lebenslänge *eine* Elle zusetzen?«; Vers 27).

Dass unser himmlischer Vater weiß, was wir brauchen, entbindet uns nicht von unserer Eigenverantwortung. Es hilft uns aber, unsere Grenzen zu akzeptieren. Die Erkenntnis, dass unser Leben nicht steht und fällt mit unseren eigenen beschränkten Fähigkeiten, sondern bei Gott in guten Händen ist, schenkt uns Ruhe. Anders als Ungläubige wissen Christen, dass letztgültige Sicherheiten nicht in diesem Leben zu finden sind. Das Materielle (Nahrung, Kleidung, Obdach) ist nicht unwichtig, aber es bekommt eine andere Bedeutung im Lichte des Reiches Gottes (Vers 33). Wenn Sie abhängig sind von dem, was in dieser Welt geschieht, dann sieht es schlecht für Sie aus. Dann sind Sie instabilen Umständen ausgeliefert, einer unsicheren Wirtschaftslage und der Willkür der politischen Entscheidungsträger. Dann müssen Sie sehr tüchtig und mit allen Wassern gewaschen sein, wenn Sie überleben wollen. Dann ist es kein Wunder, dass Sie ab und zu in Ihren Sorgen zu ersticken drohen. Wer sich jedoch abhängig weiß von Gott und auf sein himmlisches Königreich ausgerichtet ist, findet Ruhe in der Gewissheit, dass unser himmlischer Vater weiß, was wir brauchen. »Seht euch einmal in der Natur um«, sagt Jesus zu seinen Jüngern, »und nehmt euch ein Beispiel an den Vögeln und den Blumen, die ganz in der Gegenwart leben und sich keine Sorgen um die Zukunft machen.« Ich sehe die Wahrheit dieser Worte tagtäglich in meinem Garten. Man kann sich schwerlich vorstellen, dass ein Spatz sich beim Schlafengehen Sorgen darüber macht, wo er am nächsten Tag seine Nahrung finden soll. Wenn es dunkel wird, sucht er sich ein geschütztes Plätzchen und begibt sich ins Land der Träume. Wenn er morgens aufwacht, glättet er seine Federn, breitet die Flügel aus, inspiziert seine Umgebung und pickt bald darauf genüsslich an einer Brotkruste herum und löscht seinen Durst mit Wasser aus einem Teich oder einer Pfütze (oder einer Wasserschüssel, die ein freundlicher Mensch für ihn hingestellt hat). Der Spatz macht sich keine Sorgen, er tut einfach immer das, was gerade anliegt. Sein Nest in der Hecke ist gebaut aus Zweigen, die er hier und dort gefunden hat, und er ist zufrieden damit. Der Spatz macht sich keine allzu großen Gedanken über das Aussehen und den Wert seiner Wohnung, er hat sein Bestes getan und nimmt die Dinge, wie sie kommen. Einer »Lilie auf dem Felde« ergeht es nicht anders. Sie nimmt Nährstoffe und Feuchtigkeit aus der Erde auf, sie hat ihre Existenz und ihre Schönheit ihrem Schöpfer zu verdanken. Beide, Vögel und Blumen, dürfen unbesorgt leben, denn ihr Vater ist da. Selbst wenn einer der vielen Spatzen auf die Erde fällt, entgeht es ihm nicht (Matthäus 10,29). Auch wenn uns irgendetwas zustößt, ist er da; alles, was geschieht, muss an ihm vorbei. Er ist über das kleinste Detail aus unserem Leben informiert; selbst die Haare auf unserem Kopf sind gezählt (Matthäus 10,30). Er sorgt für uns. Es muss ihm dann auch viel Kummer machen, wenn er sieht, wie wir uns abschleppen mit unserem Rucksack voller Sorgen oder wie wir uns schlaflos im Bett herumwälzen und in Gedanken immer wieder mit denselben Problemen beschäftigen. Er will uns diese Dinge abnehmen. Wir sind dazu berufen … frei zu sein.

Ich fürchte kein Unglück, denn du bist bei mir

Es gibt wohl niemanden, der sich nicht an den 11. September 2001 erinnert. Wir sehen vor uns, wie die stolzen *Twin Towers* in New York zusammenfielen wie ein Kartenhaus, nachdem sich in beide ein Flugzeug hineingebohrt hatte. Es ist noch in unsere Netzhaut eingebrannt: die Menschen, die aus den Fenstern sprangen, die Massen, die auf den Straßen vor der riesigen, erstickenden Staubwolke flohen, die Hunderten, die in den Tagen nach dem Unglück mit Fotos von ihren Lieben unterwegs waren in der Hoffnung, sie wieder zu finden. Der 11. September war der Tag, an dem unsere Ohnmacht und Verletzlichkeit unumstößlich bewiesen wurden. Für Petra, die Mutter von zwei kleinen Kindern, war es der Tag, an dem ihre Welt einstürzte. Petra: »Die Anschläge in New York hatten eine direkte Auswirkung auf mein Leben. Ich habe an diesem Tag nicht nur das Gefühl verloren, sicher und geborgen zu sein, ich wurde auch von einer würgenden Angst vor der Zukunft ergriffen, vor dem ganzen Leben. Es war, als hätte ich den Boden unter den Füßen verloren; ich hatte überhaupt keinen Halt mehr. Die Angst, dass solche Dinge auch bei uns geschehen könnten, war überwältigend. Ich war davon überzeugt, dass die Terroristen sozusagen schon bei uns um die Ecke waren und dass über kurz oder lang auch uns solche schrecklichen Dinge überkommen würden. Die Angst vor Anschlägen, Grausamkeiten und Leiden nahm mir buchstäblich den Atem. Ich kann nicht sagen, dass ich meinen Glauben verloren hätte, aber meine Angst war tausendmal stärker als mein Glaube und mein Vertrauen in Gott. Die Furcht hatte mich völlig in ihrem Bann.«

Ich vermute, dass Petra mit ihren Empfindungen nicht allein dasteht. Die Bedrohung, die von einem Anschlag wie dem in New York ausgeht, betrifft nicht allein die Stadt oder auch den Staat, in dem er sich ereignet hat, sondern die ganze Welt. Wir haben die Angst gespürt und wir haben unsere Maßnahmen ergriffen – die Fluggesellschaften und die Tourismusbranche haben die Folgen deutlich zu spüren bekommen. Es blieb nicht bei den Anschlägen von New York, denn es folgte ein Krieg im Irak und es schwirrte ein unbekannter tödlicher Virus über unsere Erde (SARS), gar nicht zu sprechen von dem Völkermord in verschiedenen afrikanischen Ländern, dem zunehmenden Flüchtlingsstrom, den Naturkatastrophen in verschiedenen Teilen der Erde und den »alten« Problemen wie AIDS und Hunger und den fortwährenden Konflikten im Nahen Osten. Näher bei uns sind Seuchen wie die Maul- und Klauenseuche und die Vogelpest aufgeflammt, es gab Überschwemmungen, ein Politiker wurde am helllichten Tag ermordet, in der Baubranche wurde der Deckel von einer Jauchegrube der Korruption gehoben, beim Brand eines Lokals starben vierzehn Jugendliche und zweihundert wurden verletzt, und in einigen Schulen wurden Schüler zu Mördern ihrer Mitschüler oder Lehrer. Wir erleben tagtäglich, dass die Gewalt in unserer Gesellschaft ständig zunimmt. Wenn Sie dies lesen, sind zweifellos schon wieder neue schreckliche Dinge passiert. Können wir ihnen entkommen? Sind wir auf diesem blauen Planeten überhaupt noch unseres Lebens sicher?

Ja, wir sind sicher … wenn wir in Christus sind. Aber es ist keine Sicherheit, die uns vor allem Leid bewahrt, es ist eine Sicherheit *in alledem.* Für die Menschen, die in Christus sind. Es ist entscheidend, dass wir jeden Tag bewusst mit ihm wandeln und nicht zulassen, dass die täglichen Sorgen oder die Angst vor der Zukunft uns den Atem und unseren Blick auf Gott rauben (siehe z.B. Lukas 21,34).

Immer wieder stoßen wir in der Bibel auf die Aufforderung: »Fürchtet euch nicht!« Ehrlich gesagt, finde ich das manchmal ziemlich schwer zu begreifen. Ich habe Geschichten darüber gehört, was Christen im ehemaligen Ostblock erlebt haben, als es den Eisernen Vorhang noch gab. Ich habe Biografien von Menschen wie Dietrich Bonhoeffer gelesen. Ich habe Geschichten darüber gelesen (und gehört), was viele Menschen in Kambodscha unter der Schreckensherrschaft von Pol Pot erlitten haben. Ich bin vor kurzem Menschen begegnet, die aus dem Kongo nach Uganda geflohen sind, und wir alle wissen, was nur wenige hundert Kilometer von uns entfernt im ehemaligen Jugoslawien geschehen ist. Was diese Menschen mitgemacht haben, ist unmenschlich, das Unrecht und die Grausamkeiten lassen sich nicht in Worte fassen, das Leid lässt sich nicht ermessen. Wenn ich hier so in meinem sicheren Haus sitze, bezweifle ich sehr, dass ich es aushalten könnte, wenn mir so etwas passierte. Und doch weiß ich tief in meinem Herzen: Wenn die Zeit da ist, dann schenkt Gott auch die nötige Kraft. Er hat es versprochen. Eine Verheißung, die Jesus kurz vor seiner Himmelfahrt ausgesprochen hat, lautet: »Und siehe, ich bin bei euch alle Tage bis an der Welt Ende« (Matthäus 28,20; L). Er sagte dies nach seiner Auferstehung, das heißt, nachdem unumstößlich bewiesen war, dass er nicht irgendjemand war, sondern der Sohn Gottes.

Paulus, der tiefes Leid und schwere Bedrängnis kannte, schreibt in 1. Korinther 10,13: »Gott aber ist treu, der nicht zulassen wird, dass ihr über euer Vermögen versucht werdet, sondern mit der Versuchung auch den Ausgang schaffen wird, so dass ihr sie ertragen könnt.« Viele, viele Menschen können die Wahrheit dieser Worte bezeugen. Ihre Leiden waren tief und unmenschlich schwer. Fliehen zu müssen, um sein Leben zu retten, zusehen zu müssen, wie Menschen, die man liebt, vergewaltigt und ermordet werden, sind einschneidende, traumatische Erlebnisse. Es ist ein Wunder, wenn man daran nicht zerbricht, und zutiefst beeindruckend, wenn Menschen dann sagen: Gott hat mir geholfen und mir immer wieder Kraft und Mut geschenkt. Dasselbe sagte Paulus, dem das Wasser mehr als einmal bis zum Halse stand. Es gab Situationen, wo er am Ende war und am Leben verzweifelte (siehe zum Beispiel 2. Korinther 1,8). Trotzdem bezeugt er, dass Gottes Kraft immer zureichend war (siehe zum Beispiel 2. Korinther 4,7-9 und 12,9).

Kinder Gottes haben keine Zusage erhalten, dass sie immer und automatisch vor Leiden bewahrt oder daraus befreit werden. Auch unser Herr Jesus selbst schrie am Kreuz seinen Schmerz hinaus. Aber Menschen, die sich im Leid an Gott hingegeben haben, bezeugen, dass sie in diesem Leid zugleich auch eine übernatürliche Kraft erfuhren. Und dass sie durchhalten konnten, weil sie ihren Blick gerichtet hielten auf die größere Wirklichkeit einer Zukunft mit Gott, die alle Erfahrungen auf der Erde bei weitem übertrifft. Die Ruhe war stärker als die Unruhe, der Friede tiefer als die Angst. Mit diesen Tatsachen dürfen Menschen, die »in Jesus« sind, rechnen. Und darum müssen wir unserer Angst widerstehen, indem wir sie entschlossen von uns weisen und unser Heil bewusst bei Gott suchen. Jeden Tag aufs Neue, immer wieder. Sorgen wir dafür, dass wir nicht im Bann der Angst sind, sondern im Bann Jesu! Er sieht uns, er ist für uns da und begleitet uns auf unserem Weg. Bedenken Sie auch folgende Lebensweisheit: »Die schlimmsten Nöte bereiten uns die Dinge, vor denen wir uns fürchten und die nie passieren.« Wenn wir uns damit belasten, dann schleppen wir mehr mit uns herum, als Gott uns zu tragen gibt. Womit wir wieder beim Thema Ballast wären …

In der täglichen Realität unseres Lebens kämpfen Glaube und Furcht ständig um die Vorherrschaft. »Furcht«, hat der britische Prediger David Watson einmal gesagt, »ist der Glaube an das, von dem man nicht will, dass es passiert.« Das Problem ist, dass wir oft so fixiert sind auf das, wovor wir Angst haben, dass wir uns so verhalten, als würde es bestimmt geschehen, und es auf diese Weise geradezu auf uns herabbeschwören. Wir haben Angst davor, krank zu werden, und werden daraufhin krank vor Angst. Wir befürchten, einer bestimmten Situation nicht gewachsen zu sein, und dann sind wir es tatsächlich nicht, weil wir vor Angst wie gelähmt sind. Hiob hat einmal gesagt: »Denn was ich gefürchtet habe, ist über mich gekommen, und wovor mir graute, hat mich getroffen. Ich hatte keinen Frieden, keine Rast, keine Ruhe, da kam schon wieder ein Ungemach!« (Hiob 3,25f; L). David hingegen sagt in einer Situation großer Angst und Unruhe: »Was bist du so aufgelöst, meine Seele, und was stöhnst du in mir? Harre auf Gott!«

Erschreckt nicht!

Einige Zeit nach Jesu ersten Worten über die Besorgnis (in Matthäus 6) nimmt er seine Jünger aufs Neue beiseite, diesmal, um sie vorzubereiten auf das Schwere, das auf sie zukommen wird. Auf dem Ölberg werden an jenem Tag ernste Dinge besprochen: Es werden Verführer und falsche Propheten aufstehen, es wird Kriege, Naturkatastrophen und Verfolgung geben. Das Leben wird schwer werden, auch (und erst recht) für Christen. Sie werden gehasst und an ihre Verfolger überliefert werden. »Haltet durch!«, das ist es, was Jesus seinen Jüngern sagt. »Haltet durch, gebt nicht auf!« Und: »Haltet fest an dem, was ihr wisst: Ich komme wieder! Dass diese Dinge so überhand nehmen, deutet darauf hin, dass ich bald wiederkomme!«

Wir finden diese »Endzeitrede« in Matthäus 24, Markus 13 und Lukas 21. Der direkte Anlass dafür war die bevorstehende Vernichtung des Tempels in Jerusalem im Jahre 70 nach Christus, die die Generation, die damals lebte, persönlich miterleben würde. Außerdem war die Rede von jenem anderen, weltumspannenden Ereignis, der Wiederkunft Christi und dem Ende der Zeiten. Was diese (größeren) Dinge betrifft, warnt Jesus vor vorschnellen Schlüssen. Die Jünger haben auch Kriege und Naturkatastrophen erlebt, es waren Verführer aufgetreten (siehe Matthäus 24,4f) und in Judäa braute sich eine Krise zusammen, die ihren Höhepunkt in der Vernichtung des Tempels finden würde. Auch Verfolgung war etwas, das die Apostel persönlich erleben würden (Jesus sprach darüber bei der Berufung und Aussendung der Apostel, siehe Matthäus 10,17-23). Aber das bedeutete nicht, dass die Wiederkunft noch zu ihren Lebzeiten stattfinden würde. Eigentlich ziehen sich verschiedene Linien gleichzeitig durch die Rede Jesu – einerseits geht es um die Gegenwart und andererseits um die Zukunft. Was auf die Jünger in ihrem Leben noch zukommt, steht einerseits in keinem direkten Zusammenhang mit den Geschehnissen, die das Ende der Zeiten kennzeichnen; andererseits gehören jedoch auch ihre Erfahrungen von Verführung, Katastrophen und Leiden zum »Anfang der Wehen« (Vers 8), die schließlich ihren Höhepunkt in der »Geburt« finden, der Wiederkunft Christi. Wie lange diese Wehen dauern werden (und wie schwer sie genau sein werden), bevor Jesus Christus wiederkommt, um seine Auserwählten zu versammeln und sein Königreich endgültig aufzurichten, weiß selbst Jesus nicht (Markus 13,32). Wichtiger, als darüber zu spekulieren, ist es, nahe beim Herrn zu bleiben und wachsam zu sein und auf die Zeichen der Zeit zu achten. Und … nicht zuzulassen, dass sich die Angst vor der Zukunft in unseren Lebensrucksack hineinstiehlt und unser Weg dadurch unnötig erschwert wird. Wir sind dazu berufen, frei zu sein, auch frei von Angst!

In Matthäus 24 lesen wir: »Seht zu, erschreckt nicht!« (Vers 6), und: »Wer aber ausharrt bis ans Ende, der wird errettet werden« (Vers 13), und: »Betet…« (Vers 20). In Lukas 21 lesen wir, dass die Ungläubigen »verschmachten« werden »vor Furcht und Erwartung der Dinge, die über den Erdkreis kommen«, aber zu den Christen wird gesagt: »Wenn aber diese Dinge anfangen zu geschehen, so blickt auf und hebt eure Häupter empor, weil eure Erlösung naht« (Verse 26.28). In Markus 13,11 unterstreicht Jesus, dass die Christen mit Gottes Beistand rechnen dürfen: »Und wenn sie euch hinführen, um euch zu überliefern, so sorgt euch vorher nicht, was ihr reden sollt, sondern was euch in jener Stunde gegeben wird, das redet! Denn nicht ihr seid die Redenden, sondern der Heilige Geist.« Sich im Voraus den Kopf zu zerbrechen und zu bangen erweist sich im Licht dieser Verheißung als sinnlos.

Wie werden wir nun leben? Besorgt, ängstlich oder vertrauensvoll? Haben wir eigentlich eine Wahl? Ist es nicht so, dass der eine nun einmal von Natur aus ein Angsthase ist und ein anderer viel weniger Probleme mit Angst und Sorgen hat? In der Tat, es stimmt, dass der eine empfänglicher für diese Dinge ist als der andere. Aber für alle Christen gilt, dass wir einen himmlischen Vater haben, der uns Mut zuspricht und uns anspornt mit der Ermahnung: »Fürchtet euch nicht!«, und mit der Verheißung: »Ich bin bei euch alle Tage bis an der Welt Ende« (Matthäus 28,20; L). Christen aus Ländern, in denen Verfolgung herrscht(e), können bezeugen, dass sie durch alle Schwierigkeiten hindurch entdeckt und gelernt haben, dass Gott zu seinem Wort steht. Aufgrund dieser Erfahrung haben sie es sich abgewöhnt, Angst zu haben vor dem, was ihnen möglicherweise bevorstehen könnte. Lieber verwenden sie ihre Energie darauf, an ihrer persönlichen Beziehung zum Herrn zu bauen.

Das wiederkehrende »Fürchtet euch nicht!« ist keine biblische Sprücheklopferei, die uns bei der Stange halten soll, es ist das Wort des Sohnes Gottes, der selbst durch seinen Heiligen Geist unsere Kraft und unser Trost sein will. Nicht vorübergehend und sporadisch, sondern für Zeit und Ewigkeit. Sein Versprechen, dass er bei uns ist »bis an der Welt Ende« (Matthäus 28,20; L), ist nicht zu trennen von jener anderen Verheißung, die nach Pfingsten erfüllt wurde: Vater und Sohn werden durch den Heiligen Geist in uns Wohnung nehmen. »Gott mit uns« ist nun zu »Gott in uns« geworden. Die tiefste Form von Gottes Fürsorge für uns liegt hierin begründet: Er ist da. Er sorgt dafür, dass wir in einer Welt, die immer düsterer wird, in Ruhe leben können.

Wer sich gefangen nehmen lässt von der Angst vor der Gegenwart oder der Zukunft, schleppt einen großen Ballast mit sich herum, der seinen Lebensweg beträchtlich (und unnötig) erschwert. Vergessen Sie nicht: Es ist niemals Gott, der unsern Weg *unnötig* erschwert, oft sind wir dies selbst. Je mehr wir uns darin üben, unser Leben in dem Bewusstsein zu leben, dass der Herr wirklich in uns wohnt, und all unsere Sorgen und Ängste bewusst und immer wieder auf ihn abwälzen, desto mehr werden wir erfahren, dass die Aufgabe zu bewältigen und die Reise zu schaffen ist. Wir dürfen »unsere Häupter emporheben« und vertrauensvoll unseren Weg gehen.

Kapitel 7

Ich vergesse, was dahinten ist …

Philipper 3,13 (L)

Über den Ballast des
»Hätte-ich-nur-und-wäre-ich-doch …«

Problem:	Selbstvorwürfe, Scham, Schuldgefühle
Wieso Ballast:	Weil das ständige Zurückblicken uns am Hinaufschauen und Vorausschauen hindert
Biblische Personen:	Paulus, Johannes Markus
Der Weg zur Freiheit:	Vorausschauen
Unser Helfer:	Der Heilige Geist – er erinnert uns an Gottes Gnade und Vergebung in Jesus und zeigt uns neue Wege
Kernvers:	»(…) indem wir hinschauen auf Jesus, den Anfänger und Vollender des Glaubens«

(Hebräer 12,2)

Denkt nicht an das Frühere, und auf das Vergangene achtet nicht!
Siehe, ich wirke Neues!
Jesaja 43,18f

Wer seine Hand an den Pflug legt und sieht zurück,
der ist nicht geschickt für das Reich Gottes.
Lukas 9,62 (L)

Deshalb lasst nun auch uns (...) mit Ausdauer laufen den vor uns
liegenden Wettlauf, indem wir hinschauen auf Jesus.
Hebräer 12,1f

Eins aber sage ich: Ich vergesse, was dahinten ist, und strecke mich aus
nach dem, was da vorne ist, und jage nach dem vorgesteckten Ziel, dem
Siegespreis der himmlischen Berufung Gottes in Christus Jesus.
Philipper 3,13f (L)

Ich habe deine Verbrechen ausgelöscht wie einen Nebel
und wie eine Wolke deine Sünden.
Jesaja 44,22

Ich danke Christus Jesus, unserem Herrn, der mir Kraft verliehen, dass
er mich treu erachtet und in den Dienst gestellt hat, der ich früher ein
Lästerer und Verfolger und Gewalttäter war; aber mir ist Barmherzigkeit
zuteil geworden.
1. Timotheus 1,12f

Aber durch Gottes Gnade bin ich, was ich bin;
und seine Gnade mir gegenüber ist nicht vergeblich gewesen.
1. Korinther 15,10

In diesem Kapitel beschäftigen wir uns mit Ereignissen aus der Vergangenheit, die in uns nachklingen oder in bestimmten Situationen plötzlich wieder lebendig werden und an uns nagen oder uns anklagen. Das kann erstens Entscheidungen betreffen, die wir vor Jahren wohlüberlegt getroffen haben, an deren Richtigkeit wir jedoch immer wieder einmal zweifeln. Das geschieht vor allem in schwierigen Perioden und führt zu innerer Unruhe. Dabei kann dann auch ein vages Bedauern mitschwingen, das von dem Gedanken »Was wäre geschehen, wenn ich mich damals anders entschieden oder anders gehandelt hätte?« geprägt ist. Es kann zweitens auch ein persönliches Versagen aus der Vergangenheit betreffen, das sich unerwartet wieder in unser Bewusstsein drängt und uns aus dem Gleichgewicht bringt. Wir empfinden eine gewisse Scham und machen uns Vorwürfe wegen des damaligen Ereignisses. Der hier vorherrschende Gedanke ist »Hätte ich damals nur …«, begleitet von Unsicherheit und der Angst vor künftigem Versagen. Es kann schließlich drittens um persönliches Fehlverhalten gehen, das uns weiterhin bedrückt. Vor allem, wenn der Schaden, den wir damit angerichtet haben, heute noch sichtbar und spürbar für uns ist, ist es sehr schwer für uns, von unserer Tat loszukommen. Die Konfrontation bleibt schmerzlich und kann neben einer nagenden Reue auch zu Schuldgefühlen, vielleicht sogar zu Selbsthass führen.

1) Zweifel und Reue: Wenn ich doch nur …

Christian, der seit beinah 30 Jahren verheiratet ist, beginnt sich immer mehr an bestimmten Gewohnheiten und Verhaltensweisen seiner Frau zu stören. Er stellt fest, dass sie eigentlich nur noch wenig gemeinsam haben, und ertappt sich dabei, dass er immer öfter zurückdenkt an eine frühere Liebesbeziehung und darüber phantasiert, wie das Leben gelaufen wäre, wenn er seine damalige Freundin geheiratet hätte statt seiner jetzigen Frau.

Jürgen und Lisbeth haben schon seit einiger Zeit finanzielle Probleme und machen sich gegenseitig Vorwürfe, dass sie vor zehn Jahren vom Kauf eines Hauses in Limburg abgesehen haben. Damals war es sehr billig und heute wäre es eine Goldgrube. Die Tatsache, dass ihnen (vielleicht) ein bedeutender Gelegenheitskauf entgangen ist, ist zu einem immer wiederkehrenden Gesprächsthema geworden, das zu nichts anderem führt als weiterem Ärger.

Franz, Mathematiklehrer an einer Realschule, fragt sich immer öfter, ob er damals nicht besser Tiermedizin studiert hätte statt Mathematik. Zum damaligen Zeitpunkt hatte er sich für ein Mathematikstudium entschieden, weil es für Tiermedizin nur eine beschränkte Anzahl von Studienplätzen gab. Nun hat er Schwierigkeiten mit der Schulleitung und mit den Schülern, die ihm das Leben ziemlich sauer machen. Er stellt sich vor, dass ein Leben als Tierarzt mit einer idyllisch gelegenen Praxis auf dem Land viel attraktiver wäre, und fragt sich, ob er sich damals nicht zu schnell von seiner ersten Wahl hat abbringen lassen.

Marit schließlich wird von dem Gedanken gequält, dass sie durch ihre Heirat ihre Berufung und den Segen Gottes verpasst hat. Als sie neunzehn war, war sie davon überzeugt, dass Gott sie in den Missionsdienst rief. »Ich hatte nicht den Mut dazu«, sagt sie nun. »Ein paar Jahre später habe ich einen Geschäftsmann geheiratet. Aus dem Missionsdienst ist nichts mehr geworden. Inzwischen ist mein Mann pensioniert, und nachdem wir jahrelang im Ausland gelebt haben, sind wir in unser Heimatland zurückgekehrt. Und nun stelle ich mir auf einmal allerlei Fragen über den Sinn meines Lebens. Hätte ich nicht viel mehr für Gott tun können, wenn ich damals den Mut gehabt hätte, Missionarin zu werden? Habe ich seine Pläne mit mir durchkreuzt, indem ich mich für die Sicherheit einer Ehe entschieden habe, statt einen Glaubensschritt zu tun und in den Missionsdienst zu gehen? Diese Fragen spuken mir im Kopf herum und machen mich so unruhig, dass ich nachts stundenlang wach liege. Unsere Ehe und sogar meine Beziehung zu Gott leiden darunter.«

Es ist offensichtlich, dass die Frage »Was wäre passiert, wenn ...« nicht sinnvoll ist in Situationen, die nicht mehr rückgängig zu machen sind. Wenn man sich immer wieder mit dem Gedanken beschäftigt, was geschehen wäre, wenn es damals anders gelaufen wäre, wird dies das Gefühl der Unzufriedenheit mit der heutigen Situation verstärken und zu innerer Unruhe führen. Es kann eine Form von Flucht sein; indem man sich mit der Vergangenheit beschäftigt, weicht man der Verantwortung aus, der Gegenwart ins Auge zu sehen und sie sinnvoll zu gestalten. Das Idealisieren einer früheren Liebesbeziehung lenkt von dem ab, was heute nötig ist: an der gegenwärtigen Ehe zu arbeiten. Das ständige Reden über den finanziellen Gewinn, den man gemacht hätte, wenn man damals das Haus in Limburg gekauft hätte, lenkt davon ab, konkrete Schritte zu unternehmen, um die heutige finanzielle Lage zu verbessern. Die Tagträume über ein freies Leben als Tierarzt lenken davon ab, die Ursache der heutigen Probleme in der Schule herauszufinden und an einer Veränderung zu arbeiten. So kann die Vergangenheit unsere Gegenwart und Zukunft negativ beeinflussen. Marits Zweifel über den Sinn und Wert der vergangenen Jahre lähmt sie und steht einem weiteren Wachstum und Dienst für den Herrn im Weg. Ihr Fixiertsein auf den Ruf in die Mission, aus dem nie etwas wurde, macht sie zudem blind für das Gute, das es in ihrem Leben gab. Bei ihrer Grübelei übersieht Marit, was ihre Ehe und ihr Leben in verschiedenen Ländern für Gottes Reich bewirkt haben und welchen Segen Gott in ihrem Leben und durch ihr Leben geschenkt hat. Sie sind immer in der jeweiligen Ortsgemeinde aktiv gewesen (wenn es eine solche gab), sie hatten ein gastfreies Haus und waren ihren Mitmenschen zum Segen. Nicht unwesentlich ist auch, dass sie in Ländern gewohnt haben, in die Missionare nicht oder kaum hineinkommen. Als Christen konnten sie dort etwas vom Leben mit Christus zeigen und hatten mehr als einmal Gelegenheit, mit anderen über ihren Glauben zu sprechen.

Unsere »Hätte-ich-doch-und-wäre-ich-nur«-Gedanken haben nur dann Sinn, wenn sie zu etwas Produktivem führen. Unruhe kann zum Nachdenken und zur Kurskorrektur veranlassen oder dazu führen, dass wir einen konkreten Schritt in die richtige Richtung tun. Wenn Sie das Gefühl haben, dass das Leben an Ihnen vorbeigegangen ist, ohne dass Sie die Gaben und Talente, die Gott Ihnen gegeben hat, genutzt haben, dann können Sie versuchen herauszufinden, ob es Möglichkeiten gibt, dies nun noch zu tun. Wenn Ihr »Hätte-ich-doch-die-Chance-gehabt-zu-studieren« dazu führt, dass Sie sich nun noch für einen bestimmten Kurs einschreiben, dann ist das ein Gewinn. Wenn Ihr »Hätte-ich-mich-nur-früher-von-meiner-Mutter-gelöst-statt-mich-so-vereinnahmen-zu-lassen« dazu führt, dass Sie gesündere Beziehungen aufbauen, dann ist das ebenfalls ein Gewinn. Aber wenn Ihre Fragen nichts anderes bewirken, als dass Sie in einen Teufelskreis von immer mehr Fragen und Unruhe hineingeraten, dann handelt es sich um Ballast, der Sie am Fortkommen hindert. Es ist ein Ballast, mit dem Gottes Gegenspieler viel anfangen kann. Je mehr Marit ihre Unsicherheit zulässt und dadurch nährt, dass sie sich intensiv mit ihr beschäftigt, desto mehr kann sich diese zu einem lähmenden Zweifel auswachsen, der ihr geistliches Leben und ihre Ehe untergräbt. Marit ist jedoch dazu berufen, in Freiheit zu leben! Was sie zu tun hat (und andere in ihrer Lage ebenfalls), ist, die sinnlosen »Was-wäre-geschehen-wenn«-Fragen radikal aus ihrem Rucksack zu werfen. Wer frei sein will, muss einen Schlussstrich ziehen unter das, was nicht mehr zu ändern ist, die Segnungen von heute sehen und mutig voranschreiten.

2) Scham und Selbstvorwürfe: Hätte ich doch bloß …

Ich glaube, wir alle kennen Situationen, an die wir nicht so gern zurückdenken, weil wir in ihnen eine schlechte Figur oder einen negativen Eindruck auf andere gemacht haben (was vermutlich auch ein Schlag für unsere eigene Selbstachtung war). Noch Jahre später kann die Erinnerung an das betreffende Geschehnis uns die Schamröte ins Gesicht treiben oder Magenkrämpfe verursachen. Es wird noch peinlicher, wenn sich unsere Umgebung an unser Versagen erinnert und bei passenden Gelegenheiten aufs Neue darauf hinweist. Dann bekommt man einen Stempel aufgedrückt wie: »Das ist die Frau, die wegen Betrugs entlassen wurde«, oder: »Das ist der Mann, der jahrelang ein Alkoholproblem hatte«, oder: »Das ist der Junge, der zweimal durchs Abitur gefallen ist und später im Studium wieder ein Jahr verplempert hat.« Es ist sehr schwer, solch einen Stempel – ob man ihn nun von anderen oder von sich selbst aufgedrückt bekommen hat – wieder loszuwerden. Die Umgebung neigt zu einer »Wer-einmal-lügt-dem-glaubt-man-nicht«-Haltung, wodurch sowohl die Erinnerung als auch die Vorwürfe lebendig bleiben. Aber auch Selbstvorwürfe können in unserem Leben eine verheerende Wirkung haben und sich bis zum Selbsthass auswachsen. Diese Dinge können einen Menschen lähmen, und er kann sogar an ihnen zerbrechen.

Beim Thema Versagen denke ich an Johannes Markus. Seine Geschichte ist nicht im Ganzen für uns aufgeschrieben worden; wir müssen die verschiedenen Puzzleteile zusammensetzen, die wir in der Bibel über ihn finden. Der Junge (Johannes war sein hebräischer Vorname und Markus sein römischer Nachname) wuchs in einer wohlhabenden Familie in Jerusalem auf. Seine Mutter Maria, die, wie man annimmt, Witwe war, war eine gläubige Frau, die ihr Haus der Gemeinde öffnete. Als der Apostel Petrus im Gefängnis saß, fand die Gebetsstunde für seine Befreiung bei ihr zu Hause statt (Apostelgeschichte 12,12-17).

In Kolosser 4,10 wird erwähnt, dass Johannes Markus der Cousin von Barnabas war. Als Barnabas und Paulus (der damals noch Saulus hieß; siehe Apostelgeschichte 13,2) zusammen auf Missionsreise gingen, nahmen sie Johannes Markus mit: »Sie hatten aber auch Johannes zum Diener« (Apostelgeschichte 13,5).

Ich muss sagen, dass ich immer eine bestimmte Vorstellung bei dieser Geschichte habe. Ich sehe Johannes Markus als einen unerfahrenen jungen Mann, der das große Vorrecht hatte, von den beiden vollmächtigen und bekannten Glaubenskämpfern eingeladen zu werden zu etwas, das ein großes Abenteuer zu werden versprach. Seine Freunde müssen ein wenig eifersüchtig auf ihn geblickt haben: »Wow, mit den beiden würd ich auch gern mal losziehen!« Und er, der schon von Hause aus eine bevorzugte Stellung hatte, hat vielleicht in jugendlichem Übermut gedacht: »Ich krieg das hin, ich werd ihnen schon zeigen, dass ich mit dem rauen Leben zurechtkomme!« Aber dann … kommt er doch nicht damit zurecht und gibt vorzeitig auf (Apostelgeschichte 13,13).

Wir erfahren nicht, was der Anlass für das Weggehen des Johannes Markus ist so kurz nach der kräftezehrenden Zeit auf der Insel Zypern. Hatte er Heimweh? Wurden im Nachhinein betrachtet doch ein bisschen zu viele Entbehrungen von ihm verlangt? Er war immerhin an ein komfortables Haus gewöhnt, an frische Bettwäsche und saubere T-Shirts, die ordentlich für ihn gebügelt wurden.

Vermisste er die Fürsorge und das gute Essen seiner Mutter? Wir wissen es nicht. Tatsache ist, dass er nach der Ankunft in Perge in Pamphylien aufgab und nach Jerusalem zurückkehrte.

Wie ist Johannes Markus damals nach Hause gekommen? Ob ihm seine vorzeitige Rückkehr sehr zu schaffen gemacht hat? Die Tatsache, dass er es »nicht gepackt« hat? Ob seine Freunde ihm das unter die Nase gerieben haben – ob sie ihn (direkt oder hinter seinem Rücken) als »Weichei« abgestempelt haben? Ob seine Mutter ihm Vorwürfe gemacht hat? Ob ihm die Gemeinde Fragen gestellt hat? Wir erfahren nichts von alledem. Wie Paulus reagierte, erfahren wir jedoch sehr wohl.

Als Paulus und Barnabas später wieder eine Missionsreise vorbereiten und Barnabas vorschlägt, dass sie seinen Cousin wieder mitnehmen, ist Paulus damit überhaupt nicht einverstanden. Ihm ist noch frisch im Gedächtnis, dass dieser Junge bei der ersten Reise kein Durchhaltevermögen gezeigt hat, und darum hat er keine Lust, ihn wieder mitzunehmen. Johannes hat eine schlechte Figur gemacht, Missionare sind aus anderem Holz geschnitzt. Was Paulus betrifft, ist es aus und vorbei. Barnabas denkt jedoch anders darüber. Er lässt sich nicht so leicht von Paulus' negativer Haltung beeinflussen, er besteht darauf, Johannes Markus eine neue Chance zu geben. Das Ende vom Lied ist, dass es zwischen den beiden Missionaren zu einem schweren Konflikt kommt und jeder seines Weges geht. Paulus wählt einen neuen Gefährten, Silas. Barnabas zieht mit Johannes Markus los (Apostelgeschichte 15,36-41).

Ich vermute, dass es in dieser Situation sehr schwer für Johannes Markus gewesen sein muss, sich von seinem Versagen nicht niederdrücken zu lassen. Sich nicht mit Selbstvorwürfen zu quälen. Sich nicht zu schämen und sich nicht in dem Gefühl der eigenen Wertlosigkeit zu ergehen. Einem Gefühl, das sicher verstärkt wurde durch die Reaktion von Paulus, die schließlich dazu führte, dass zwei große Missionare auseinander gingen. Wie ich Paulus kenne, hat er vermutlich bei Johannes Markus' Abreise aus Perge rundheraus zu dem Jungen gesagt: »Du machst mir keine Freude, von dir hätte ich etwas anderes erwartet ...«

Wer versagt hat – im Studium, bei der Arbeit oder in Beziehungen –, weiß, dass das eigene Fehlverhalten manchmal weit reichende Folgen haben kann. Manchmal entsteht daraus ein ungesundes emotionales Gepäck wie zerstörerische Selbstablehnung oder lähmende Scham: Ich bin ein Schwächling, eine wertlose Person. Zum Glück kam es bei Johannes Markus nicht so weit. Sein Versagen während der ersten Missionsreise war für ihn nicht das Ende der Geschichte. Vielleicht hatte er dieses Gefühl, aber dann kam die große Überraschung. Barnabas lud ihn ein, ihn auf eine neue Missionsreise zu begleiten. Während Paulus in diesem Moment kurzsichtig und halsstarrig war, zeigte Barnabas die Gesinnung Christi: Er rechnete Johannes Markus seine Fehler nicht an und gab ihm eine neue Chance. Barnabas zahlte dafür einen hohen Preis, denn er verlor in diesem Moment einen guten Freund, aber das nahm er in Kauf. Vielleicht hat Barnabas vermutet, dass für Johannes Markus viel auf dem Spiel stand. Vielleicht nahm er sich die Sache auch so zu Herzen, weil der Junge ein Verwandter von ihm war. Wie dem auch sei, durch seine Haltung hat Barnabas Schlimmeres verhindert. Er ließ seinen Cousin mit der Erinnerung an sein Versagen nicht allein und bewahrte ihn so davor, in seinem geistlichen Wachstum und seinem Dienst für Gott zu stagnieren. Das wäre eine schwere Belastung gewesen, an der der junge Mann vielleicht zerbrochen wäre. Nun jedoch geschah etwas anderes: Johannes Markus wuchs und wurde ein vollmächtiger Gottesmann. Es ist sehr wahrscheinlich, dass wir ihm das Markusevangelium zu verdanken haben; man nimmt an, dass er es geschrieben hat. Johannes Markus, der später nur noch Markus (sein heidnischer Name) genannt wurde, hat einen Dienst unter den Römern (Heiden) bekommen und schrieb sein Evangelium in Gedanken an sie. Übrigens wurde er später ein geschätzter Kollege von Paulus (Kolosser 4,10f; Philemon 24). In 2. Timotheus 4,11 spricht der große Apostel lobende Worte über ihn.

Was ist die Moral dieser Geschichte? Ich denke, das lässt sich in fünf Worten sagen: *Gott gibt Versagern neue Chancen.* Der Teufel freut sich über unser Versagen und reibt es uns gern wieder unter die Nase, nicht nur einmal, sondern immer wieder – mit dem Ziel, uns zu entmutigen und auszuschalten. Unsere Mitmenschen machen leicht denselben Fehler, auch die »Guten« unter ihnen! Aber Gott gesteht uns zu, aus unseren Fehlern zu lernen. Wer das im Glauben annimmt, gibt sich selber einen Ruck, wenn er in eine Abwärtsspirale aus Scham und Selbstvorwürfen zu geraten droht wegen Dingen, die in der Vergangenheit geschehen sind. Was wir tun müssen, ist Folgendes: Wir müssen unser Versagen zugeben und beim Namen nennen, Gott (und, falls das angebracht ist, auch unsere Mitmenschen) um Vergebung bitten und dann all unsere Selbstvorwürfe, unseren Selbsthass und unsere Scham aus unserem Rucksack herauswerfen und beim Kreuz lassen. Dann können wir guten Mutes und in der Kraft Gottes unseren Weg fortsetzen.

Paulus reagierte in dieser Situation sehr kurz angebunden und war keinerlei Vernunftgründen zugänglich. Zum Glück kennen wir ihn auch anders. Dem jungen Timotheus war er ein guter und treuer Mentor, der seinen Schützling immer wieder ermutigte und anspornte. Auch in seinem Verhalten den Gemeinden gegenüber sehen wir seine liebevolle, väterliche Seite. Dennoch blieb auch er ein normaler Mensch, der auch einmal losbellte ... und das nicht immer zum richtigen Zeitpunkt. Auch er hatte noch manches zu lernen. Barnabas zeigte in dieser Situation die Gesinnung Christi. Er holte Johannes Markus da ab, wo er gestrandet war, und ging mit ihm weiter.

Und Johannes Markus selbst? Ich vermute, dass ein Gespräch unter vier Augen stattgefunden hat, bevor Barnabas und er sich wieder auf den Weg machten. Vielleicht hat Barnabas nicht so viele Worte gebraucht, aber es wird seinem Cousin sicher klar geworden sein, dass die Latte diesmal etwas höher lag: Er durfte nicht mehr so schnell aufgeben, sondern musste daran arbeiten, einen längeren Atem zu bekommen – mit anderen Worten: zu wachsen. Die liebevolle Haltung von Barnabas hat sicher dazu beigetragen, dass sein Cousin diesmal durchhielt. Die neue Chance machte ihn entschlossen, sein Allerbestes zu tun. Entscheidend war, dass seine Vergangenheit kein Stolperstein für seinen weiteren Lebensweg werden sollte, sondern eine »Treppenstufe«: eine Lektion, durch die er lernte, die Dinge in Zukunft anders anzupacken.

3) Gewissensbisse und Schuldgefühle: Könnte ich die Zeit doch zurückdrehen ...

Schließlich gibt es noch Situationen, in denen wir durch unsere Haltung oder unser Verhalten Schaden angerichtet haben. Wir haben sie vor Gott bekannt und wissen, dass er uns vergeben hat, aber *wir können uns selbst nur schwer oder gar nicht vergeben.*

Anita ist seit gut dreizehn Jahren mit Hans verheiratet. »Es passierte im berüchtigten siebten Jahr«, sagt sie. »Hans war beruflich viel unterwegs, ich war einsam und beging Ehebruch mit unserem Nachbarn. Es passierte einige Male und wir fühlten uns alle beide hinterher schrecklich. Trotzdem passierte es dann wieder. Insgesamt hat es ein halbes Jahr gedauert, bis wir beschlossen, dass es wirklich nicht mehr so weit kommen durfte. Wir hatten vereinbart, dass wir nicht darüber reden würden, aber irgendwie kam es doch heraus. Für unsere Nachbarn bedeutete das das Ende ihrer Ehe. Sie haben sich scheiden lassen und sind alle beide weggezogen. Bei Hans und mir geschah das Umgekehrte. Ich habe meine Sünden bekannt und Gott (und auch Hans) um Vergebung gebeten. Wir konnten darüber reden, wir haben Hilfe gesucht und für unsere Ehe gekämpft. Es war ein tiefes Tal, aber wir sind hindurchgekommen. Es ist sogar so, dass unsere Beziehung enger und tiefer geworden ist. Natürlich bin ich dafür sehr dankbar, aber dennoch hat die ganze Geschichte einen Schatten auf mein Leben gelegt. Ich bin mir zutiefst bewusst, dass mein Verhalten dazu beigetragen hat, dass eine Ehe kaputtgegangen ist. Ich kann mir zwar sagen, dass diese Ehe schon angeknackst war (sonst hätte der Nachbar nichts mit mir angefangen), aber die Tatsache bleibt bestehen, dass wir durch unsere Beziehung eine Menge Porzellan zerschlagen haben. Ich kann mir das einfach nicht verzeihen, und es raubt mir manchmal heute noch den Schlaf. Es gibt Zeiten, zu denen ich in ein tiefes Loch falle und mir vorhalte, dass ich kein Recht auf das Glück habe, das ich in meiner Ehe und Familie erfahre. Manchmal denke ich, dass ich ein Störsender bin. Wenn etwas schief geht, höre ich eine Stimme in mir: ›Siehst du wohl, das ist deinetwegen passiert.‹ Es ist eine Art Jona-Gefühl. Wenn in unserer Familie ein Sturm losbricht, denke ich: ›Das ist meine Schuld. Sie täten besser daran, mich über Bord zu werfen.‹«

Frank hat vor gut zehn Jahren zu verhindern gewusst, dass jemand in der Firma, in der er arbeitet, eine hoch dotierte Stelle bekam. Der Grund war, dass Frank diesen Mann nicht mochte. Er sagt: »Ich hatte eine persönliche Antipathie gegen den Kandidaten, die später noch dadurch verstärkt wurde, dass ich von Dritten Negatives über ihn hörte. Als er sich bei uns bewarb, habe ich meinen Einfluss in der Firma geltend gemacht und von seiner Einstellung abgeraten. Er bekam die Stelle nicht und ihm sind dadurch gute Karrierechancen entgangen. Sein heutiger Arbeitsplatz ist nicht zu vergleichen mit der Position, die er in unserer Firma angestrebt hat und für die er auch sehr geeignet gewesen wäre.« Dies Geschehnis liegt Frank noch Jahre später schwer im Magen. »Anfänglich hat mir das Ganze nicht so viel ausgemacht, aber das kann ich heute nicht mehr behaupten. Ich schäme mich dafür, dass damals jemand durch mein Zutun aus dem Boot gefallen ist, nur weil ich ihm seine Stelle nicht gegönnt habe. Besonders schlimm ist, dass die negativen Geschichten, die ich damals über ihn hörte und die meine persönliche Antipathie verstärkten, gar nicht stimmten, wie ich heute weiß. Dass das damals so gelaufen ist, belastet mein Gewissen immer noch. Ich habe diese Dinge vor Gott bekannt und ihn um Vergebung gebeten, aber ich komme nicht wirklich davon los. Und was ganz bizarr ist: Zu meiner Überraschung oder, besser gesagt, zu meinem Entsetzen bin ich der betreffenden Person vor zwei oder drei Jahren bei einer christlichen Veranstaltung begegnet. Ich habe ihm dann ehrlich gebeichtet, wie das damals gelaufen ist. Er war schockiert, aber er hat sich davon trotzdem nicht herunterziehen lassen und hegte keinerlei Groll gegen mich. Seine heutige Stelle gefalle ihm sehr, meinte er. Das Seltsame ist, dass ich mich durch seine milde Reaktion noch wertloser fühle und die Geschichte einfach nicht loswerde. Mich verfolgt der Gedanke, dass ich jemandes Leben und Zukunft verdorben habe. Aber ich bin auch entsetzt darüber, dass ich zu etwas so Niederträchtigem imstande war. Wenn das jemals in meiner Gemeinde bekannt würde, würden die Leute die Hände über dem Kopf zusammenschlagen.«

Wenn durch unsere (Mit-)Schuld Dinge geschehen sind, die greifbare Spuren hinterlassen und anderen Schaden zugefügt haben, müssen wir besonders darauf achten, uns nicht fortwährend selbst zu verurteilen. Wenn wir ständig von Gewissensnot gepeinigt werden und »Hätte-ich-doch-und-wäre-ich-nur«-Gedanken hegen, dann können unsere Wunden nie verheilen. Oft werden wir von Angst geplagt und denken, dass keine Heilung möglich ist, solange es nicht möglich ist, den Schaden wieder gutzumachen und das Geschehene rückgängig zu machen. Für den Widersacher Gottes, den Teufel, sind unsere Gewissensbisse und unsere Angst hervorragende Mittel, um sein Ziel zu erreichen: unseren Untergang. Er hat dann auch besonderes Vergnügen daran, uns immer wieder an unsere (bekannten und vergebenen) Sünden zu erinnern. Bei jeder sich bietenden Gelegenheit reibt er uns diese alten Dinge wieder unter die Nase und hält uns vor, dass wir immer noch schuldig sind und großes Leid verursacht haben. Alles in der Hoffnung, dass wir an dem, was geschehen ist, zerbrechen.

Wenn wir, nachdem wir unsere Sünden bekannt haben, noch gebückt gehen unter unserer Schuld, dann müssen wir uns klarmachen, dass es sich um ein Schuld*gefühl* handelt. Wir müssen begreifen und auch *annehmen*, dass die *Schuld* (die sich auf das bezieht, was wir *getan* haben) von Gott vergeben und hinweggetan wurde. Weil Gott uns unser Versagen und unsere Sünden nicht mehr vorwirft, wenn wir sie ihm bekannt haben, müssen auch wir selbst Schluss machen mit Selbstvorwürfen (und Selbsthass). Wenn wir gequält werden von *Scham* (die sich auf das bezieht, was wir *sind*), zeigt das, wie *wir* in Bezug auf uns selbst empfinden, nicht, wie *Gott* über uns denkt, denn er schämt sich unser nicht (Hebräer 11,16)!

Noch einmal: Der Teufel drängt uns gern in die Ecke, er freut sich darüber, wenn wir gefangen und gelähmt sind von negativen Gefühlen. Jesus hingegen ist gekommen, um uns zu befreien und gesund zu machen. Er befreit uns nicht nur von unserer Schuld, sondern auch von unseren Schuldgefühlen und unserer Scham. All diese Dinge müssen wir bewusst ans Kreuz bringen. Nicht um sie Gott zu zeigen, sondern um sie wirklich abzulegen und loszulassen. Sehr wichtig ist dabei, dass wir daran festhalten, dass Gott uns vergeben und uns gereinigt hat. Psalm 103,12 sagt: »So fern der Osten ist vom Westen, hat er von uns entfernt unsere Vergehen.« Dagegen kommt kein Teufel an, daran kann kein Teufel irgendetwas ändern. Wir dürfen dieses Geschenk der Vergebung Gottes annehmen, aber … danach müssen wir uns auch selbst vergeben! Tun wir dies nicht, dann wird es uns nicht gelingen, einen Schlussstrich unter die Vergangenheit zu ziehen. Gott zieht diesen Schlussstrich, und er tut dies radikal, indem er nicht nur vergibt, sondern uns auch wieder herstellt. In seiner Gnade macht Gott neue Menschen aus uns und nimmt uns (wieder) in seinen Dienst (siehe 1. Timotheus 1,12-14).

Vergessen

Als Saulus sich bekehrte, trug er eine große Schuld mit sich. Er war ein berühmter Schrift- und Rechtsgelehrter, der von niemand Geringerem als Gamaliel, einem allseits respektierten Mitglied des jüdischen Rates, unterrichtet worden war. Als die Zahl der Menschen, die an Jesus glaubten, wuchs, entstand Unruhe unter den religiösen Führern der Juden. Saulus hatte die Ehre, als besonderer Gesandter des Hohenpriesters nach Damaskus geschickt zu werden, um dort den christlichen Glauben auszurotten. Er war rücksichtslos in seiner Verfolgung der Menschen, die »des Weges« waren (Apostelgeschichte 9,2), und schreckte nicht davor zurück, Familien auseinander zu reißen, Männer und Frauen aufzugreifen und gefangen zu nehmen, Menschen auspeitschen und ermorden zu lassen (siehe zum Beispiel Apostelgeschichte 22,1-4 und 26,9-11).

Saulus war dabei, als Stephanus gesteinigt wurde, der erste christliche Märtyrer der Geschichte. Es muss ein grässliches Geschehnis gewesen sein. In Apostelgeschichte 7,57f lesen wir, wie sich eine Menge wie von Sinnen auf ihn stürzte und ihn aus der Stadt stieß. Stephanus wurde vermutlich in eine Grube oder einen Abgrund gestoßen und dann von oben gesteinigt. Die Zeugen der Steinigung »legten ihre Kleider ab zu den Füßen eines jungen Mannes mit Namen Saulus« (Vers 58). Dieser Saulus willigte in die Hinrichtung des Stephanus ein (Apostelgeschichte 8,1; siehe auch

22,19-20). Auffällig ist, dass ausdrücklich gesagt wird, dass Saulus zum Zeitpunkt der Steinigung des Stephanus ein *junger* Mann war. Ein junger, äußerst brutaler Mann, der, ohne eine Miene zu verziehen, zusah, wie ein Mitmensch gefoltert wurde und starb.

Wir wissen, dass Saulus nach seiner Bekehrung nicht ohne weiteres Eingang fand in die Gemeinschaft der Christen. Wenn man sich die Situation vorstellt, dann ist es begreiflich, dass seine Umkehr äußerst befremdlich und beängstigend auf sie wirkte und dass sie nicht gerade in Jubelrufe ausbrachen. Stellen Sie sich vor, Hitler hätte sich während des Zweiten Weltkriegs, also *während* die Judenverfolgung (die er selbst in die Wege geleitet hatte) in vollem Gange war, mit einem warmen Lächeln unter die Juden gemischt und behauptet, dass er von nun an einer der Ihren wäre. So ungefähr muss es gewesen sein, als der allseits gefürchtete Christenhasser Saulus plötzlich in den Synagogen von Damaskus auftauchte und verkündigte, dass Jesus der Sohn Gottes sei. Sie kannten ihn immerhin als denjenigen, der »in Jerusalem die zugrunde richtete, die diesen Namen anrufen« (Apostelgeschichte 9,19-21); kein Wunder, dass sie äußerst misstrauisch waren!

Schließlich setzte sich Barnabas, der unter den Christen allgemein respektiert war, für Paulus ein, und auf seine Fürsprache hin wurde er von den Christen als Bruder und geistlicher Leiter akzeptiert. Der Christenverfolger hatte sich radikal bekehrt und war ein neuer Mensch geworden mit einem neuen Auftrag: Er war Gottes »auserwähltes Werkzeug, meinen (Jesu) Namen zu tragen sowohl vor Nationen als auch Könige und Söhne Israels« (Apostelgeschichte 9,15). Wie beeindruckend, dass Gott gerade diesem Mann solch eine große, verantwortungsvolle Aufgabe übertrug!

Dass Paulus selbst noch mit seiner Vergangenheit zu kämpfen hatte, wird aus seinen Worten in Philipper 3,13f deutlich: »Ich vergesse, was dahinten ist, und strecke mich aus nach dem, was da vorne ist, und jage nach dem vorgesteckten Ziel, dem Siegespreis der himmlischen Berufung Gottes in Christus Jesus« (L).

Das Kernwort in dieser Aussage ist »Ich *vergesse*«. Es war für den zukünftigen Lebensweg und den Dienst von Paulus unerlässlich, dass er die Vergangenheit hinter sich ließ. Dass er daran denken konnte, ohne sich jedes Mal wieder mit der Vorstellung zu quälen: »Ich habe Christen auspeitschen lassen, ich habe sie mitleidlos verfolgt, ich habe gemordet ...« Es ist nicht so, dass Paulus seine Vergangenheit verleugnen musste – das wäre auch nicht möglich gewesen. Vor allem zu Beginn seines Christenlebens wurde Paulus wahrscheinlich fast täglich mit seiner gewalttätigen Vergangenheit konfrontiert. Er begegnete in der Gemeinde Menschen, die durch sein Zutun schrecklich gelitten hatten. Familien, die auseinander gerissen waren, Frauen, deren Männer umgebracht worden waren, Kinder, die einen Elternteil oder beide Eltern verloren hatten, Menschen, die durch Folter verstümmelt und fürs Leben gezeichnet, vielleicht gar zu Invaliden geworden waren. Nicht nur die Opfer mussten das Geschehene irgendwie einordnen, auch Paulus als Täter musste das tun. Er musste seine Taten verarbeiten, während er ständig mit ihren Folgen konfrontiert wurde. Er musste mit seiner Vergangenheit ins Reine kommen. Vergessen ...

Das griechische Wort, das Paulus hier gebraucht, steht in der Form des Partizip Präsens und heißt also wörtlich »vergessend«. Es geht um ein bewusstes Tun. Er sagt nicht »Ich habe vergessen«, sondern »Ich bin dabei, zu vergessen« oder »Ich arbeite daran, zu vergessen«. Seine Wortwahl deutet auf einen Prozess hin, ein allmähliches Vorwärtsschreiten mit Erfolgen und Rückschlägen. Vielleicht hatte er manchmal das Gefühl, seine früheren Untaten einigermaßen verarbeitet zu haben, dann wieder standen sie ihm lebendig vor Augen, wenn er mit einem Opfer konfrontiert wurde oder wenn jemand eine Bemerkung machte, die ihn traf. Sowohl er als auch seine Opfer mussten immer wieder eines tun: den Blick von der Vergangenheit abwenden und ganz bewusst in die richtige Richtung schauen: auf Jesus! Was für Paulus als Täter übrigens auch nicht leicht war, denn er konnte auch nicht so tun, als ob überhaupt nichts geschehen wäre, denn dadurch hätte er seine Mitchristen noch mehr verletzt. So wird sein Leben manchmal einem Spießrutenlauf geähnelt haben, und vermutlich war er öfter entmutigt, weil seine früheren Taten nicht ungeschehen gemacht werden konnten. Dennoch musste er weiter! Und darum arbeitete er daran, auf die richtige Weise zu vergessen und die Vergangenheit loszulassen. Der Heilige Geist half mit, indem er ihn stärkte und dafür sorgte, dass das Vertrauen seiner Mitchristen zu diesem neuen Diener des Herrn wuchs. Täter *und* Opfer mussten daran arbeiten, die Vergangenheit zu »vergessen« in dem Sinne, dass sie sie hinter sich ließen. Paulus musste lernen, seine Schuld bei Gott zu lassen und zu wissen, dass dieser ihm vergeben hatte. Er musste auch lernen, sich selbst zu vergeben. Seine Opfer mussten lernen, Paulus zu vergeben und ihn sodann als einen der Ihren willkommen zu heißen (und außerdem seine Autorität anzuerkennen). Alle mussten sie die Hand an den Pflug legen, nicht mehr zurückblicken, sondern nach vorne schauen und mit fest auf Jesus gerichtetem Blick gerade Furchen ziehen. Nicht auf dem steinigen Acker der vergangenen Schmerzen und bösen Taten, sondern auf dem guten Boden der Vergebung und Gnade Gottes. Beachten Sie Paulus' Worte in 1. Korinther 15,9f: »Denn ich bin der geringste der Apostel, der ich nicht würdig bin, ein Apostel genannt zu werden, weil ich die Gemeinde Gottes verfolgt habe. Aber durch Gottes Gnade bin ich, was ich bin, und seine Gnade mir gegenüber ist nicht vergeblich gewesen, sondern ich habe viel mehr gearbeitet als sie alle; nicht aber ich, sondern die Gnade Gottes, die mit mir ist.«

Wir wissen, dass Paulus nach seiner Bekehrung für einige Zeit »verschwand«, eine Periode, die als seine »stillen Jahre in Arabien« bekannt ist. In Galater 1,17f lesen wir, dass er nach seiner Bekehrung nach Arabien zog und drei Jahre später nach Jerusalem ging. Viele meinen, dass Paulus diese »stillen Jahre« gebraucht hat, um zu sich selbst zu kommen und seine Vergangenheit zu verarbeiten, und dass der Herr Paulus während dieser Jahre zubereitet hat für seinen weiteren Weg als Apostel. Das ist gut möglich, aber es gab noch einen weiteren Grund für Paulus' Aufenthalt in Arabien: Seine Zeit dort scheint in direktem Zusammenhang zu stehen mit seiner Berufung, Jesus unter den Heiden zu verkündigen (siehe Galater 1,16). Auch in dieser Hinsicht musste Paulus einen Schlussstrich unter seine Vergangenheit setzen: Er musste radikal aufräumen mit seinen früheren (heftigen) Ansichten und Vorurteilen bezüglich der Araber. Die Tatsache, dass Paulus drei Jahre in einer neuen und fremden Umgebung verbrachte (die er sich nie freiwillig ausgesucht hätte), ohne jeglichen Kontakt zu den Menschen, mit denen er zuvor zusammengearbeitet hatte, und weit weg von der Gegend, in der er den Christen so viel Leid zugefügt hatte, hat zweifellos dazu beigetragen, dass er Abstand zu seiner Vergangenheit gewann. Die arabischen Jahre zeigen daher nicht nur, dass er seinem Ruf gehorsam war, sie waren auch eine Periode, in der er als Mensch intensiv geformt wurde.

Siehe, ich wirke Neues!

Schließlich: Es sind nicht nur negative Geschehnisse, die wir hinter uns lassen müssen. Als der Herr durch Jesaja sagte: »Denkt nicht an das Frühere, und auf das Vergangene achtet nicht! Siehe, ich wirke Neues!« (Jesaja 43,18f), meinte er damit erstaunlicherweise Erfahrungen, die äußerst positiv waren: die Befreiung des Volkes Israel aus Ägypten und den Zug durchs Schilfmeer! Es war richtig, die Erinnerung an diese Wunder lebendig zu erhalten, aber auf eine gute Weise. Das Risiko, wenn man an solche großartigen Dinge zurückdenkt, besteht darin, dass man vielleicht denkt: Dies ist das Beste, was uns in unserem Leben je passiert ist und je passieren wird – nichts, was wir in Zukunft noch erleben, wird auch nur annähernd so gut sein wie dies. Solch ein Denken bringt uns nicht weiter, denn es bindet uns an das, was einmal war, und nimmt uns die Perspektive für die Zukunft. So ging es einer Frau, die ihren Mann verloren hatte, mit dem sie fünfzehn Jahre glücklich verheiratet gewesen war. Sie war davon überzeugt, dass sie nie wieder würde glücklich sein können, und wies jede Andeutung, dass dies auf die eine oder andere Weise vielleicht doch möglich wäre, rigoros (und zornig) zurück. Noch Jahre nach dem Tod ihres Mannes führte jedes Gespräch über ihre gegenwärtige Situation oder ihre Zukunft zu einem heftigen Gefühlsausbruch und einer Sturzflut von Tränen. Sie beharrte darauf, dass sie nur einen Wunsch hatte: dass alles wieder so wurde, wie es einmal war. Dieses »Ich-werde-nie-mehr-glücklich-werden« war für sie eine feststehende Tatsache und hinderte sie daran, sich für Gottes weiteren Weg mit ihr zu öffnen. Diesen Weg gab es, und diesen Weg gibt es für jeden, der mit seinen leeren Händen zu ihm kommt und seine Hoffnung auf ihn setzt. Denn Gott wirkt Neues! Für die Israeliten damals bedeutete dieses Neue, dass Gott sein Volk nach dem Durchzug durch das

Schilfmeer (Jesaja 43,16f) neue Wunder erleben lassen würde, und zwar in der Wüste (Vers 19ff). Die früheren Erfahrungen in Bezug auf Gottes Eingreifen sollten die Israeliten ermutigen, vertrauensvoll in die Zukunft zu blicken. Ihnen standen neue Erlebnisse bevor und es war äußerst wichtig, dass sie in die richtige Richtung schauten: nicht zurück, sondern nach vorn. Das ist ein wunderbares biblisches Prinzip und eine mächtige Verheißung: Es wird Neues geschehen, und bald werden wieder neue (Dank-)Lieder in uns aufsteigen (Psalm 98,1). Das galt damals und das gilt heute. Die Entscheidung, nicht in (und an) der Vergangenheit hängen zu bleiben, ist ein Schlüssel zu fortwährender Erneuerung.

Kapitel 8

Weil sie erschöpft und verschmachtet waren …

Matthäus 9,36

Über den Ballast der tagtäglichen Hetzerei

Problem:	Ein überfüllter Terminkalender
Wieso Ballast:	Weil jemand, der ständig herumhetzt, nicht mehr lebt, sondern gelebt wird
Biblische Person:	Marta
Der Weg zur Freiheit:	Prioritäten setzen und die richtigen Entscheidungen treffen
Unser Helfer:	Der Heilige Geist – er hilft uns zu erkennen, was wirklich wichtig ist, und führt uns immer wieder zu Jesus
Kernvers:	»Du bist besorgt und beunruhigt um viele Dinge; eins aber ist nötig« (Lukas 10,41f)

Trachtet aber zuerst nach dem Reich Gottes und seiner Gerechtigkeit!
Matthäus 6,33

Du bist besorgt und beunruhigt um viele Dinge; eins aber ist nötig.
Lukas 10,41f

Und als Jesus aus dem Boot trat, sah er eine große Volksmenge und
wurde innerlich bewegt über sie; denn sie waren wie Schafe,
die keinen Hirten haben. Und er fing an, sie vieles zu lehren.
Markus 6,34

Aber die auf den Herrn hoffen, gewinnen neue Kraft:
Sie heben die Schwingen empor wie die Adler, sie laufen und ermatten
nicht, sie gehen und ermüden nicht.
Jesaja 40,31

Also bleibt noch eine Sabbatruhe dem Volk Gottes übrig.
Denn wer in seine Ruhe eingegangen ist, der ist auch zur Ruhe
gelangt von seinen Werken wie Gott von seinen eigenen.
Hebräer 4,9f

Kommt her zu mir, alle, die ihr mühselig und beladen seid;
ich will euch erquicken. Nehmt auf euch mein Joch und lernt von mir,
denn ich bin sanftmütig und von Herzen demütig; so werdet ihr Ruhe
finden für eure Seelen.
Matthäus 11,28f (L)

Und er sprach zu ihnen: Kommt, ihr selbst allein, an einen öden Ort
und ruht ein wenig aus! Denn diejenigen, die kamen und gingen,
waren viele, und sie fanden nicht einmal Zeit, um zu essen. Und sie
fuhren in einem Boot allein an einen öden Ort.
Markus 6,31f

Ihr aber, Brüder, werdet nicht müde, Gutes zu tun!
2. Thessalonicher 3,13

Wann der Ausdruck entstanden ist, lässt sich heute nicht mehr genau nachvollziehen, aber Tatsache ist, dass »Prima«, »Gut« oder »Na ja, so einigermaßen« heute ausgedient haben als Antworten auf die Frage: »Wie geht's?« Die Antwort, die man heutzutage oft zu hören bekommt, lautet: »Ich bin voll im Stress.«

Was wollen wir eigentlich damit sagen? Wollen wir damit vielleicht etwas beweisen? Sind ein überfüllter Terminkalender und ständiges Hin- und Herhetzen ein Zeichen für ein ausgefülltes Leben? Ist die Tatsache, dass wir ständig alle Hände voll zu tun haben, ein Indiz dafür, dass unser Dasein einen Sinn hat und dass wir selbst wertvoll oder gar unersetzlich sind?

Es stimmt, dass das Leben oft viel von uns verlangt. Wir sind, vor allem in unserem Teil der Welt, in eine Stromschnelle hineingeraten: Ständig gibt es irgendetwas zu tun und alles muss schnell erledigt werden oder, besser gesagt, *sofort*. Als ich vor nicht allzu langer Zeit in Uganda war, empfand ich es als Erleichterung, dass ich gezwungen war, herunterzuschalten in einen viel niedrigeren Gang, auch wenn ich ehrlich zugeben muss, dass das anfänglich gar nicht so leicht war! Mit solch einer »Komme-ich-heute-nicht-komme-ich-morgen-Haltung« konfrontiert zu werden ist für Menschen, die aus einer Gesellschaft stammen, in der Geschwindigkeit ein absoluter Wert ist, immer wieder ein regelrechter Kulturschock. Ich brauchte auch diesmal einige Tage, um mich darauf einzustellen und wirklich zu akzeptieren, dass der Bus erst wegfährt, wenn er voll ist, und dass es überhaupt nichts nützt, wenn ich die ganze Zeit ungeduldig auf der Stelle trete. Aber schließlich kam es doch so weit, dass ich geduldig warten konnte auf das, was auf mich zukam. Das gab mir ein ganz neues Gefühl von Ruhe und Entspannung. Der Stress glitt buchstäblich von mir ab.

Maria und Marta

Ich komme nicht umhin, mich in diesem Kapitel mit den beiden Schwestern Maria und Marta zu beschäftigen, die mit ihrem Bruder Lazarus in Betanien wohnten. Die drei waren gute Freunde Jesu. Marta tut mir, ehrlich gesagt, manchmal ein bisschen Leid, denn sie ist in die Geschichte eingegangen als eine Frau, die vom Herrn Jesus zurechtgewiesen wurde, weil sie auf verkehrte Weise beschäftigt war. Und dabei hatte sie es doch so gut gemeint! Nur um das eine oder andere zurechtzurücken, möchte ich die bekannte Geschichte aus Lukas 10,38-42 noch einmal unter die Lupe nehmen. Aber mein Mitgefühl für Marta ist dafür nicht der einzige Grund. Die fünf Verse enthalten so wertvolle Lektionen, dass es sich lohnt, sich wieder einmal damit zu beschäftigen. Ich empfehle Ihnen, nun erst selbst den Bibeltext zu lesen, bevor Sie hier weiterlesen, und den Bibeltext auch aufgeschlagen zu lassen, damit Sie ab und zu hineinschauen können, während Sie dieses Kapitel lesen.

Es beginnt ganz einfach: »Es geschah aber, als sie ihres Weges zogen, dass er (Jesus) in ein Dorf kam; und eine Frau mit Namen Marta nahm ihn auf.« Letzteres scheint anzudeuten, dass Marta als die Hausherrin betrachtet wurde.

Wenn wir uns die Situation vorstellen, können wir wohl davon ausgehen, dass da gut und gerne zwanzig (oder mehr) Leute bei Marta und Maria vor der Tür standen, die damit rechneten, herzlich willkommen geheißen und großzügig bewirtet zu werden. Da waren Jesus und seine zwölf Jünger und dann die Leute, die sich ihnen an jenem Tag angeschlossen hatten (denn es gab immer Menschen, die ihn spontan eine Zeit lang begleiteten; siehe zum Beispiel Lukas 8,1-3). Nun war man damals ja einiges gewöhnt, denn es war durchaus üblich, dass überraschend Besuch kam, und es war selbstverständlich, dass dieser gastfreundlich empfangen wurde. Dennoch standen Maria und Marta vor einer Herausforderung. Ihre Küche war nicht mit einem Kühlschrank, einer Tiefkühltruhe, Mikrowelle oder Spülmaschine ausgerüstet und es gab auch keinen Chinesen oder Italiener um die Ecke. Sie mussten zusehen, dass sie es ganz allein schafften.

Ein »Hallo, herzlich willkommen!« beinhaltete damals viel mehr, als die Tür aufzumachen und die Gäste zu begrüßen. Man musste den Gästen einen Begrüßungskuss geben und dann für eine Schüssel mit frischem Wasser sorgen, in der sie ihre Füße waschen konnten. Außerdem bekam der Gast zur Erfrischung noch ein paar Tropfen Öl oder Parfüm auf die Füße (und manchmal auch auf die

Stirn). Dieses Empfangsritual wird in Lukas 7,36-50 beschrieben. Achten Sie auf die Worte Jesu, als er seinen Gastgeber dafür tadelt, dass dieser ihn auf eine unwürdige Weise empfangen hat. Diese drei Dinge – der Kuss, das Wasser und das Öl – werden ausdrücklich von ihm erwähnt: »Du hast mir kein Wasser für meine Füße gegeben; sie aber hat meine Füße mit Tränen benetzt und mit ihren Haaren getrocknet. Du hast mir keinen Kuss gegeben; sie aber hat, seitdem ich hereingekommen bin, nicht abgelassen, meine Füße zu küssen. Du hast mein Haupt nicht mit Öl gesalbt; sie aber hat mit Salböl meine Füße gesalbt« (Verse 44-46).

Wenn wir diese östliche Tradition im Hinterkopf behalten, dann begreifen wir, dass Marta und Maria schon einiges hinter sich haben, bis die Besucher alle in ihrem Haus (oder Hof) Platz gefunden und sich niedergelassen haben. Die Schwestern haben Schüsseln mit Wasser hergetragen und Handtücher gereicht, sie haben Füße gesalbt und links und rechts Küsse ausgeteilt. Und dann, ja, dann fängt die Arbeit eigentlich erst an. Maria sinkt erschöpft und zufrieden bei ihren Gästen nieder, aber Marta eilt gleich weiter in die Küche und weiß vor lauter Arbeit gar nicht, was sie zuerst machen soll. Während sie ihre Schürze umbindet, überschlagen sich ihre Gedanken. Vielleicht ist es am besten, wenn sie den Gästen erst mal was zu trinken anbietet? Hat sie noch genug Wasser im Haus, oder muss jemand zum Brunnen? Ist noch Traubensaft da? Sind die Feigenkuchen von gestern noch frisch, und ist Obst im Haus? Ist der Ofen noch heiß genug, dass sie schnell ein paar Kuchen oder Brotfladen backen kann? Ist überhaupt Teig da? Während sie versucht, einen kühlen Kopf zu bewahren, entgeht ihr nicht, dass Maria nicht da ist, um ihr zu helfen. Sie sieht ihre Schwester bei Jesus sitzen, als sie mit dem ersten Tablett ins Zimmer stürzt. Sie sagt in diesem Moment noch nichts, sondern rennt zurück in die Küche. Als sie wieder hereinkommt, diesmal mit Tellern und Schüsseln, und Maria immer noch in aller Ruhe zu Jesu Füßen sitzen sieht, packt sie der Zorn. Als sie mit zitternden Händen und Schweißperlen auf der Stirn einen Krug mit Wasser herumreicht, dabei registriert, was noch fehlt, und mit einem Seitenblick feststellt, dass Maria überhaupt nicht zur Kenntnis nimmt, was sie da macht, explodiert sie: »Herr, kümmert es dich nicht, dass meine Schwester mich allein gelassen hat zu dienen? Sage ihr doch, dass sie mir helfe!« (Vers 40).

Es ist eigenartig, dass Marta sich an Jesus wendet und nicht an Maria. Vielleicht hat sie schon eine Zeit probiert, die Aufmerksamkeit ihrer Schwester auf sich zu lenken. Vielleicht hat sie versucht, ihren Blick aufzufangen, oder sie ist ihr ein paar Mal bewusst auf die Zehen getreten, um sie spüren zu lassen, dass sie wütend darüber ist, dass Maria keinen Finger rührt. Maria hat nichts von alledem bemerkt. Nun würdigt Marta sie keines Blickes mehr, sondern weist sie öffentlich zurecht, indem sie sich bei ihrem Ehrengast über sie beklagt. Dieser aber bleibt ganz ruhig und reagiert auf Martas Ausbruch mit einem »Marta, Marta!«. Zweimal nennt er ihren Namen und dann sagt er: »Du bist besorgt und beunruhigt um viele Dinge; eins aber ist nötig.« Ist das, was Jesus sagt, eine Feststellung oder ein Tadel? Weist er Marta auf etwas hin oder weist er sie zurecht?

Warum hetzen wir uns so ab?

Es besteht kein Zweifel, dass Marta mit etwas beschäftigt war, das nicht nur gut war, sondern darüber hinaus ein biblischer Auftrag: Sie war gastfreundlich und bediente ihre Besucher (Vers 40; vgl. auch Römer 12,13). Das Problem bestand dann auch nicht darin, *was* sie tat, sondern *wie* sie es tat. Die Elberfelder Übersetzung sagt, dass sie besorgt und beunruhigt war; eine andere Übersetzungsmöglichkeit ist, dass sie von ihrem Dienst völlig in Beschlag genommen oder vereinnahmt war. Ihre Frustration und ihr Ärger machen deutlich, dass sie dabei ihre Grenzen überschritten hatte.

Wer hatte Marta eingeredet, dass sie sich so abhetzen musste? Natürlich, sie musste ihre Pflicht erfüllen und eine gute Gastgeberin sein. Aber wer sagte, wie weit sie darin gehen musste? Hier kommen wir zu einem schwierigen Thema: dem Druck, der nicht nur von außen auf uns einwirkt (durch die Erwartungen unserer Umwelt), sondern auch und vielleicht in erster Linie von innen. Kann es sein, dass Marta sich selbst unter Druck setzte und zu viel von sich verlangte? Kann es sein, dass sie eine Perfektionistin war, die nur mit dem Allerbesten zufrieden war? Lassen Sie uns diese beiden Arten von Druck ein wenig näher betrachten, und zwar im Hinblick auf uns selbst.

1) Der Druck von außen

Der Mensch des einundzwanzigsten Jahrhunderts steht unter Druck und ist ständig in Eile. Er muss immer schneller laufen, wenn er mit dem Leben Schritt halten und nicht aus dem Boot fallen will. Ständig stürmen Reize auf ihn ein, er muss sofort reagieren, stets leistungsfähig sein und eine Fülle von unterschiedlichsten Aktivitäten verkraften. Es ist bezeichnend für unsere Zeit, dass die Menschen so schnell laufen, dass sie manchmal buchstäblich zusammenbrechen. Aber wenn wir den allgemein gültigen Verhaltensmustern entsprechen wollen, können wir es uns, so scheint es zumindest, nicht erlauben, die Dinge ein wenig ruhiger anzugehen.

Ob man nun durch eine Einkaufsstraße geht oder im Zug sitzt, ob man sein Auto parkt, im Supermarkt an der Kasse steht oder beim Zahnarzt im Wartezimmer sitzt: Immer und überall fällt auf, dass die Menschen gestresst und in Eile sind. Sie sind auch ständig am Telefonieren: der Schüler auf seinem Rad, der Mann auf dem Parkplatz, die Frau an der Kasse, der Spaziergänger im Wald. SMS fliegen Tag und Nacht und überall durch die Luft. Der Computer steht zu Hause auf Stand-by (mit einer Reihe geöffneter »Messenger«), der Laptop muss mit in den Bus oder den Zug. In den Terminkalendern gibt es keine Lücke mehr. Jung und Alt sind »voll« bis oben hin; schon Schulkinder werden von ihren Eltern von einem Termin zum anderen kutschiert und finden zwischen Fußballtraining, Ballettunterricht, Klavierstunden, Tennis- und Computerkursen kaum noch Zeit zum Spielen.

Ein »internationaler Stresswissenschaftler« sagte im Jahr 2003, dass 70 % der Probleme, durch die Menschen zu Frührentnern werden, sich auf Stress zurückführen lassen. Das heißt, dass diese Menschen unter starkem Druck standen, zu vielen Reizen ausgesetzt waren, ständig gehetzt wurden und ihre Grenzen überschritten haben. Kurz gesagt, was Jesus vor 2000 Jahren feststellte, ist auch heute noch aktuell: Die Menschen sind erschöpft und verschmachtet (Matthäus 9,36). Wir benehmen uns wie eine Herde wild gewordener Schafe, die sich gegenseitig mit ihrer Panik anstecken und alle miteinander einen Berg hinaufrennen. Ich bin davon überzeugt, dass Jesus all die Menschen, die sich benehmen wie aufgescheuchte Tiere, auch heute voller Liebe und Barmherzigkeit ansieht.

2) Der Druck von innen

Für diesen »internen Druck« gibt es verschiedene Gründe. In erster Linie handelt es sich hier um eine Frage unseres Temperaments; daneben kann unsere innere Getriebenheit aber auch etwas über unseren Gemütszustand aussagen.

a) Unser Temperament
Ich bin mir dessen bewusst, dass der kurze Bibelabschnitt über Maria und Marta eine Momentaufnahme ist. Dennoch ist es möglich – mit aller gebotenen Vorsicht –, anhand von Lukas 10,38-42 einiges über das Verhalten (und möglicherweise auch den Charakter) der beiden Schwestern zu sagen. Das Bild, das sich in diesen Versen abzeichnet, ist, dass Maria eher phlegmatisch ist, während Marta die Merkmale einer Sanguinikerin aufweist. Man könnte auch sagen, dass Maria eine introvertierte Frau zu sein scheint, während Marta eher extravertiert wirkt. [26]

Der spanische christliche Psychiater Pablo Martinez sagt über die Extravertierten: »Die Extravertierten neigen von Natur aus mehr zum Handeln als zum Nachdenken: Es sind die Menschen, die in der Gemeinde aktiv sind, weil sie sich einfach ständig beschäftigen müssen.« Bei seinem Vergleich der beiden Tempera-

---

[26] Die Unterteilung in die vier klassischen Charaktertypen – Melancholiker, Choleriker, Sanguiniker und Phlegmatiker – stammt von Hippokrates, dem Vater der medizinischen Wissenschaft (460-370 v.Chr.). Der Schweizer Psychiater Carl Gustav Jung (1875-1961) unterscheidet zwei Charaktertypen: die Menschen, die vor allem nach außen gerichtet sind (die Extravertierten), und die Menschen, die mehr nach innen gerichtet sind (die Introvertierten).

mente sagt er unter anderem dies: »Ein Introvertierter ist jemand, der wünschte, er hätte den Mut, in Gesellschaft öfter den Mund aufzumachen, während ein Extravertierter es bedauert, dass er seinen Mund nicht halten kann.«[27] Professor K. van Lieshout schreibt: »Ein introvertierter Mensch wird eher unter Kummer und Apathie leiden, während eine extravertierte Persönlichkeit zu Gereiztheit, Frustration und Zorn neigt und Rachegefühle nährt.«[28] In Lukas 10 sehen wir konkrete Beispiele für diese Verhaltensmuster: Marta scheint von Aktivismus beherrscht zu sein, während ihre Schwester sich nicht aus der Ruhe bringen lässt. Marta trägt das Herz auf der Zunge, Maria scheint alles um sich her vergessen zu haben und konzentriert sich ganz darauf, Jesus zuzuhören. Marta … ist diejenige, die explodiert.

Es ist eine gute Sache, wenn man ein wenig über sein eigenes Temperament Bescheid weiß. Es hilft uns nicht nur dabei, zu erkennen, zu welchem Verhalten wir von Natur aus neigen (und warum wir so reagieren, wie wir reagieren), es fordert uns auch dazu heraus, die Seite in uns zu entwickeln, die von Natur aus weniger stark vertreten ist. Auch wenn das Temperament eines Menschen zum Teil genetisch bedingt (und daher erblich) ist, ist es doch nicht so, dass wir unserer Veranlagung dadurch willenlos ausgeliefert sind. Erst recht nicht, wenn wir wieder geborene Christen sind, die ihre Persönlichkeit und ihr Verhalten bewusst Gottes Geist unterstellt haben. Tim LaHaye, der schon vor Jahren über dieses Thema geschrieben hat, spricht von einem »geisterfüllten Temperament«, womit er sagen will, dass der Heilige Geist unser natürliches, temperamentgebundenes Verhalten unter Kontrolle bringen und korrigieren kann (wobei wir übrigens selbst eine aktive Rolle spielen).[29]

---

[27] Dr. Pablo Martinez: *Prayer Life. How Your Personality Affects the Way You Pray*, Spring Harvest Publishing Division, UK and Paternoster Lifestyle (an imprint of Paternoster Publishing), USA 2001.

[28] K. van Lieshout, Professor für Entwicklungspsychologie an der Katholischen Universität Nijmegen, schreibt dies in einem Artikel aus der Zeitschrift *Elsevier,* 59. Jahrgang, Nr. 46, 15. November 2003.

[29] Tim LaHaye: *Geisterfülltes Temperament*, © der deutschen Ausgabe: Leuchter-Verlag, Erzhausen 1984.

Ein Mensch ist niemals zu hundert Prozent extravertiert oder introvertiert. Das eine kommt nur deutlicher zum Ausdruck als das andere, wodurch es eine Art Hintergrundeigenschaft gibt, die wenig oder gar nicht in Erscheinung tritt, jedoch sehr wohl stimuliert werden kann. Jeder Mensch, also sowohl der extravertierte als auch der introvertierte, hat außerdem eine bevorzugte Weise, Informationen oder Reize, die auf ihn zukommen, zu verarbeiten. Der eine wird Informationen intuitiv aufnehmen, der andere mithilfe seiner Sinnesorgane; der eine wird bei seinen Entscheidungen auf seinen Verstand hören, während der andere sich mehr von seinen Gefühlen leiten lässt. Das Zusammenwirken all dieser Faktoren bewirkt, dass verschiedene Menschen in derselben Situation völlig unterschiedlich reagieren.

Nun wollen wir uns wieder Marta und Maria zuwenden und nehmen der Einfachheit halber einmal an, dass Marta von Natur aus eine extravertierte Frau war, die ihre Energie – wie dies bei solchen Persönlichkeiten üblich ist – in Beschäftigung investierte. Was tut jemand mit diesem Temperament, wenn unerwartet Besuch kommt oder wenn aus anderen Gründen Handeln gefragt ist? Er wartet nicht ab, sondern springt auf und geht ans Werk. Er ist derjenige, der in einer Gebetsstunde oder im Anbetungsgottesdienst nicht still sitzen kann, denn er kann beinah nicht anders, als in Bewegung zu sein. Es brodelt in solch einem Menschen, er will und muss etwas tun! Und Maria, die introvertiert ist, wird manchmal (oder oft) Mühe haben mit einer Marta, weil sie ihr Verhalten übertrieben findet. Seien Sie ehrlich: Wenn Sie ein introvertierter Mensch sind, können Sie sonntags im Gottesdienst ziemlich Anstoß nehmen an dem Extravertierten vor Ihnen, der einfach nicht still stehen kann bei dem Lobpreislied, das Sie gerade zur Einkehr bringt. Wenn der- oder diejenige später beim Kaffeetrinken wild gestikulierend mit anderen im Gespräch ist, denken Sie vielleicht: »Wie der sich wieder aufführt! Kann er sich nicht normal benehmen?« Aber gerade das tut er ja, denn sein aufgeregtes Gehabe entspricht seinem Naturell und ist daher für ihn normal! Es ist auch ganz gut möglich, dass der- oder diejenige zu Ihnen herüberschaut und denkt: »Also so ein Langweiler, kann der nicht ein bisschen mehr Enthusiasmus zeigen?« In solch einem Moment kann man sich übereinander ärgern.

Das ist schade, denn wir bilden miteinander – mit all unseren Eigenheiten – eine bunte Palette. Jede Farbe hat ihre eigene Schönheit und … jede Farbe kann noch schöner werden.

Ich fasse zusammen: Die Menschen haben verschiedene Temperamente, und das ist auch gut so. Es wäre ein Problem, wenn wir alle entweder introvertiert oder extravertiert wären, denn wir brauchen in unserer Welt Menschen von beiden Arten. Wir können voneinander lernen. Der Extravertierte ist eine Herausforderung für den Introvertierten, der vielleicht ein wenig mehr Aktivität an den Tag legen könnte. Der Introvertierte stellt seinerseits eine Herausforderung für den Extravertierten dar, denn dem wäre damit gedient, wenn er lernen würde, ab und zu etwas vom Gas zu gehen und still zu werden. In Lukas 10 gelang dies Marta nicht, während Maria kein Auge dafür hatte, was alles getan werden musste (?) und dass ihre Schwester Hilfe brauchte. Lukas 10 zeigt uns die typische Falle für die Extravertierten: Sie sind manchmal so eifrig, dass sie von ihrem eigenen Aktivismus überwältigt werden und (schlimmer noch) gar nicht mehr wahrnehmen, worauf es wirklich ankommt. Der Herr Jesus war zu Besuch, aber Marta merkte es kaum. Sie nahm ihn nur flüchtig zur Kenntnis, obwohl er ja schließlich bei ihr zu Gast war! Sie brachte es nicht fertig, die Arbeit Arbeit sein zu lassen, sich zu seinen Füßen zu setzen und diese einmalige Gelegenheit wahrzunehmen. Es *war* eine einmalige Gelegenheit, denn Jesus war unterwegs zum Kreuz (vgl. Lukas 9,51), und es kann gut sein, dass dies das letzte Mal war, dass sie so ruhig und ohne Stress beisammen sein konnten. Marta beraubte sich dieses letzten ungestörten Zusammenseins durch ihren Aktivismus. Aus dem »Marta, Marta!«, das Jesus zu ihr sagt, spricht denn auch Schmerz und Betrübnis. Marta benahm sich wie ein Schaf, das keinen Hirten hatte (Matthäus 9,36), während der Hirte doch bei ihr zu Hause war und auf sie wartete.

Lernen Sie sich selbst kennen und lassen Sie es nicht bei der Haltung »So bin ich eben einfach!« bewenden. Versuchen Sie stattdessen – mit der Hilfe des Heiligen Geistes – an ihrem Charakter zu arbeiten und ausgeglichener zu werden, indem Sie das entwickeln, was potentiell vorhanden ist, auch wenn es im Moment noch verdeckt ist.

b) Unser innerer Gemütszustand

Zum Handeln zu neigen kann eine Temperamentfrage sein, aber Aktivismus hat meist auch eine tiefere Ursache. In Kapitel 4 haben wir einen Pastor kennen gelernt, der sich jahrelang abgehetzt hat, weil er das Gefühl hatte, dass er sich Gottes Wohlwollen verdienen müsste. Er wurde getrieben von seiner inneren Unsicherheit und Angst. Als er entdeckte, dass Gott ihn vorbehaltlos liebte, veränderte sich sein Leben von Grund auf. Er kam zur Ruhe und wurde ein ganz anderer Mensch.

Ich vermute, dass viele Menschen, auch Christen, sich in Aktivitäten stürzen, weil sie die Bestätigung und Wertschätzung brauchen, die sie dadurch von anderen bekommen (oder zu bekommen hoffen). Sie möchten hören, dass sie unentbehrlich sind und ihre Sache gut machen. Seien wir ehrlich, es ist schön, wenn die Leute uns loben, weil unser Tisch so schön gedeckt war und das Essen, das wir ihnen vorgesetzt haben, so gut geschmeckt hat. Es wird Marta gut getan (und sie vielleicht auch ermutigt) haben, das anerkennende Gemurmel ihrer Gäste zu hören, als sie mit ihrem Kuchentablett vorbeikam. Es ist wunderbar, wenn der Chef unser Gutachten lobt und uns versichert, wie wertvoll unser Einsatz für das Unternehmen ist (und erst recht, wenn er dies durch eine Beförderung oder eine Gehaltserhöhung bestätigt). Es geht uns runter wie Öl, wenn unsere Nachbarn uns zeigen, dass sie froh sind, gerade uns als Nachbarn zu haben, wenn unsere Gemeinde unseren Einsatz lobt und wenn der Bibelkreis dankbar ist für unsere gute Vorbereitung und Gesprächsleitung. Aber es ist traurig, wenn wir uns nur abrackern, um diese Bestätigung zu bekommen, und wenn wir die Wertschätzung anderer brauchen, um unser Selbstbild aufzupolieren.

Der Evangelist Peter Strauch, der erste Vorsitzende der Deutschen Evangelischen Allianz, verbrachte vor Jahren einige Wochen in der niederländischen Provinz Seeland. Er hatte sich bewusst dafür entschieden, allein zu sein, da er nach einer Zeit der Übermüdung zur Besinnung kommen wollte. In seinem Buch *Entdeckungen in der Einsamkeit*, das auf den Notizen beruht, die er während dieser Wochen in sein Tagebuch eintrug, schreibt er über den Druck, der sein Leben jahrelang geprägt hatte: »Wenn ich heute in meinen Tagebuchaufzeichnungen von damals blättere, stoße ich immer wieder auf ein Problem, das sich am besten unter dem Stichwort *Termine* einfangen lässt. Dahinter verbirgt sich die ganze Hektik und Nervosität meines damaligen Lebens. Es gehörte fast zur normalen Begrüßungsformel bei Veranstaltungen, in denen ich zu sprechen hatte, dass der Leiter mit den Worten begann: ›Wir freuen uns, dass Peter Strauch trotz seines vollen Terminkalenders und seiner vielen Verpflichtungen zu uns gekommen ist.‹ Was empfand ich bei solchen Sätzen? Stöhnte ich innerlich? War ich stolz? Fühlte ich mich verstanden? (…) Mein Problem damals (…) steckte in den Tiefen meiner Persönlichkeitsbildung. ›Hast du was, dann bist du was‹ – das war mein Problem. Oder vornehmer: Wenn ich ein viel beschäftigter Mitarbeiter bin, dann bin ich auch eine akzeptierte Persönlichkeit. (…) Wieder lagen diese eigentlichen Beweggründe nicht auf der Hand. Erst in der Stille und Einsamkeit wurden sie mir bewusst. Ich hatte mir ein Persönlichkeitsbild zurechtgezimmert, zu dem ein voller Terminkalender gehörte. Ich brauchte ihn zur Respektierung meiner Person. Nicht nur vor anderen, auch vor mir. (…) Wie weit hatte ich mich von dem Persönlichkeitsbild entfernt, das Gott von einem Menschen hat! Gott muss sich kein Bild machen. Er sieht den Menschen so, wie er ist. Allein die Existenz des Menschen ist Grund genug für Gott, ihn lieb zu haben. Aber wir wollen uns erst zu liebenswerten Persönlichkeiten machen. Auf diese Weise werden wir zu verkrampften Schauspielern, die nicht den Mut haben, die Bühne zu verlassen und sie selbst zu sein. Dass das in der Gesellschaft so ist und vielleicht sein muss, leuchtet mir noch ein. Aber weshalb haben wir als Christen diese Vorstellung in unseren Köpfen?!«[30]

Ja, warum wir als Christen so denken, ist eigentlich schwer zu begreifen! Wir haben einen Gott, für den unsere bloße Existenz Grund genug ist, uns zu lieben. Dennoch hat es stark den Anschein, dass wir unseren vollen Terminkalender brauchen, um unsere Existenzberechtigung und unseren Wert zu beweisen oder zu bestätigen. Auch Christen tappen in diese Falle. Auch wir neigen dazu,

[30] Peter Strauch: *Entdeckungen in der Einsamkeit*, 13. Auflage 2003, © R. Brockhaus Verlag, Wuppertal 1996, S. 89-93.

unser Selbstbild und unsere Selbstachtung aus dem zu beziehen, was wir tun und wie andere über uns denken. Auch unter Christen gibt es Menschen, die es nötig zu haben scheinen, sich selbst in den Vordergrund zu spielen und Ehre von anderen zu nehmen. Manchmal ist uns das selbst nicht richtig bewusst.

Die Frage, die sich nun stellt, ist folgende: Inwieweit lassen wir uns von den Wünschen und Erwartungen unserer Umwelt bestimmen (dem Druck von außen)? Und inwieweit spielen unsere eigene Unsicherheit und ein schwaches Selbstbild eine Rolle in unserem »Ich-bin-ja-so-gestresst«-Verhalten (dem Druck von innen)? Was steckt hinter der Tatsache, dass unser Terminkalender immer wieder (über)voll ist und dass wir unser Leben von diesem überfüllten Terminkalender bestimmen lassen? Was steckt hinter unserer Ohnmacht, etwas gegen diese Situation zu tun?

Manchmal, und es ist wichtig, auch dies einmal deutlich zu sagen, steht der Stress, den wir verspüren, in direktem Zusammenhang mit ganz realen, konkreten Belastungen. Wenn es in unserer Familie einen schweren Krankheitsfall oder ein anderes Problem gibt, wenn wir am Arbeitsplatz aufgrund von Personalmangel überfordert sind oder in einer schwierigen persönlichen Situation wie einer Scheidung stecken, ist es nicht verwunderlich, wenn man an seine Grenzen stößt. Unter solchen Umständen kann es erforderlich sein, Hilfe zu suchen und dadurch einen Teil der tatsächlichen Belastung abzubauen.

Manchmal ist es so, dass der Stress, den wir empfinden, auf uns selbst (und nicht direkt auf die Umstände) zurückzuführen ist: Wir haben in unserem Alltag keine Ruhepausen eingeplant, sondern wir hetzen von einer Aufgabe zur nächsten, bis wir am Ende sind. Wir sind rastlos und erschöpft und werden, ebenso wie Marta, zornig und gestresst. Das kann zum einen eine Frage schlechter Planung sein, es kann jedoch auch auf einen gewissen Übermut zurückzuführen sein, der so tut, als hätten wir alles unter Kontrolle und könnten uns ruhig noch mehr aufladen. Möglicherweise handelt es sich auch um Hochmut (»Das kann ich selbst am besten und darum will ich es niemand anderem überlassen!«), um Menschenfurcht (»Was werden sie von mir denken, wenn ich nein sage?«) oder um die Angst, aus dem Boot zu fallen (»Wenn ich jetzt nein sage oder wenn ich es nicht gut mache, dann fragen sie mich vielleicht nicht mehr ...«). Es ist gut, wenn wir diese Dinge erkennen. Und wenn wir bestimmte Verhaltensmuster, zu denen wir neigen, unter die Lupe nehmen und uns fragen, warum wir so reagieren und handeln. Auf diese Weise entdecken wir potentielle Fallen und machen Fortschritte auf dem Weg zu einer guten Balance zwischen Aktivität und Ruhe.

Lassen Sie sich nicht von der inneren Stimme tyrannisieren, die sagt: »Du bist bloß jemand, wenn du einen vollen Terminkalender hast«, oder: »Du musst den Erwartungen deiner Umwelt voll und ganz entsprechen.« Machen Sie Gott zu Ihrem Maßstab. Peter Strauch schreibt: »Langsam lernte ich, dass er (Jesus) mich nicht in ein Bild oder eine Rolle pressen will. Er schafft sich eine Persönlichkeit, die sich nicht an Terminanfragen und den Erwartungen ihrer Umwelt orientiert, sondern allein an ihm.«[31]

Die richtigen Prioritäten und die richtige Haltung

In Lukas 10 waren sowohl Marta als auch Maria mit etwas Gutem beschäftigt: Sowohl zu Jesu Füßen zu sitzen als auch ihm und anderen zu dienen ist etwas Gutes. Die Lektion aus diesen fünf Versen ist dann auch nicht, dass wir lernen sollen zu erkennen, was gut und was schlecht ist. Wir sollen vielmehr lernen zu entscheiden, was unter den gegebenen Umständen gut und was besser ist. Es geht darum, im richtigen Moment die richtigen Prioritäten zu setzen und flexibel genug zu sein, uns dann auch (manchmal ganz spontan) anzupassen und entsprechend zu handeln. Anders ausgedrückt: Wer die richtigen Prioritäten setzt, hat den Mut, nein zu sagen zu etwas, das an sich gut und vielleicht auch notwendig ist, weil etwas anderes in diesem Moment wichtiger ist. Ein Nein, das fest ist, aber gleichzeitig nicht unerschütterlich. Davon mehr am Ende dieses Kapitels.

Der Vorfall in Betanien lehrt uns, dass das Dienen nie wichtiger werden darf als das Sitzen zu Jesu Füßen. Der besondere Besuch

[31] a.a.O., S. 92.

des Herrn Jesus bei Marta und Maria erforderte besondere Aufmerksamkeit für den Gast selbst. Jesus hatte sicher größeres Verlangen nach einem innigen Kontakt und einem tief gehenden Gespräch als nach einem perfekt zubereiteten und servierten Mahlzeit. Wenn Marta das eingesehen hätte, hätte sie entspannter reagieren können. Sie hätte sich vielleicht darauf beschränkt, ihren Gästen etwas zu essen und zu trinken anzubieten und daraufhin einen großen Krug mit Traubensaft oder Wasser und ein Tablett mit Kuchen in die Mitte des Zimmers zu stellen, damit ihre Gäste sich selbst bedienen konnten. Sie hätte auch fragen können, ob jemand bereit wäre, ihr zu helfen – so hätte sie verhindert, dass ihr alles zu viel wurde. In ihrem Eifer, alles perfekt zu machen, legte sie sich selbst eine schwere Last auf und kam nicht zu dem, was wirklich wichtig war. Dass sie für ihre Gäste sorgen wollte, war an sich eine gute Sache; das Problem entstand, als das Dienen eine Art Eigendynamik entwickelte und zum Selbstzweck wurde, wodurch aus einer Freundin eine Sklavin wurde.[32]

Jesus war sehr mild, als er zu Marta sagte: »Du bist besorgt und beunruhigt um viele Dinge«, denn es war eigentlich bedeutend schlimmer. Marta konnte gar nicht mehr anders, als zu schaffen und zu rennen. Als sie ihre Grenzen zur Sprache brachte, hatte sie sie bereits überschritten – sie war überreizt und genervt. Letztlich hatte Marta nicht nur selbst darunter zu leiden (denn ihr fehlte die Ruhe, die der Herr Jesus ihr schenken wollte), sondern auch die anderen Anwesenden. Sie war durch ihre Aufregung und sicherlich durch ihren Zornausbruch ein störendes Element. Es ist sehr liebevoll von Jesus, dass er sie deswegen nicht tadelte. Martas innerer Unfriede machte ihm sichtlich mehr aus als ihre harten Worte. In ihrer hektischen Geschäftigkeit hatte sie das, worauf es wirklich ankam, aus den Augen verloren … und ihre persönliche Freiheit

---

[32] Dadurch, dass sie sich zu Jesu Füßen setzte, machte Maria deutlich, dass sie auch eine Jüngerin sein wollte (denken Sie an Matthäus 11,28f: »Kommt her zu mir […] und lernt von mir«). Die Tatsache, dass dies »Jüngersein« Männern vorbehalten war, macht Marias Tat bemerkenswert und auffällig: Sie war nicht nur seine Dienerin, sondern entschied sich dafür, an seinem Unterricht teilzunehmen. Diese Situation sagt auch etwas über die Haltung Jesu zu Frauen: Er sprach nicht nur unbefangen mit ihnen (was in jener Kultur gewiss ungewöhnlich war), er akzeptierte sie auch als Jüngerinnen.

eingebüßt. Eigentlich hatte sie sich selbst verloren, während ihre Schwester in ihrer Hingabe an Jesus in ihm ihren Frieden gefunden hatte und damit letztlich auch sich selbst. Die Antwort, die Marta auf ihren Ausbruch bekam, war eine Zurechtweisung, die eine liebevolle Einladung enthielt: »Lass dich nicht von selbst auferlegtem Stress fertig machen. Wähle das gute Teil, das deine Schwester erwählt hat und das nicht von ihr genommen werden wird. Komm und setzt dich zu mir, ich will dir Ruhe schenken. Deine Batterie ist beinah leer und bald wird dein Getriebe sich knirschend festfressen, aber ich will dich aufladen« (siehe Matthäus 11,28f).

Wer im Dienen aufgeht und die persönliche Gemeinschaft mit Jesus und das Lernen von ihm hintenan stellt (was in der Praxis darauf hinausläuft, dass diese Dinge vernachlässigt oder gar aufgegeben werden), geht das Risiko ein, ebenso wie Marta die eigenen Grenzen zu überschreiten und enttäuscht und ärgerlich zu werden – einfach, weil die eigenen Kräfte erschöpft sind.

Wer in seinem Leben Raum schafft, um zu Jesu Füßen zu sitzen, wird mitten in den Belastungen des Alltags erfahren, was es heißt, erquickt zu werden. Jesus bietet sich uns als Brunnen an, aus dem wir jederzeit und unablässig schöpfen dürfen (vgl. Johannes 4,14). Wer mit dem Herrn wandelt und der Gemeinschaft mit ihm höchste Priorität einräumt, wird die Wahrheit dessen entdecken, was Jesaja sagt: »Er gibt den Müden Kraft und die Schwachen macht er stark. Selbst junge Leute werden kraftlos, die Stärksten erlahmen. Aber alle, die auf den Herrn vertrauen, bekommen immer wieder neue Kraft, es wachsen ihnen Flügel wie dem Adler. Sie gehen und werden nicht müde, sie laufen und brechen nicht zusammen« (Jesaja 40,29-31; GN).

Wenn wir die Frage »Wie geht's?« automatisch mit »Ich bin voll im Stress« beantworten, dann ist es gut, wenn wir uns selbst einmal fragen, wie wir leben und womit wir uns beschäftigen. Leben wir oder werden wir gelebt? Es ist nicht leicht, innerlich wirklich frei zu bleiben von dem Druck der vielen Verpflichtungen. Nicht mitgerissen zu werden von dem, was auf uns einstürzt, und uns nicht in der Fülle der Aktivitäten zu verlieren. Nicht zu Sklaven unseres überfüllten Terminkalenders zu werden. Die Kunst besteht darin, dass wir lernen, in unserem Alltagsleben »in Jesus« zu sein und zu bleiben. Dass wir ihn in allem, was wir tun, so banal es uns auch erscheint, in den Mittelpunkt stellen. Nur so können wir verhindern, dass wir vereinnahmt werden von unseren Aktivitäten, auch unseren christlichen Aktivitäten! Denn auch diese können zum Selbstzweck werden und uns von dem ablenken, worauf es wirklich ankommt.

Folgen Sie Ihrem Herrn!

In Markus 6,30-44 wird ein Ereignis beschrieben, das zeigt, wie schwierig es ist, Aktivität und Ruhe im Gleichgewicht zu halten. Jesus und seine Jünger haben eine ausgefüllte Zeit hinter sich. Die Jünger sind, immer zwei miteinander, zum ersten Mal in verschiedene Dörfer gegangen und haben dort gepredigt, böse Geister ausgetrieben und Kranke gesalbt und geheilt. Es ist auffällig und passt zum Thema dieses Buches, dass ihnen aufgetragen wird, keinerlei Ballast mitzunehmen, sondern sich auf das Allernotwendigste zu beschränken (siehe Markus 6,7-13). Als sie randvoll mit Erlebnissen wieder zu Jesus zurückkommen, will er sie mitnehmen an einen einsamen Ort, damit sie sich von ihren Aktivitäten ausruhen können. Es ist einfach wahnsinnig viel los, ständig werden sie in Anspruch genommen und es wird sogar ausdrücklich gesagt, dass die Leute, die ihnen nachliefen (und vielleicht auch Jesus selbst und seine Jünger), nicht einmal Zeit hatten zu essen (Vers 31). Sie sind also »voll im Stress« … und es ist höchste Zeit, ein bisschen Abstand zu gewinnen.

Es ist ein guter Plan, aber es läuft nicht ganz so, wie sie gedacht haben. Es entgeht der herbeigeströmten Menge nicht, dass Jesus und seine Jünger in einem Boot »allein an einen öden Ort« fahren (Vers 32). Sie lassen sich dadurch nicht von ihrem Vorhaben abbringen, sondern sie laufen zu Fuß dorthin, wo das Boot anlegen wird. Als Jesus und die Zwölf ankommen, stehen die Leute schon am Ufer und rufen fröhlich: »Wir sind schon da!«, wie der sprichwörtliche Igel bei seinem Wettlauf mit dem Hasen. Nun müssen Jesus und seine Jünger eine Entscheidung treffen. Sie wollten ein bisschen Ruhe finden, und die bräuchten sie auch dringend. Was hat nun

Priorität – jene Ruhe oder die Menge, die hergelaufen ist, um (ebenso dringend notwendige) Belehrung und Hilfe zu erhalten?

Als Jesus aus dem Boot tritt, »sah er eine große Volksmenge und wurde innerlich bewegt über sie (…) Und er fing an, sie vieles zu lehren« (Vers 34). Der ursprüngliche (und gute und zudem notwendige) Plan wird über den Haufen geworfen, Jesus und die Seinen entscheiden sich nicht für ihre wohlverdiente Ruhe, sondern für eine »zweite Meile«. Sie beugen sich dem Druck von außen! Oder … doch nicht? Ist es der Druck dieser Menschen, die nach Jesus rufen, oder ist es sein Erbarmen für all diese Menschen, dass er seinen Plan ändert? Es ist Letzteres – Jesus lässt sich nichts aufdrängen, er lässt sich vom Herzen Gottes leiten, das in ihm schlägt. In diesem Fall beinhaltet das, dass sie nun doch eine »zweite Meile« gehen. Und zwar mit allen Konsequenzen! Als es spät wird und die Jünger bei Jesus darauf dringen, dass es nun wirklich Zeit ist, die Leute wegzuschicken, schon allein, weil sie jetzt sicher Hunger haben, trägt er ihnen auf, der Menschenmenge zu essen zu geben (Verse 35-37). Auch das noch! Was folgt, ist eine wunderbare Speisung, bei der alle (und es waren mehr als fünftausend) gesättigt werden (Verse 39-42). In Vers 43 lesen wir, dass die zweifellos todmüden Jünger die Brotbrocken und die Fische aufsammeln, die übrig geblieben sind. Erst danach »nötigt« Jesus sie, in das Boot zu steigen und vorauszufahren zum anderen Ufer. In diesem Moment zeigt er sehr deutlich, dass sie nun Abstand nehmen müssen. Er selbst bleibt zurück, um die Menschen zu verabschieden (Vers 45). Kurz darauf sehen wir Jesus im Gebet auf dem Berg. Er hat Verbindung zu seinem Vater gesucht, um selbst zur Ruhe zu kommen und aufzutanken. Und zweifellos auch, um mit ihm zu besprechen, wie es weitergehen sollte.

In diesem Bibelabschnitt finden wir einiges darüber, wie es ist, wenn wir an unsere Grenzen stoßen, und über die Entscheidungen, die dann getroffen werden müssen. Und … darüber, dass wir bei alldem flexibel bleiben müssen. Die größere Lektion ist jedoch vielleicht das, was die Jünger nach der wunderbaren Speisung lernten. Sie waren zu diesem Zeitpunkt allein, das dachten sie jedenfalls. Sie hatten alle Hände voll damit zu tun, ihr Schiff, das in einen schweren Sturm geraten war, vor dem Kentern zu bewahren.

Sie »litten Not« beim Rudern, »denn der Wind war ihnen entgegen«, steht in Vers 48. Warum ließ Jesus sie Not leiden? Ich habe den starken Verdacht, dass er sie daran erinnern wollte, dass sie ohne ihn nicht zurechtkamen. Sie waren nach ihren großen Erfolgen bei der Krankenheilung und Dämonenaustreibung und nach der wunderbaren Speisung vielleicht so »high«, dass sie dachten, allein mit der Welt und dem Leben zurechtzukommen. Sie waren erfahrene Fischer und würden diese Aufgabe, das Überqueren des Sees, mit links bewältigen. Sie ließen sich nicht so schnell von einem Sturm einschüchtern. Damit kamen sie schon allein zurecht. Aber diesmal ging es schief.

Auf dem Meer stießen sie zwar einen Schrei aus, aber es war ein Angstschrei und kein Hilferuf nach Jesus. Ebenso wie bei Marta war Jesus ganz nah, aber auch sie waren total beschäftigt, was dazu führte, dass sie ihn übersahen. Marta war in Beschlag genommen von ihrem Diensteifer, die Jünger waren in Beschlag genommen von dem Sturm, der hohe, ungestüme Wellen verursachte und das Boot wie eine Nussschale hin- und herwarf. Sie bemühten sich mit allen Kräften, die Situation unter Kontrolle zu bekommen, aber sie dachten nicht daran, den Herrn selbst um Hilfe zu bitten. So selbstverständlich, wie es für Marta war, dass sie ihre Küche im Griff hatte und alle diesbezüglichen Aufgaben (übrigens gern mit Unterstützung ihrer Schwester) problemlos bewältigte, so selbstverständlich war es für diese Fischer, dass sie ihr Boot selbst im Griff hatten. In beiden Fällen ging es schief und die Betroffenen kamen an ihre Grenzen.

In seiner Gnade ging Jesus nicht an der Not seiner Jünger vorbei. Er kam zu ihnen und griff ein. Erst dann kehrte wieder Ruhe ein. Die Bestürzung der Jünger zeigt, dass sie noch viel zu lernen hatten; »denn sie waren durch die Brote nicht verständig geworden«, schreibt Markus in Vers 52.

Eine Antenne für Gott

Schließlich noch dies: Ebenso wie im Fall von Marta und Maria kann der Herr Jesus auch uns heute mit einem spontanen Besuch überraschen. Es ist wichtig, dass wir eine Antenne dafür entwickeln, damit wir merken, wenn er bei uns anklopft. Es ist wichtig, dass wir dann flexibel genug sind und ihm Raum geben. Dass wir in dem Moment, wenn er uns beim Namen ruft und uns fragt, wie es um uns steht, nicht mit einem »Nicht jetzt, Herr. Ich bin voll im Stress!« reagieren, sondern dass wir wie der junge Samuel damals unsere Ohren spitzen und sagen: »Rede, Herr, denn dein Knecht hört!« (1. Samuel 3,10). Lassen Sie uns darauf achten, dass wir nicht so aufgehen in dem, was wir tun, dass uns Gottes »Überraschungsbesuche« entgehen. Dass wir nicht so beschäftigt sind, dass für ihn kein Platz mehr ist. Wenn wir in jeder Situation nach ihm Ausschau halten, werden wir nicht enttäuscht werden.

Willem

Es war irgendwo in den Niederlanden. Während des Abends, an dem ich eingeladen war, über Ballast in unserem Leben zu sprechen, teilte ich das Podium mit einem besonderen Gast. Auf einem Tisch stand ein Käfig mit einem Kanarienvogel. Das Vögelchen wurde uns von dem einleitenden Redner mit folgenden Worten vorgestellt: »Das ist Willem. Er ist heute meiner Fürsorge anvertraut, weil sein Besitzer gerade umzieht. Achten Sie einfach gar nicht auf ihn, er ist glücklich und zufrieden und fühlt sich hier pudelwohl.«

Während ich darauf wartete, dass ich drankam, blickte ich hin und wieder zu Willem hinüber und fragte mich, ob dieser Vogel in seinem Käfig wirklich glücklich war. In Gedanken sah ich ihn mit seinen Artgenossen fröhlich und frei herumfliegen, bis er das Pech hatte, gegen eine Leimrute zu fliegen, wodurch er seine Freiheit verlor. Ich sah ihn auf dem Vogelmarkt auf einen Käufer warten und daraufhin direkt oder auf dem Weg über einen Zwischenhändler bei irgendjemandem im Wohnzimmer in einem Käfig landen. Vielleicht hatte Willem inzwischen vergessen, wie es war, frei zu sein. Vielleicht konnte er gut leben in diesem Käfig mit etwas Sand und zwei Sitzstangen und einem kleinen Spiegel und zwei Kunststoffschälchen, einem mit Wasser und einem mit Vogelfutter. Vielleicht sang er dann und wann in seiner Gefangenschaft sogar ein Liedchen.

Während ich dies kleine gelbe Vögelchen betrachtete, das jedes Mal, wenn die Orgel ertönte, ängstlich zusammenfuhr, wurde ich den Gedanken nicht los, dass Willem als eingesperrter Vogel ein Leben unter seinem Niveau führt. Er ist dazu geschaffen worden, seine Flügel auszubreiten und frei zu sein. Aber er hat es verlernt, in Freiheit zu leben. Er hat sich inzwischen an seine Gefangenschaft gewöhnt, er kennt es nicht mehr anders. Sein Leben besteht daraus, zu essen und zu trinken, von der einen Stange zur anderen zu flattern, in den Spiegel zu schauen und sich mit seinem eigenen Spiegelbild zu amüsieren. Wenn er jetzt freigelassen würde, dann würde er mit seiner Freiheit gar nicht zurechtkommen. Er wäre buchstäblich vogelfrei und würde mit größter Wahrscheinlichkeit sterben.

Auf dem Podium des Lebens sitzen viele Willems. Sie sind gefangen und eingesperrt worden. Sie haben sich im Laufe der Zeit daran gewöhnt und wollen es vielleicht gar nicht mehr anders. Sie wissen nicht mehr, was es bedeutet, ihre Flügel schwungvoll auszubreiten und vom Wind in die Höhe getragen zu werden. Sie begnügen sich mit einem Leben in Gefangenschaft, das weit unter ihrem Niveau liegt.

Durch Jesu Tod und Auferstehung sind die Käfige der Menschen prinzipiell geöffnet. Wenn sie auf seine Einladung eingehen und ihn als ihren Erlöser annehmen, stehen sie vor einer offenen Tür, hinter der die wahre Freiheit winkt. Jesus ist die Tür, Jesus ist die Freiheit. Wer an ihn glaubt, darf seinen Käfig verlassen und in die weite Welt hinausfliegen in dem Bewusstsein, dass Gott seine Kinder sieht und im Auge behält. Solange wir uns im schützenden Bereich seiner liebevollen Gebote bewegen, sind wir nicht vogelfrei, sondern sicher und getragen. Er selbst trägt uns, denn Gott ist wie ein Adler, der über seinen Jungen schwebt, »und wenn eins müde wird und fällt, dann breitet er die Flügel unter ihm und fängt es auf und trägt es fort« (5. Mose 32,11; GN). Wer mit ihm in die Welt hinausfliegt, wird von ewigen Armen getragen, und es wachsen ihm Flügel wie dem Adler (5. Mose 33,27 und Jesaja 40,31).

Noor van Haaften
Geschichten für zwischendurch
Gebunden, 12 x 18 cm, 80 S.
Nr. 224.929

Mit viel Herzenswärme und Humor lässt Noor van Haaften uns teilnehmen an kleinen Erlebnissen aus ihrem Alltag. Wer sie von ihren
fundierten geistlichen Büchern und Vorträgen her kennt, wird sich
besonders freuen, sie hier einmal „ganz privat" zu erleben. Die kurzen
Geschichten sind wunderbar dazu geeignet, um einen kleinen „Zwischenstopp" im Tageslauf einzulegen und neue Kraft zu tanken. Ideal
auch zum gemeinsamen Lesen im Bibelkreis oder beim Frauenfrüh-
stück. Jede Geschichte schließt mit einem geistlichen Impuls und einem
Bibelvers.

SCM R.Brockhaus

Noor van Haaften
Schöne Geschichten für zwischendurch – Hörbuch
CD
Nr. 312.018.199

  Dieses Hörbuch enthält eine Auswahl der schönsten Geschichten aus den beiden Büchern „Geschichten für zwischendurch" und „Neue Geschichten für zwischendurch" von Noor van Haaften. Das Besondere: die beliebte Autorin und bekannte Rednerin liest ihre Geschichten selbst.

SCM E RF-Verlag

Noor van Haaften
Der Geschmack des Glaubens
Die Frucht des Geistes entdecken
Gebunden, 27 x 27 cm, 72 S., 4-farbig illustriert
Nr. 629.408

Als Christen wollen wir in Jesus verwurzelt sein, im Glauben reifen und Frucht bringen. Jesus selbst hat uns versprochen, dass er uns Fülle und pralles Leben schenken will. Wenn wir uns vom Heiligen Geist leiten lassen, wird sich das in unserem Alltag widerspiegeln. Denn die Frucht des Geistes ist Liebe, Freude, Friede, Geduld, Freundlichkeit, Güte, Treue, Sanftmut und Selbstbeherrschung.
In diesem wunderschön gestalteten Bildband widmet sich Noor van Haaften dem „Geschmack" des Glaubens. Wie sieht unser Leben aus, wenn wir Jesus nachfolgen? Und wie kann die Frucht des Geistes wachsen?

SCM Collection